U0793293

小艾上班记 11

Xiaoai shangbanji

税务稽查来了

陈艳红 著

东北财经大学出版社
Dongbei University of Finance & Economics Press
大连

图书在版编目（CIP）数据

小艾上班记11·税务稽查来了/陈艳红著. —大连：东北财经大学出版社，2022.4

ISBN 978-7-5654-4423-4

Ⅰ. 小… Ⅱ. 陈… Ⅲ. 税务稽查-中国 Ⅳ. F23

中国版本图书馆CIP数据核字（2022）第007146号

东北财经大学出版社出版

（大连市黑石礁尖山街217号　邮政编码　116025）

网　址：http：//www.dufep.cn

读者信箱：dufep@dufe.edu.cn

大连图腾彩色印刷有限公司印刷　东北财经大学出版社发行

幅面尺寸：170mm×240mm　字数：359千字　印张：23.5　插图：4

2022年4月第1版　2022年4月第1次印刷

责任编辑：章北蓓　责任校对：曲以欢

封面设计：冀贵收　版式设计：冀贵收

定价：49.00元

教学支持　售后服务　联系电话：（0411）84710309

版权所有　侵权必究　举报电话：（0411）84710523

如有印装质量问题，请联系营销部：（0411）84710711

Preface

前言

写作，是通过文字连接一个个与自己同频率的有缘人，阅读是通过文字与一个个跟自己同频率的有缘人进行交流。

小艾系列图书分成三大类：会计职场、会计实训和会计备考，具体如下：

书名		分类	出版情况
小艾上班记	真账实操教你学会计	会计职场	已出版
小艾上班记2	备考日记——中级会计实务	会计备考	已出版
小艾上班记3	爱是与你同行——“混”在财务圈	会计职场	已出版
小艾上班记4	工厂会计真账实操	会计职场	已出版
小艾上班记5	备考日记——中级财务管理	会计备考	已出版
小艾上班记6	纳税申报真账实操	会计实训	已出版
小艾上班记7	做账高手训练营	会计实训	已出版
小艾上班记8	备考日记——中级经济法	会计备考	已出版
小艾上班记9	备考日记——初级会计实务	会计备考	已出版
小艾上班记10	备考日记——初级经济法	会计备考	已出版
小艾上班记11	税务稽查来了	会计职场	已出版
小艾上班记12	财务分析与风险识别	会计职场	撰写中

《小艾上班记11——税务稽查来了》续接《小艾上班记——真账实操教你学会计》第22章“菲尔茶馆话纳税”，讲的是南城市发生的一起税务大案，在此情境下，描述了各人物对会计、税务的学习、应对，以及因此对其生活、命运的影响。

知识不能直接变成经验，如果知识能直接变成经验，那么经验就没那么值钱了。经验，经验，必须经由体验。如果把知识看成原材料，经验是产成品，那么体验则为工艺流程。

体验有直接体验和间接体验，直接体验即把自己抛入社会中，任自己浮沉；间接体验则是通过书籍、电影、电视等载体，在别人的故事中演绎人生。

"看小说，学会计"，小艾系列图书致力于给读者更多的会计体验，希望给读者更多的触动。被触动，意味着一个理性的知识和你自身的体验结合在一起，成为你自己的东西了，这才是真正的学习。

小说故事是虚构类作品，如有雷同，纯属巧合，请勿对号入座！书中涉及的各种实操案例，不构成投资或者税筹的直接建议。[①]

如想订阅最新财税资讯文章，也可以扫一扫下面的二维码，关注小艾财税俱乐部微信号（xiaoaicoco）。

小艾财税俱乐部微信号（xiaoaicoco）

如需要会计其他方面的服务，也可以扫一扫下面的二维码，关注小艾会计职称服务号（xiaoaikj）。

小艾会计职称服务号（xiaoaikj）

由于本人才疏学浅，书中难免会有错误，读书本是相互交流，欢迎大家批评指正！

陈艳红

2022.2.1

---

① 注：书中某些人物对话的观点不作为作者本人观点，某些实操案例仅限于小说故事情境，不构成作者直接建议。

Contents

目录

小艾上班记11
税务稽查来了

接《小艾上班记——真账实操教你学会计》的第22章“菲尔茶馆话纳税”

Xiaoai Shangbanji XI

第 1 章
楔 子

第1章

楔　子

在读故事之前，先介绍一下我国税收相关背景知识的大体轮廓框架。

我国目前有18种税和4种费（如图1-1所示）。

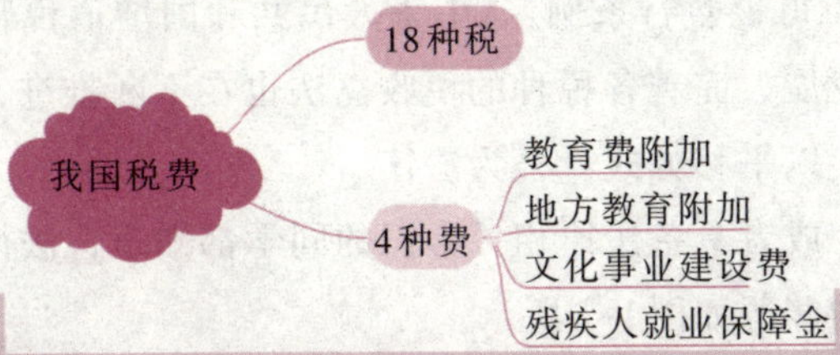

图1-1　我国税费包含18种税和4种费

18种税包含的税种如图1-2所示。

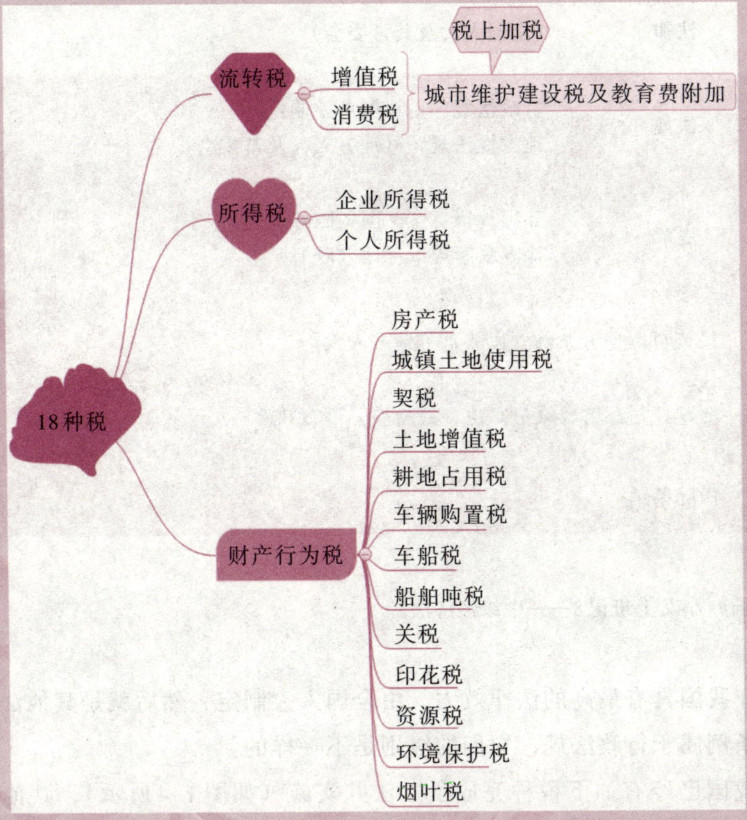

图1-2　18种税包含的税种

流转税，就是商品服务流通过程中需要缴纳的税；

所得税，就是企业或个人有所得时需要缴纳的税；

财产行为税，就是你拥有某些财产或者发生某种行为，需要缴纳的税。

我国税法体系中，各税种以前基本都是以“暂行条例”的形式出现，比如《中华人民共和国企业所得税暂行条例》《中华人民共和国增值税暂行条例》等。随着我国法治化进程的发展，完善各税种的税收立法也在不断推进，国家开始将税收行政法规（暂行条例）以平移方式升格为法律。

学过“经济法”或者具备法律相关常识的同学都知道，法律与行政法规的地位可是不一样的，法的渊源如图1-3所示。

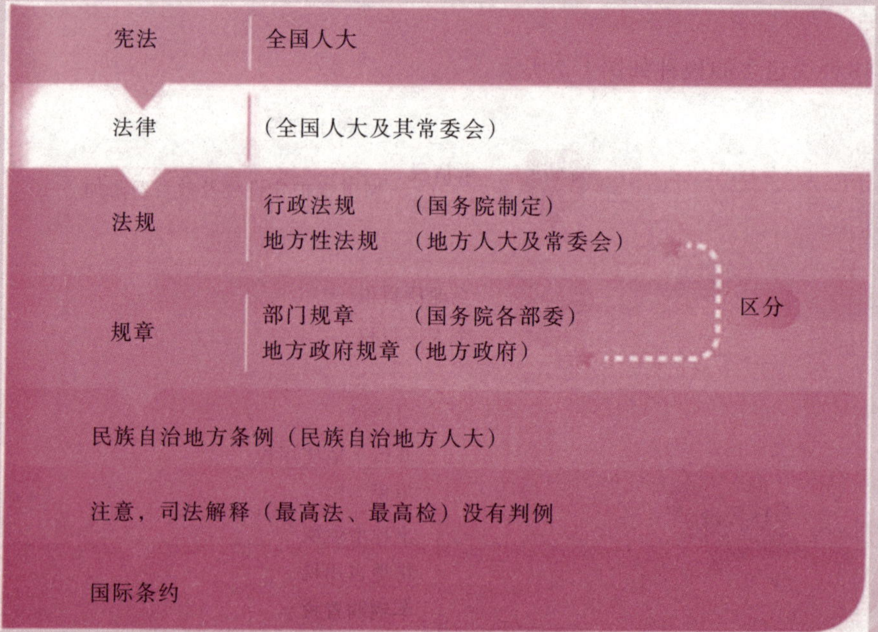

图1-3　法的渊源

注：摘自《小艾上班记8——中级经济法》。

宪法在我国具有最高的法律效力，由全国人大制定，然后就是其他法律。

暂行条例属于行政法规，它们的级别是不一样的。

目前我国已经有如下税种完成了立法并实施（如图1-4所示），其他税种也在快速推进。

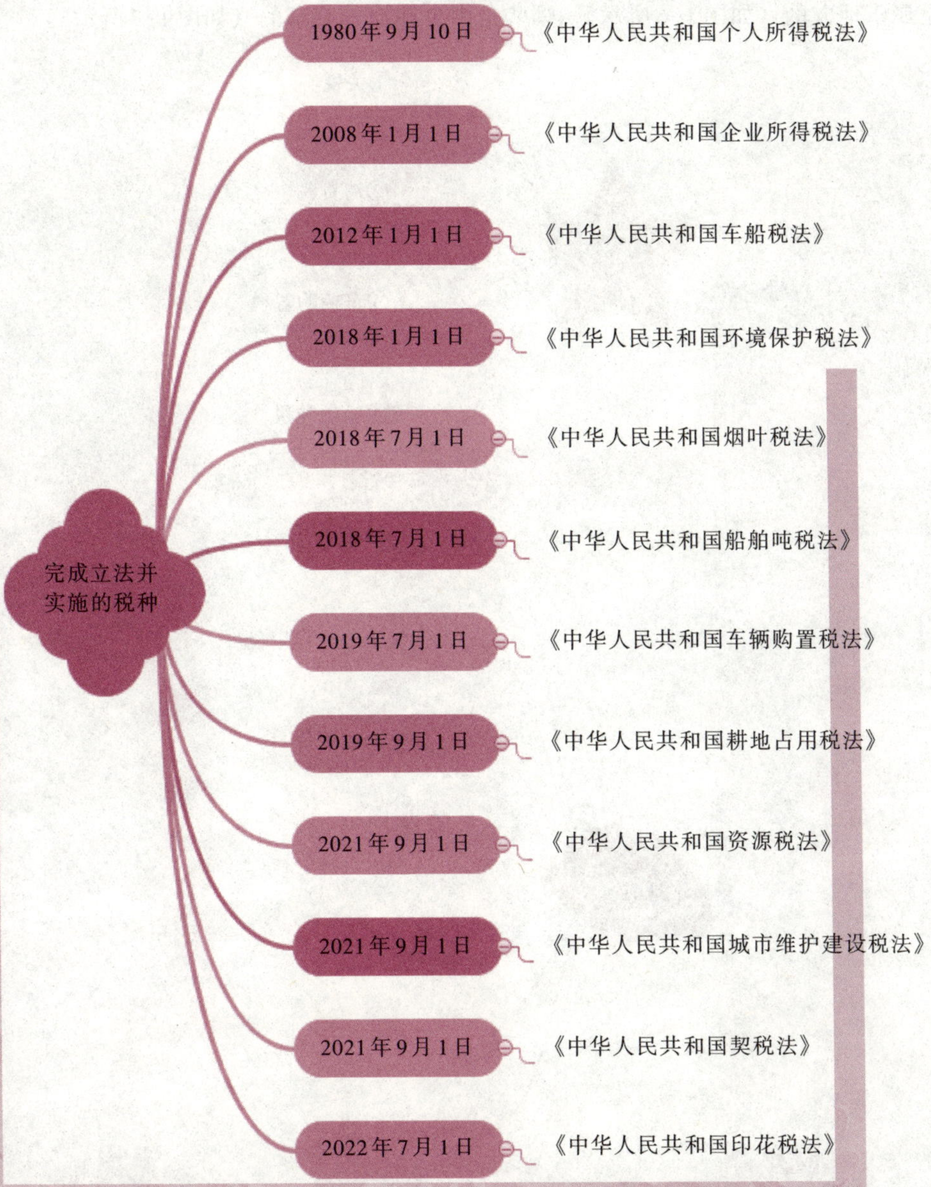

图1-4 完成立法并实施的税种

还有一部就是《中华人民共和国税收征收管理法》，自1993年1月1日起施行。

然后我们需要了解一下，这些税种哪些是属于中央的（如图1-5所示），哪些是属于地方的（如图1-6所示），哪些是中央和地方共享的（如图1-7所示）。

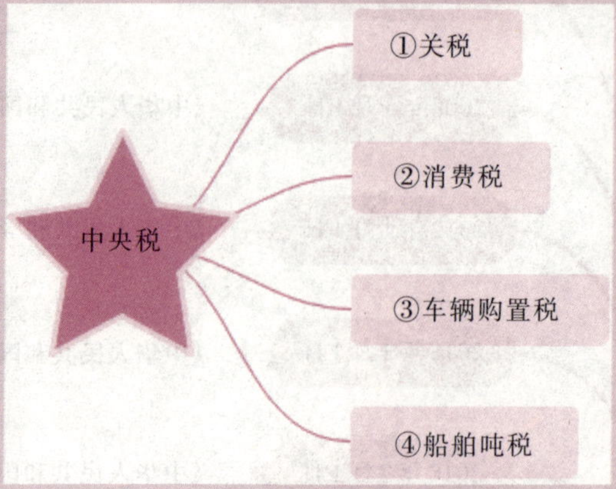

图1-5 中央税包含税种

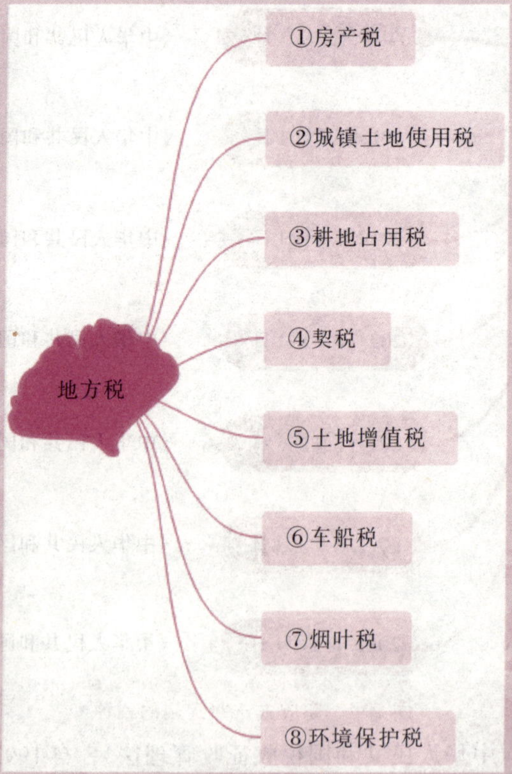

图1-6 地方税包含税种

看到这里，聪明的你肯定会想，哎呀，这和“土地爷”有关系的税收都跑到地方口袋里啦，怪不得中央三令五申要打压房价，却效果平平。

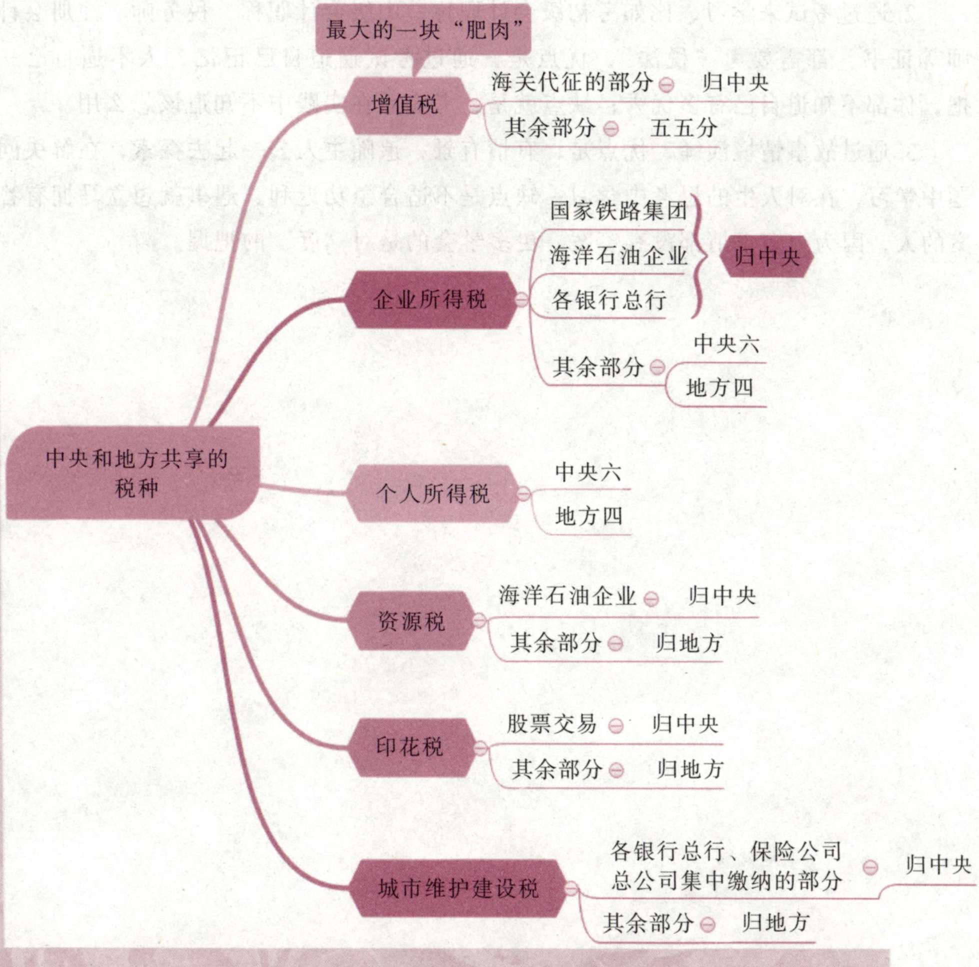

图1-7 中央和地方共享的税种

注：除了关税和进口环节的增值税、消费税之外，在西藏自治区征收的其他税收全部留给该自治区。关税、船舶吨税由海关征收，进口环节增值税、消费税由海关代征。

当然，影响房价的因素很多，不能全赖税收。但是，为了记忆这些税种，你可以这么想，人只有把知识揉进个人的经历和情感体验中，才能记得牢。

学习“税法”有以下几种途径：

1. 直接看法律法规等相关文件原文，优点是你可以看到第一手资料，缺点是一般人看不下去。

2. 通过考试来学习，比如考初级会计职称、中级会计职称、税务师、注册会计师等证书，都需要考“税法”，优点是，通过考试逼迫自己记忆，人不逼自己一把，你都不知道自己有多优秀；缺点就是，考完后在实践中不知道该怎么用。

3. 通过故事情境演绎，优点是，有情有景，追随主人公一起去探索，在解决问题中学习，在对人生的思考中学习；缺点是不适合急功近利、遇事就想立马拥有答案的人，因为很多事情都没有答案，更多学会的是对“度”的把握。

第2章

一封骗税举报信

第2章 一封骗税举报信

南城市税务局，慕容远捏着一封信函出神，上面写着：“……南城市工业园内，有多家企业假借出口，虚开增值税发票骗取国家出口退税，涉及数额惊人，其中盛远集团骗取出口退税高达3.74亿元……”

信的末尾还附了一句神秘莫测的话：请勿将此信转给其他人看，包括您的上司！

慕容远垂了垂眸，把信叠了起来，锁在抽屉里。

此时，太阳升起了，江面上笼罩着薄雾，阳光透过薄雾，洒在平静的水面上，仿若点点碎金。远处，一艘艘轮船，从桥下缓缓而过。雾霭散去，天空划过飞鸟。空气清新得像是被洗过一般，没有一点混浊，阳光下也看不到一丝尘埃。

慕容远本来一直在省局工作，最近省局选派年轻干部到基层锻炼，名单上有他的名字，于是他奉命来到了南城，职务是南城市税务局副局长。

南城市工业园是市政府的政绩工程，目的是“筑巢引凤”，重点扶持民营企业，发展经济。

工业园区很大，公司云集，现在正值上班时期，大家都在办公，外面几乎没人走动。

林荫小道上，慕容远边走边看，阳光被层层叠叠的树叶过滤，漏到他身上变成了淡淡的、圆圆的、轻轻摇曳的光晕。

盛远集团财务办公室。

“欧阳毓，你这增值税专用发票开错了！”一个40岁的中年女人冲过来，把一叠文件甩在桌子上，咆哮道。

“哪错了？”

“你还敢问我哪错了？”

“我不问，我怎么知道？”欧阳毓嘟囔了一句。

“要别人跟你说吗？作为一个财务人员，你从来都不关注相关的财税法规吗？作废重开！”说完，她扭头就走了。

欧阳毓不吭声了。

一旁的小艾见状轻声地提醒："销售不动产，纳税人自行开具或者税务机关代开增值税发票时，应在发票'货物或应税劳务、服务名称'栏填写不动产名称及房屋产权证书号码（无房屋产权证书的可不填写），'单位'栏填写面积单位，备注栏要注明不动产的详细地址。"

接着她好奇地问道："你们主管最近火气好像挺大！"

"嗯，听说，我们要新来一位财务经理，她在这企业做了10年了，我看这辈子是升不上去了。"

"原来是这样！"

"你说一个备注栏怎么那么麻烦，学校老师都没讲。"欧阳毓有点冒火。

"现在是有点麻烦，'营改增'之前，税收政策中涉及发票备注栏的，只有一个相关要求，那就是纳税人采取折扣销售时，折扣额和销售额必须在同一张发票的金额栏中注明。如果仅在发票的备注栏注明折扣额的，那么折扣额不得从销售额中减除。'营改增'以后，各行各业的经济业务基本上都要通过一张小小的发票来反映，于是备注栏自然是大显神通！"

"如果我没备注，那么发票开出去了，会有什么后果？"

"《国家税务总局关于增值税发票开具有关问题的公告》（国家税务总局公告2017年第16号）规定，不符合规定的发票，不得作为税收凭证。"

"哇，你怎么这么厉害？文件号，居然都记住了，你们会计师事务所出来的，是不是都这么厉害？"

"他们都很厉害，不过我例外，我现在属于现炒现卖阶段！这是我最近总结的有关增值税发票备注栏需要备注的内容（如图2-1所示），转发给你？"小艾扬了扬手中的手机。

"好好好，谢啦。"欧阳毓高兴地说道。接着她重新开了一张票（如图2-2所示），完善发票的备注栏，并做好笔记，提醒自己，不要再出错！

"你注会是不是也考过了？"欧阳毓继续问道。

"还没，你呢？"

"我肯定没有啦，这注会书那么厚，我觉得我不是那块料。"

"我也很懵，慢慢啃吧！啃一点算一点！"小艾叹了口气。上了会计这条贼船，不考试怎么行呢？迟早都要考的，躲得过初一，也躲不过十五。真的打心眼儿佩服那些学霸，非会计专业，连借贷都不知是何物，零基础，居然能注会一次性过六科！

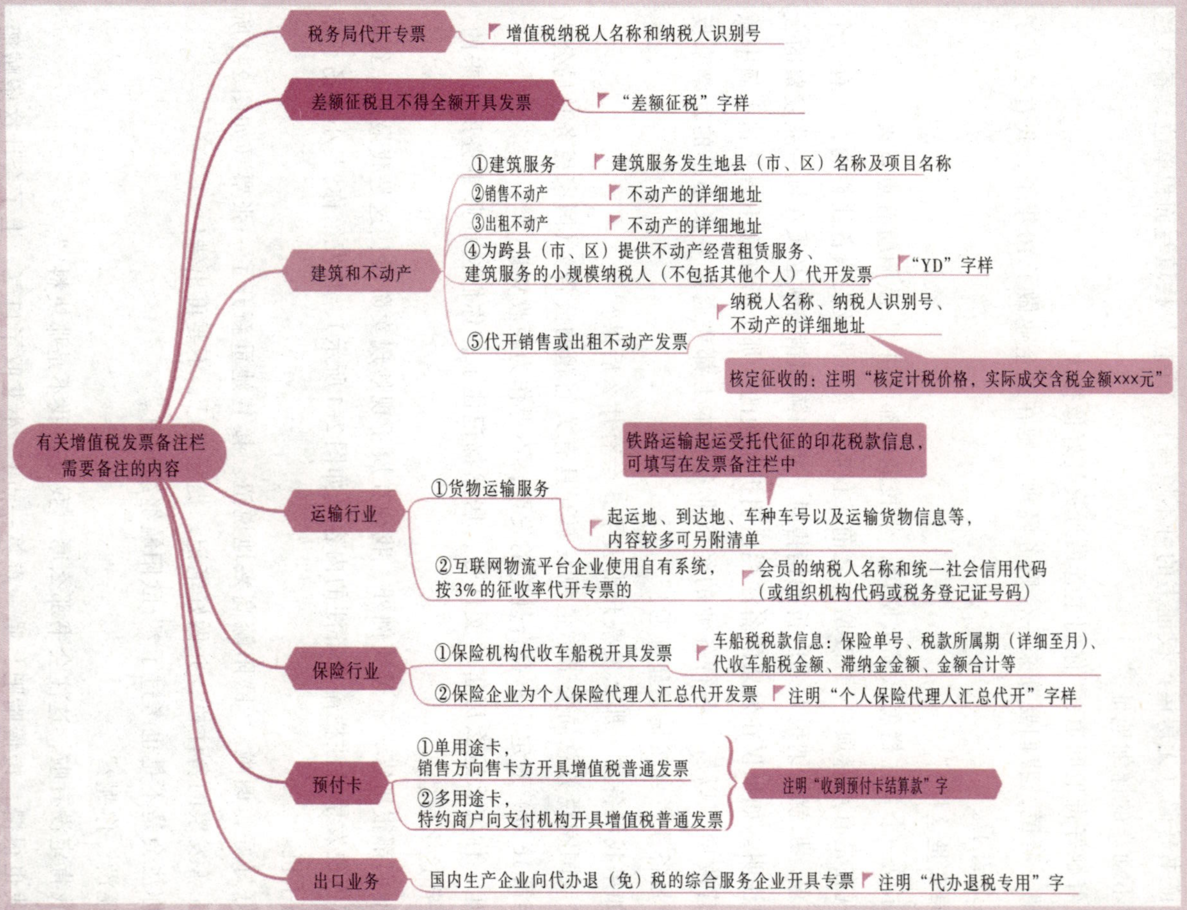

图2-1　有关增值税发票备注栏需要备注的内容

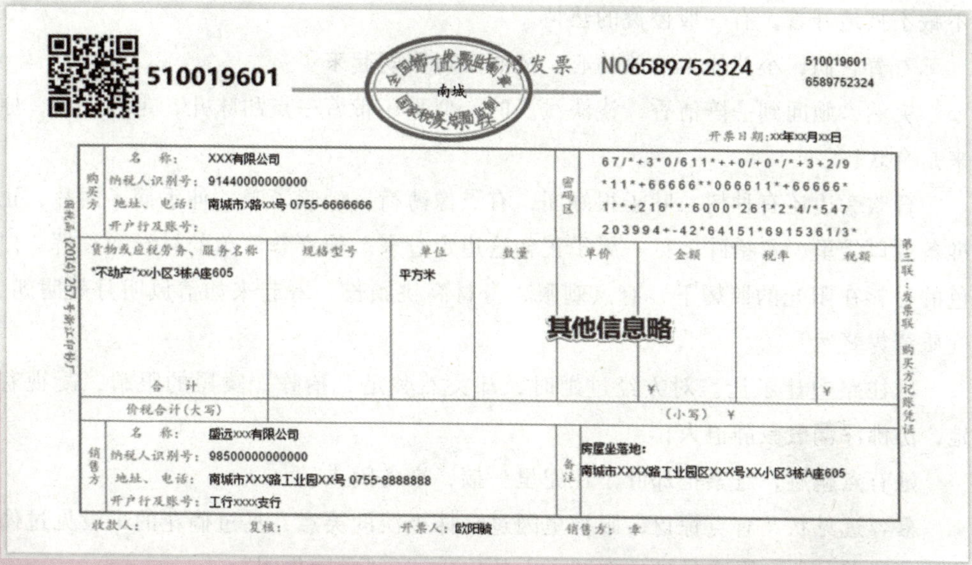
510019601　增值税专用发票　NO6589752324　510019601 6589752324

开票日期：xx年xx月xx日

购买方	名称：XXX有限公司 纳税人识别号：91440000000000 地址、电话：南城市x路xx号 0755-6666666 开户行及账号：			密码区	67/*+3*0/611*++0/+0*/*+3+2/9 *11*+66666**066611*+66666* 1**+216***6000*261*2*4/*547 203994+-42*64151*6915361/3*		
货物或应税劳务、服务名称	规格型号	单位	数量	单价	金额	税率	税额
*不动产*xx小区3栋A座605		平方米		其他信息略			
合计					¥		¥
价税合计（大写）					（小写）¥		
销售方	名称：盛远xxx有限公司 纳税人识别号：98500000000000 地址、电话：南城市XXX路工业园XX号 0755-8888888 开户行及账号：工行xxxx支行			备注	房屋坐落地： 南城市XXXX路工业园区XXX号XX小区3栋A座605		

收款人：　复核：　开票人：欧阳毓　销售方：章

图2-2　新开的增值税专用发票

唉，人比人得死，货比货得扔！

杜云轩从里面的办公室出来，见小艾和欧阳毓正热络地聊天，于是停顿了脚步，轻咳了一声。

小艾抬头，忙走了过去，问道："杜老师，有什么需要我帮忙的吗？"

"你去园区找个吃饭的地方，我马上下来。"

"现在就吃饭啦？"

"快下班了，等会儿人多。"

"噢，杜老师，你想吃什么？"

"都行，要不，来碗牛肉面吧！"

"好！"小艾欣然应允，走出了办公室。

路上，她一边走一边看，工业园内风景很不错。

蔷薇花开得茂盛极了，道路两旁，随处都是，有红的，有粉的，有黄的，有紫的，一片一片，像竞赛一样，爬满围墙，拼尽颜色。

还有木芙蓉，也像赶趟儿似的，一个劲儿地开；还有很多不知名的小野花，也不藏不掖地开着，有一股傻傻的热情。

看着它们，小艾原本清淡的心，突然变得明朗起来了。

突然，她闻到一阵清香，浅淡浅淡的，似乎还带着一点甜味儿，走近一看，原来是合欢！

合欢旁边还有种树，叶子很好闻，有点像薄荷。她嗅了嗅，伸手摘了两片，正准备放口袋里，忽抬眸，见一男子正朝这边走过来。他穿着简单的衬衫和长裤，白色的衬衫在阳光的照耀下，有点刺眼，身材高挑颀长，看起来如清风明月般明朗，气质清隽斐然。

她往路边让了让。对方经过她时，却突然驻足，抬眸，黝黑的眼睛，凝视着她，仿佛深渊般寂静迫人！

她有点尴尬，赶紧把那叶子往兜里一揣，准备闪人。

慕容远见状，有点惊讶，眼神里闪过一抹极淡的笑意，见过摘花的，没见过偷叶的。接着，他一眼瞧见她挂在脖子上的出入证："盛远集团"。

"等一下。"他叫住了她。

"嗯？"她回头。

"请问，盛远集团怎么走？"

"盛远集团？"她疑惑了一下，接着用手指了指："这边，一直往前走，然后右拐，转角处就是。"

"你是盛远集团的，对吗？"他眸光清浅地掠过她的脸。

"不是。"小艾摇了摇头："我是东方会计师事务所的，盛远是我们的客户。"

"东方会计师事务所？"慕容远蹙了蹙眉。

"嗯！"

"噢，好，谢谢！"慕容远含笑地点头，离去。

小艾找了半天，终于找到一家牛肉面馆，然后把地址发给杜云轩。此时，杜云轩正跟盛远集团的副总杨英彦寒暄道别。

"杜老师，我们这个业务您能接吗？"

"我先回去跟领导汇报一下。"

"不是，我的意思是，我想聘您为公司的财务顾问，您只需要给我们一点建议就行。"

“这个恐怕不行，我们所里有规定，不能私下接业务。”

“杜老师，那麻烦您回去跟你们领导好好说一下。”

“好，那我就先走一步，下午还有个客户要访问。”杜云轩礼貌地道别，接着拿起电脑包，转身离去。

小艾点了两碗牛肉面，又点了杜云轩喜欢吃的凉拌木耳和藕片，然后坐等。等了半天，她有点不耐烦了，怎么还不来啊？这面都要稠了。不是说马上下来吗？她拿起手机，发了个短信，然后又等了一会儿，却不见回复。想打电话，又怕杜云轩在谈正事，打扰他。于是她一边耐着性子等着，一边看着那面正慢慢地、一点一点地变稠，最后实在忍无可忍，直接给杜云轩拨了电话，管他呢。

杜云轩踏进面馆，音乐突然高昂地想起来：“老板给我来碗忘情牛肉面，不放眼泪不放痛，放忘情汤，我要忘掉曾经你所有味道，从此爱恨随意飘摇……”

面馆里的人一惊，都抬起头来。老板连忙跑了出来，说道：“好嘞，客官，您请坐！”接着，全体哄堂大笑了起来。小艾莫名其妙地跟着他们笑，然后环顾四周看是谁的手机铃声，接着突然意识到，是自己在拨电话，连忙按掉手机。

杜云轩从口袋里掏出手机，然后坐了下来，蹙了蹙眉。

小艾怕他生气，有点胆怯，连忙小心翼翼地问道：“杜老师，您的铃声……”

杜云轩闻言，眉宇轻轻一折，淡然道：“可能是我那小外甥，把铃声给换了。”接着，他滑了滑屏幕，恢复了默认设置——千篇一律的马林巴琴音。

“杜老师，面有点稠了，要不，重新给你来一份？”

“没关系。”杜云轩微笑道，接着他拿过那小餐馆一次性的还带着毛刺的筷子，自己磨了两下。

小艾发觉，杜云轩其实是一个很随和的人，虽然他身上穿着质量优良的西装，言行举止跟小面馆的氛围严重不搭调，可是他那独坐的姿态，温文尔雅吃面的样子，却是一道独特的风景。

有的人就是能上能下，既能出入高档场所，谈笑风生，也能落入俗世，感受人间烟火。

从那一刻起，小艾决心好好跟着杜云轩干，哪怕任劳任怨。

良禽择木而栖，贤臣择主而事！

这个世界上，如果你没有能力让优秀的人为你工作，那你就努力地找一个优秀的人，然后勤勤恳恳地为他工作。

学会计，好公司、好平台很重要，然而比这更重要的是，你还要跟对一个好上司。

有的上司，他会培养你，而有的上司，他只会压榨你，在工作中要学会鉴别。

一般愿意培养下属的上司安排工作的时候，会给你20%左右有挑战性的工作，告诉你为什么要干这件事，告诉你有哪些资源，即便是陌生的业务，也会提供一些方向性的指导或者给你推荐一些资源。

而压榨你的上司，给你的工作99%是没有挑战性的，剩下的那1%可真的就是具有挑战性，100%的挑战性，没有任何资源，干成了，功劳是他的，没干成，问题是你的。

“盛远集团旗下的食品公司隐瞒销售收入1.34亿元。”杜云轩忽然抬头，看着小艾说道。

“啊？这么多啊？”小艾瞪大了眼睛。

“嗯，光偷逃增值税就高达1 800多万元，再加上所得税、滞纳金和罚款，应当补缴的税款不低于6 000万元。”

“怎么这么多？6 000万元？那这税负差不多占收入的50%啦！”

“隐瞒的销售收入一旦被查出来，一般视为销售纯利，按13%征收增值税，25%征收企业所得税，还有其他相关税种，罚款最低额度是避税额的0.5倍，滞纳金按天计算，每天2‰。”

“都已经查出来了，那他们就按照规定补呗。”

“他们现在不想补，就算补也不想补这么多。”

“那怎么办？”

“他们跟基层税务局关系还不错，举报发生时，基层税务局就第一时间通知了他们的财务经理。他们也做了一些相应的准备，比如转移真实的财务资料、相关业务报表。”

“都做好应对准备了，那为什么还被查出来了？”

“魔高一尺道高一丈，市税务局知道他们必有防备，所以没有直接去财务部，而是直接去了销售部，根据举报线索，顺利拷贝了销售管理系统中的所有数据。”

“线索这么精准，到底是谁举报的？”

“他们一个很重要的合作伙伴，双方因为合作问题，闹得很不愉快，最后分道扬镳。”

“那他们叫我们过来干什么？都已经这样了，任凭谁也无回天之力啊。”

“他们用钱打通了上层领导关系，同时也打点了办案的专案组成员。”

“全都打点好了，那不是就意味着没事了？”

“专案组的钱，还没收。”

“你的意思是他们秉公执法，拒收贿赂？”

“他们也没拒绝。”

“那他们想干什么？”

“他们在看领导的反应，如果从领导的反应中判断领导已经收了钱，他们就可以收了。”

“噢！”小艾恍然大悟。领导收了钱，你若不收，那么这事，还是要按领导的意思办，所以不收白不收，反正出了事，到时候自然有领导顶着。

“杜老师，你刚才不是说他们领导已经收钱了吗？那专案组收钱也是迟早的事了，盛远还有什么好担心的？”

“现在的问题是，这个案子该如何结案？总不能明摆着的大案，突然就当什么事情都没发生过吧？日后要是有人翻出来了，那他们不就全完了？”

“我懂了，盛远是让您给他出主意，谋划，利用专业知识把这案子结了？”

杜云轩没有说话，默认！

“那杜老师，这个业务我们接吗？” 小艾墨色的瞳仁瞬间放大了数倍，目光灼灼地盯着杜云轩，一副跃跃欲试的样子。

“不接。”

“为什么呢？”

“我们放着很多低风险的业务不做，为什么非得要接一个高风险的业务呢？”

“噢。”小艾有点失望。

“怎么？你希望我接啊？”

“嗯！”小艾点了点头。

“为什么？”

“我觉得挺好玩的。”

“玩？上断头台的事，能随便玩吗？”杜云轩没好气地白了她一眼。

“不能！”

小艾见杜云轩一副严肃的样子，赶紧斩钉截铁地否认，然后讪笑着不吭声了。

她默默地低着头，专心致志地吃着碗里的面，突然，碗里多了两片凉拌牛肉，她抬起头。

杜云轩正看着她，然后温润地说道：“多吃点。”

小艾闻言，心头一暖，笑。

杜云轩也笑。

他就喜欢这样，给你一棒子，然后再给你一根萝卜。

第3章

地毯式评估稽查

第3章

地毯式评估稽查

从面馆出来，外面阳光灿烂，石板小路两旁杂草丛生。穿过小路，杜云轩正准备去停车场，迎面走来两个人，是杨英彦，旁边还带着他的财务经理。

“杜老师，您走得太快了，一出门就不见您了，我们找了好久。”

“杨总，你有什么急事吗？”杜云轩问道。

“是这样，这是我们公司刚出炉的新品，特好吃，我们老板让我给您带些回去尝尝！”

杜云轩闻言，明媚的双眸，划过一抹似笑非笑的光影，答道：“我不吃，你们的食品太咸了，我口味比较清淡，谢谢你们的好意。”

“不咸，不咸，我们的食品一点都不咸，味道很好，真的！”

杜云轩继续淡笑道：“一斤盐生产不到四斤成品，还不咸吗？”

杨英彦闻言，不解，转头望向身边的财务经理，财务经理则当场傻掉。

在他们傻愣之际，杜云轩朝他们挥了挥手，笑着走了。

小艾也不解，问道：“怎么回事啊？为什么那财务经理听到自己的食品太咸了，就傻了？”

杜云轩回头，一双如墨的眸子，划过一抹好看的光芒，笑道：“很多企业卖出去的产品如果没开票，就可能不入账，隐瞒收入。”

“嗯，我知道啊。”小艾点了点头，认同道。

“如果收入隐瞒了，成本就显得多了，这样会导致账面上出现不合理的亏损，于是就同时隐瞒成本，也就是收入、成本同时都不入账。”

“对啊，很多企业都这么干，有问题吗？”

“但是你要明白，成本是由不同的原辅材料、燃料动力等要素构成的，存在必然的内在结构比例。一斤盐生产不到四斤成品，你不觉得有问题吗？谁家做四斤食品要用一斤盐，就算你腌咸肉也用不了这么多盐啊？”

“噢，那腌一斤咸肉大概要多少盐？”小艾傻傻地问道。

杜云轩无语地瞟了她一眼，一看这人就没生活经验。

“你从来没做过饭是吧？”杜云轩挑了挑眉梢，问道。

小艾闻言，有点不好意思，讪笑道：“做还是做过几次，但是没腌过咸肉啊。”

杜云轩想了想，也是，现在的小孩，有几个会做饭的？于是，他解释道："腌100斤鲜肉，大概要用7.5—9公斤盐，而且还要分三次加，那腌一斤肉大概就是0.15—0.18斤盐。"

小艾一听，太专业了，惊奇地问道："杜老师，你是不是很会做饭啊？"

杜云轩眼含笑意，点了点头道："还行，我妈喜欢腌肉、腌鱼这些，而且每次都会腌很多，我经常要帮她忙。"

"既然这个盐有问题，那么为什么他们不把用盐量也一起隐瞒了呢？"

"盐是你想隐瞒，就能隐瞒得了的吗？"

"为什么隐瞒不了？我不上账就行了。"

"你要知道，自古以来，我国的食盐就是专营的。"

"什么意思？"

"就是从古代开始，我国的食盐就一直是国家垄断的。"

"是吗？"

"当然，春秋时，管仲举盐而克楚。林彪碰见黄克诚后，说的第一句话就是：'有盐没有？'毛主席还曾说过'宁失延安、不丢盐湾'，盐就是革命的命根子。"

小艾顿时瞪大眼睛，想不到这小小的盐，居然这么厉害！

"为什么呀？这盐我每天都吃，我没看出有什么特别的啊！"她还是很困惑。

"就因为你每天都要吃，所以才关系到国计民生。关系到国计民生的，国家一般都会管控。在古代，盐相当于冰箱，是保存菜、肉、鱼、奶的最重要的防腐原料，因为这些食物容易腐烂变质，不像谷类一样可以长期保存，但如果用盐腌成咸菜（酸菜）、火腿、咸鱼、奶酪制品，就可以保存数月甚至数年。现在老百姓还喜欢腌制食品，更重要的是有了盐，商人就能够实现远距离的食品贸易，你知道这相当于什么吗？"

"相当于什么？"

"古代版的冷链物流。盐连接了每个人，在古代，商人通过盐的交换把大量孤立的社会系统相互连接起来，贸易交换网络极大促进了工商业的繁荣。盐的生产非常集中，便于垄断管理，只要控制了盐的供应和价格，就可以向所有消费者征收食品消费税。中国古代的历朝历代都非常倚重于盐税，盐税是政府收入中最大的来源之一，因为每个人的盐消耗量少，所以即使涨价涨一倍，人们对价格也不敏感。最重要的是，盐税可以隐藏在很多商品背后，绝大多数人不会意识到自己买的一只咸鱼里面，政府已经通过盐进行了征税。通过这种隐形的征税手段，盐还起到现代发票的作用！”

“那是古代，可我们已经是现代了，为什么还是专营？”

“盐可是个好商品，现在也一样，我国各省都有盐务管理局，同时又设立了省盐业公司。食用盐是人们不可缺少的生活必需品，需求价格弹性极其低，在这样的情况下，稍微提高食用盐的价格，不会对人们的生活产生太大的影响，因此从中牟取暴利，便成为一件轻而易举的事情。”

“我明白了，盐，人人不可缺。如果国家不垄断，那么大家都会想去做盐生意，如果有人把那些盐湾全部控制起来，就相当于把这个国家控制了。”

“因此，你买了多少食盐，国家是有数的，一斤盐可以生产多少食品，这个也是可以推算的，然后再盘点一下你的仓库中有多少存货，最后就可以倒推出你卖了多少产品。”

“那就是说，根本不用翻账本，就可以知道你大概有多少收入啦！”

“是的。”

“那他们这假账做起来还有什么意思啊？”

“没意思！”杜云轩笑。

“国家对很多能源好像都垄断经营了，是不是都可以采取这种稽查方式？”

“是的，比如电力，有时候，税务局可以根据你的用电量，推出你这个公司的生产规模，确定你的产量，然后再盘点你的库存，最后确定你公司的销量。”

“确实，电力公司也是国家垄断企业，用电量也确实没法隐瞒。”

“不过，也有企业曾隐瞒过。”

“怎么隐瞒？”

“曾有个企业老板，让三个员工以私人名义去申请动力电户头，一个公司用四根独立的动力线供电。这样，电力公司的发票就分别开给了公司和个人，把公司的用电量分成了四份，大大隐瞒了成本与产量。”

“这么下血本啊？”

“是的，为了偷税，光这种多拉动力线的投入就达上百万元，可是最后还是被查出来了。两套账的企业，成本结构会出现很多不合理的地方，找到这些指标与结构的异常之处，是发现两套账经营的重要方法，税务机关将这种稽查方法还取了个名字叫‘地毯式评估稽查’。”

“地毯式评估稽查，什么意思？”

“地毯的特点就是，可以铺满所需场所，不留死角；地毯式评估稽查，顾名思义，就是进行全面的评估稽查。这几年，房价疯狂上涨，房地产企业赚得盆满钵满，税务机关就对其进行专项检查，每查一次都收获颇丰。转念一想，房地产企业赚钱这么疯狂，那水泥企业想来也应该赚得不少，但是看他们缴的税好像没涨多少，于是国家税务总局立马出了个函——《关于开展水泥生产企业增值税专项纳税评估工作的通知》①，详细要求通过能耗分析等方法对水泥生产企业，进行纳税评估。所谓能耗分析法就是根据纳税人评估期内水、电、煤、气、油等能源动力的耗用情况，利用单位产品能耗定额测算纳税人实际生产、销售数量，并与纳税人申报信息对比分析的一种方法。其中耗电、耗水等数据可以从电力部门、自来水公司等取得核实，相对客观。如果税务局发现你的纳税申报信息与它测算的数据相差很大，就可以立马实地稽查。”

“最后，税务局是不是又收获颇丰？”

“那是自然，总而言之，一句话，这个世界上没有查不出来的假账，只有不想查出来的假账。”

吃完饭后，他们开车回去。

路上，小艾晕乎乎的，问道：“杜老师，我可以睡觉吗？”

“可以。”杜云轩答道。

然后，她就真的睡了一路，而且睡得特别香。长长的睫毛安静地躺着，嘴角微微上扬，像是在做甜美的梦。

等到达目的地时，杜云轩停了车，然后身子往前倾了倾，手搭在她的椅背上，轻柔地唤了她一声，没反应。

而他也没有再开口，而是把椅背上的手缓缓移开，一切如微风般安静。

过了一会儿，等他再度转过头来看她的时候，她却突然睁开了眼睛，眼眸像是一颗清亮的星子停留在他的脸上。

“到了？”她惊奇地问道。

① 全称为《国家税务总局关于开展水泥生产企业增值税专项纳税评估工作的通知》。

“嗯，下车吧！”

于是，两人下了车，回办公室。

回到座位上，小艾一看，桌面上摆着不知谁传过来的发票，一张是通用机打发票（电子），另一张是电子普通发票，“卖相”跟增值税专用发票差不多。

她第一反应就是连忙打开国家税务总局全国增值税发票查验平台，然后查询。最近几个月，她被这发票折腾得有点强迫症了，只要看到发票，第一时间，就去查验真假。

强迫症是会计人士的职业病。只要你是会计，就是没病，也会被逼出病来。

结果一查，无信息！

不会吧？难道是假的？

“慕大师，你帮我看看，这两张发票是不是假的，我怎么查不到相关信息？”

邻桌的慕白抬眸看了一眼，说道：“这种发票，在全国增值税发票查验平台查不到，目前这个平台，只能查询通过增值税发票管理新系统开具的发票，主要包括以下5类：

“（1）增值税专用发票；

“（2）增值税普通发票（含电子普通发票、卷式发票、通行费发票）；

“（3）机动车销售统一发票；

“（4）货物运输业增值税专用发票（目前已废止，但以前的可以查询）；

“（5）二手车销售统一发票。

“其他的发票，要到原渠道，即各省市‘电子税务局—发票查询’里面，进行查验。”

“啊，这发票已经彻底把我搞晕了。”小艾扶额道。

“也不用太着急，慢慢来，我国目前的发票系统（如图3–1所示）大体是这样的。”慕白翻了翻自己的笔记本。

小艾看着这张发票总结图（如图3–1所示），自叹不如，这就是学霸跟学渣之间的差距，接着她疑惑道：“怎么没有成品油发票、稀土发票、农产品收购发票这些呢？”

“这是完全不同的分类好不好，成品油发票不是发票种类，你开成品油发票的时候，开的还是增值税专用发票。”

“噢，对对对！我搞混了。真希望国家快点改革，用一种发票就统一天下。”

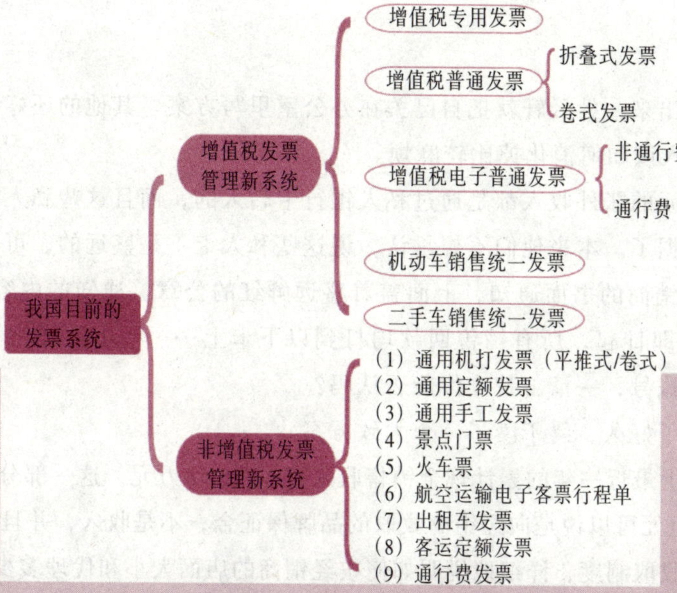

图3-1　我国目前的发票系统

会议室里，周副所长正在跟杜云轩探讨业务。

"杜老师，盛远这个案子，你看要不要帮他们凑个数字，了结一下？"

"我觉得还是不介入的好。"

"我们一不签合同，二不收费，当然不算介入。"

"你的意思是免费给他们做个方案？"

"也不完全是这个意思。他们目前的情况就是，不管是专案组，还是企业，都想把这件事大事化小，小事化了。只要在专业上过得去就行，不要太离谱，这样专案组的人在领导面前也好交差。准确地说，大家都好交差。而我们呢，可以接另一个业务。"

"什么业务？"

"帮助企业查找税务风险点，修筑防火墙，优化企业流程，规范企业的财务、税务管理。怎么样，这个应该没风险吧？我们只做服务。"

杜云轩点了点头，表示赞同。

周副所长继续说道："盛远这次栽了大跟头，必然会很紧张，接下来就会加强对业务、财务各流程的整顿。你已经去过盛远了，对它的情况应该也了解了，你去想个合情合理的、大家都能交差的方案，然后我让人去通知他们好了，跟你没关系。”

从会议室出来，杜云轩就把自己关在办公室里写方案。其他的还好说，就是这1.34亿元的收入该如何消化掉比较麻烦。[①]

这1.34亿元的账外收入都是通过私人银行卡转入的，而且这些私人卡号已经被举报，列为证据了。本来他们不想承认，说这些私人卡不是盛远的，可是举报人居然还附上了经销商的书面通知，上面盖着盛远鲜红的公章。通知的内容是：“各经销商知悉，从即日起，所有销售回款均打到以下卡上……”上面详细列着，开户行、开户名、账号，一清二楚。你能否认吗？

杜云轩想了好久，终于凑了一个大致方案。

公司外账上最近一年的累计现金销售收入有6 322.48万元，这一部分可以相抵。

2 857.37万元可以说是向经销商收取的品牌保证金，不是收入，并且可以附上一个品牌保证金收取制度，详细地说明如何按经销商的店面大小和代理多少产品收取。

1 374.23万元是各商家的借款，理由是最近公司经营实在是困难，需要融资。

1 623.59万元是给第三方货架款，不能算收入；

942.19万元是给第三方的设计服务费，不能算收入。

剩下的就是按照方案，收集各种证据，证明自己所言不虚。

面对税务检查，企业有申辩的权利。哪怕是罪犯，法院也会给你机会申辩。面对税务稽查，会计写文书，为企业申辩，这是会计的必备技能，因此对会计来说，写作技能也很重要。

方案做完后，他有点饿了，一看时间，早就过了下班时点了，于是顺手点了一份盒饭。

不一会儿，外卖送到。

杜云轩出来，接过外卖，见小艾低着头，在办公室玩手机，于是走了过去，问道：“怎么不下班？”

小艾抬头，一边放下手机，一边笑道：“我看一会儿书，再回去。”

杜云轩没说什么，在旁边的休息处坐了下来。

“杜老师，你怎么才吃饭啊？我还以为你早走了。”

---

① 注：杜云轩关于消化掉1.34亿元的方案，仅作为小说故事叙述内容，因处于灰色地带，不构成本书作者观点。

“刚才一忙，就忘了时间了。”

“那以后，我给你订饭吧！”小艾顺口说道，接着，她立马就后悔了，感觉自己有拍马屁之嫌，于是赶紧解释道：“我的意思是，万老师的饭都是我帮她订的，反正订一份也是订，订两份也是订。”

看着她那急于撇清的样子，杜云轩笑，应允道：“好！”

不一会儿，小艾手机“叮”的一声，进来一条短信，一看，是婉晴发来的照片。于是，她就一张一张地浏览，并作点评。

不一会儿，群里又发来了一则娱乐新闻链接，她又点了进去，看了半天。

在杜云轩吃饭的这20分钟里，小艾一直在看手机，感觉下班比上班的业务还繁忙。

杜云轩慢条斯理地吃着饭，偶尔抬头看看她，半晌，突然说道：“你知道‘奶头乐’吗？”

“‘奶头乐’？‘奶头乐’是什么？”小艾乌黑的瞳仁，闪过一抹疑惑。

“是一个理论。”

“什么理论？”

“它是美国前总统国家安全事务助理布热津斯基提出来的，讲的是生产力的不断提升必然伴随着竞争加剧，世界上80%的人口将被边缘化，这80%的人不必也无法参与产品的生产和服务，同时80%的财富掌握在另外20%的人手中。为了安慰这些社会中‘被遗弃’的人，避免阶层冲突，方法之一就是让企业大批量制造‘奶头’，即令人沉迷的消遣娱乐和充满感官刺激的产品，比如：网络、视频、电视和游戏等等，以此填满他们的生活、转移其注意力和不满情绪，令其沉浸在‘快乐’中不知不觉地丧失对现实问题的思考能力。”

“是吗？”小艾瞪大了眼睛，怎么听起来，感觉像个阴谋？

“是的，据说这个会议是在费尔蒙特饭店举行的，有撒切尔、老布什、各大顶尖企业的董事长等。落实这个战略的具体措施就是发展发泄型产业以及发展满足性产业。”

“什么是发泄型产业？”

“赌博、游戏等一切可以发泄人类精力的产业，这样就可以使大众的精力被消耗、转移。”

“那满足性产业呢？”

“八卦新闻、娱乐新闻、短视频等所有大众化娱乐产业，目的是使大众沉浸在安逸享乐中，失去思考能力。我不是什么阴谋论的支持者，我认为市场有一只看不见的手，会自我调节，不受人操控。但是，我却越来越发现，这个理论挺成功的。现在，很多人已经离不开手机了。”

小艾闻言，脸微微泛红，离不开手机的人真的很多，自己就是其中一个。她默默地把手机翻过来，盖在桌子上。

天天捧着个手机，就好比吸着个奶头，汗颜！

接着，沉默悄无声息地在四周蔓延。

为打破尴尬，小艾虚心地请教道：“杜老师，你说，人最重要的能力是什么？”

杜云轩想了想，微笑道：“人最重要的能力是保持睡商的能力。”

小艾闻言，一怔。她原以为杜云轩会说什么自制力、意志力等等。

听过智商、情商、爱商，没听过还有什么睡商。

他不会是在笑自己总是喜欢睡觉吧？于是，小艾的脸更红了。

杜云轩见状，脸上笑容依旧，优雅如樱花般的嘴唇，继续解释道：“无论碰到什么问题，无论碰到多大的困难，都能正常安然入睡，并且能像孩子一样睡得踏实香甜。睡醒之后，又能够精神抖擞地去解决问题，这就是睡商。”

小艾听不懂，总觉得杜云轩言语之中有调侃的意味。多年后，她才明白，睡商真的是一个很重要的能力，而且随着年龄增长，睡商会慢慢降低。

能酣然入睡说明你内心平静，平静是一种境界，更是一种生命的力量。就像詹姆斯·艾伦在书中，写道：“人只有保持内心的平静，才能爆发无限的可能。”

万老师经常跟小艾说：“工作最大的意义就是为他人提供产品和服务，满足他人的需求。”而需求是随时会变化的，当老板（或客户）需求发生变化时，我们提供的产品和服务也要随之变化，所以我们要不断翻新自己的技能，保持终身学习的能力，而学习新知识、新技能，更需要平静。如果内心总是很焦躁，连睡觉都睡不着，就根本没法接受新知识、新事物。

杜云轩毕业于A大会计系，平时遇事淡定沉着，温文尔雅，风度翩翩，谈吐间能让人“灰飞烟灭”。

刚入门的小艾觉得，这种人是天生的，读书的时候是学霸，毕业就一路打怪升级到高管，长袖善舞，见招拆招。

其实，这种想法是一种线性思维，即总认为，身边所有的一切都是直线匀速进行，然而真实的世界，却不是这样的。真实的世界更像股市，是曲折的、震荡的，甚至是剧烈滑落的，生活充满了笑话与变数。

每一个优秀的人，都有一段至暗时光，杜云轩也不例外。

刚毕业的杜云轩在一家集团公司做会计，这家公司很大，分工比较细，他的岗位是应付会计，只做付款这部分。

那时他有个女朋友，长得面容姣好，清丽脱俗，他们是大学同学，从大一开始相恋，感情甚好。然而，毕业两年后，他们开始闹分手，原因很简单，女方的父母不同意，一个小会计能有什么前途？女方的家里人为其物色了更好的交往对象。

女朋友在其父母的强行干涉下，也就半推半就地离开了他。

那段时间是杜云轩最黑暗的一段时光，6年的感情说没就没了。他沉沦了很久，学会了抽烟，学会了喝酒，学会了泡吧。

接着，他爬起来了，把所有的时间放在了工作、学习和考试上，他考过了初级、中级、注会、注税，接着跳槽去了一家ERP系统软件公司，做了售前顾问。他磨炼了专业技能和销售技能，业绩稳步上升，从售前顾问，直接升为了南城片区销售经理，最后做到了南城分公司销售总监，并做了南城分公司副总裁。

公司销售部有个女孩，叫杨锦诗，一直对他频频示好。但是，杜云轩那时候不想谈感情，所以对其比较漠然。然而一次销售庆功会上，杜云轩喝多了，结果第二天早上醒来，发现女孩躺在自己的床上。

杜云轩想了很多，觉得自己不应该总是缅怀过去，应该重新开始了，于是，他默认了跟她交往。

然而，生活却跟他开了一个很大的玩笑。一次，他们做了一个很大的项目，项目金额高达1 000万元，惊动了总部所有的高管。

在签约的那天，总部销售副总裁亲自飞到南城，来参加签约仪式。结果，客户并没有跟他们签约，而是跟竞争对手签了约。

这个项目跟了大半年，几乎所有人都觉得十拿九稳，大家都准备庆功了，然而真实的情况是，对方只是假装要跟他们签约，对方真正想签约的其实是他们的竞争对手，只是因为他们的竞争对手在公司总部对价格审批时遇到了障碍，所以为了逼其总部能爽快地给出折扣，于是和他们的竞争对手底下的销售人员合演了一场戏。于是，杜云轩和这个项目的其他人成了对方的棋子。

项目签约失败，然而集团销售副总裁给集团是提前报了喜的，现在“喜”没了，如何追责呢？必须要有人对这个项目负责，否则副总裁自己的信誉将受到很大影响，他跟总部信誓旦旦，这个项目没有问题，而真实情况是他们连一点机会都没有，那总部以后还会相信他的话吗？所以他现在要做的是，要让总部看到，他已经找到了问题所在，并将很快地解决问题，这样才能重新建立他的信誉。

他提议杜云轩先找个替罪羊，辞退销售经理，并上报集团。杜云轩何等聪明之人，立马明白了对方的意图。这个项目太大，光一个销售经理是难辞其咎的，更何况，整个项目都是自己亲自跟的。显然，副总裁不敢直接辞退自己，对方只是在逐步逼迫自己主动离职，但是如果自己主动离职的话，那么跟公司签订的“劳动合同”中的“竞业限制条款”（见表3-1）将生效，那后续自己找工作的时候，会受到诸多限制。

表3-1　竞业限制条款的内容

竞业限制条款	（1）竞业限制的人员限于用人单位的高级管理人员、高级技术人员和其他负有保密义务的人员
	（2）竞业限制的范围、地域、期限由用人单位与劳动者约定，竞业限制的约定不得违反法律、法规的规定
	（3）在解除或者终止劳动合同后，竞业限制人员到与本单位生产或者经营同类产品、从事同类业务的有竞争关系的其他用人单位工作，或者自己开业生产或者经营同类产品、从事同类业务的竞业限制期限，不得超过2年，超过部分无效

注：有关《中华人民共和国劳动合同法》的更多知识参见《小艾上班记10——经济法基础》第8章。

反正自己早晚都得走，何必还做个恶人呢？于是，他笑道：“这个项目我负全责，要开除只能是开除我。”

“杜总，我知道你是个很负责的人，其实我也挺为难的，但是……无论如何，我都不会开除你。我的想法是，你主动提出离职。”集团副总裁意味深长地说道。

“你还是开除我吧！”杜云轩薄唇动了动，眉宇间依旧是浅淡的笑意。

“为什么要被开除呢？你自己提出离职，然后我接受，公司再补偿你半年的薪水，大家都不丢脸。”

“如果我主动提出离职，劳动合同中的‘竞业限制’条款将生效，而我不希望我在下一份工作中，有什么限制。”杜云轩一语道破，墨色的瞳仁划过一抹似笑非笑的光影。

集团副总裁没办法，只能开除他。

晚上，杜云轩情绪低落，突然觉得自己特别寂寞，于是拨了个电话给杨锦诗，还没开口，对方就问道：“怎么回事？为何你会被公司开除呢？”

“嗯。”

“为什么？”

“我觉得被开除比主动离职好。”

“什么？你的意思是你自己要求被开除的？”

“嗯。”

“你是不是傻啊？哪有主动要求公司开除自己的，多丢人啊，以后找工作也不好找啊……”

杜云轩眉头蹙了蹙，打断道：“我们不说这个好吗？”

停了一下，他又问了一句：“你今晚会过来吗？”

对方沉默了一瞬，答道：“今天太晚了，我心里乱糟糟的，就不过去了。”

杜云轩漠然，把手机丢在沙发上。

然而从那天开始，她再也没来过，后来杜云轩听朋友说，自己把电脑还回公司的时候，杨锦诗还打点了行政部，把他的电脑仔细搜查了一遍，怕里面有她的照片，没删除干净。

杜云轩什么也没说，只是轻笑了一下。

霉运过后就是好运！

两个月后，杜云轩来到了东方会计师事务所。

从此，顺风顺水，一路高升直至合伙人。

他把专业知识和销售技能一结合，手里的项目业务总是多得做不完。

用他的话来说，在这个万众创业的年代，人人都是CEO，自己当自己的老板，自由舒服！

唯一的缺憾就是，有时候，他会睡不着，不知道是当年失恋时养成的坏习惯，还是其他什么原因。

他开始戒烟、戒酒，加强锻炼身体，效果虽有，但是并没有根治。

所以，每次看到小艾一上车就睡觉，或者工作累了，随意趴在账簿凭证上也能睡着，他总是不忍心叫醒她。

能睡就是福！

第 4 章

新手学税法

第4章 新手学税法

晚上，小艾接到父亲的电话，询问她最近工作怎么样，跟同事相处得好不好。

小艾高兴地答道：“一切都好！”

“是吗？”艾父将信将疑。

毕竟，不久前小艾还一把鼻涕一把泪地跟他诉说：“公司里的人都不理我，他们好像都很讨厌我。”

刚开始上班时，同事们都忙里忙外的，她站在那儿像个傻子一样，不知道自己要做什么，也不知道自己要说什么，感觉自己就像空气，那种毫无价值的感觉让她既恐慌，又难受。

这就像一个人走在人来人往的大街上，然后迷路了，分不清方向，想看清周围全貌，可是目光所及全是一张张陌生、冷漠、麻木的脸。她不敢问，也不敢走，就这样杵在那里。

太被动了！

被动其实就是逃避，别人会觉得你不愿意做事，不真诚，不上进。

可是，想主动又不知道从哪儿开始。

她纠结着，无措着。

最后，她终于冷静下来了，首先得学会跟人打招呼，可是她又天生不善交际，不像别人那样能说会道，见面三分熟。

怎么办呢？

最后她决定，先跟人家说：“早上好！”每天上班，见人就微笑地打招呼：“早上好！”“早上好”就三个字，不多不少，不会寒暄咱就不寒暄，简单粗暴！当然，更重要的是，不会忘词！否则，你背了一大段话去跟人家套近乎，结果半路卡壳了，多尴尬啊！

慢慢地，开始有人回应她了。

接着，她开始想办法给自己找点事情做。那谁会给她事情做呢？

她环顾了一下办公室，看见了万老师，这老太太看起来慈眉善目的，应该比较容易接近。

于是，她开始尊老爱幼，见万老师要提电脑包，就赶紧走过去说道：“万老师，我帮你提吧！”见万老师的水杯没水了，她就说：“万老师，我帮你去打水。”然后，再顺便帮她把茶泡好！

几天后，万老师开始把一些杂活丢给她，比如打印啊，复印啊，从此，她就跟着万老师，替她打下手。慢慢地，这婆孙俩相处得还挺好的。

由于万老师上班经常三天打鱼，两天晒网，时不时要回去休息一段时间，不在的时候，就把她“托孤”给杜云轩。

于是，她又开始学着给杜云轩打下手。

现在面对父亲的质疑，小艾就把近况描述了一番，接着说道：“万老师、杜老师他们人都非常好，我问他们问题，他们都会耐心回答，尤其是杜老师，待人温文尔雅，很有风度。”

然后她再巴拉巴拉地把杜云轩的名人轶事、江湖传闻诉说了一遍。

艾父闻言，沉思了半晌，说道：“如果他真像你说的那么好，你就更要尽心尽力地工作。”

小艾眉梢一挑：“那是自然！我工作挺努力的，非常勤奋，爸，你放心，我在公司跟在家里完全是两个人，你不要戴有色眼镜看我。”

“我说的是不但要尽力，还要尽心！你知道什么叫尽心吗？”

“什么叫尽心呀？”

“尽心就是要忠诚！”

“忠诚？精忠报国，为国尽忠啊？爸，你也太老土了吧，还喊这种‘口号’？”

“忠诚不是‘口号’，忠诚是一种技能，更是一种能力，而且是其他能力的统帅与核心。如果把你所有的能力看成是一个仓库，那忠诚就是一个运输通道，你只有通过忠诚，才能把你其他的能力输送给他人，从而产生价值。”

“噢。”小艾似懂非懂地回应着。

挂上电话，她叹了口气，“人生自古谁无死，留取丹心照汗青”“臣心一片磁针石，不指南方死不休”“先天下之忧而忧，后天下之乐而乐”。

问题是我有这么伟大吗？

老艾同志，你也太高看你女儿了！

第二天，小艾开始履行自己的诺言，中午订饭的时候，顺便帮杜云轩订了一份，然后送往他的办公室。

办公室的门是敞开着的，里面没人，墙的东北角摆放着一个酱紫色的书柜，暖暖的阳光从雕花窗格透进来，零碎地洒在翻开的书页上，弥漫着一股清雅悠长的味道。

小艾把饭放在桌上，正准备离开，门外传来沉稳有序的脚步声。

她转身，杜云轩出现在门口，他穿着一身GH英式西服，深灰色的暗纹，平整熨帖，优雅有力的身形显露无遗。

“杜老师，您的饭。”小艾礼貌地说道。

“谢谢。以后不用特意送到办公室来，直接放到会议室好了。”

“好。”

“另外，你把这份资料看一下，重点关注这一部分，过两天我们去一趟盛远。”杜云轩一边拿出笔标注，一边说道。

他写字的时候，小艾默默地看着他，窗外的阳光正好直射进来，镀在他的脸上。在光影的作用下，他的侧脸弧度近乎完美。

写完后，他停笔，把文件递给她，她接过，看了一眼，问道：“杜老师，你不是说不接盛远的业务吗？怎么又改变主意了？”

“我只是说不接盛远食品公司偷税案的业务，又不是不接它所有的业务。偷税案现在要了结，我们可以提供一个简单的思路，思路而已，是否采纳取决于企业和税务局双方，整个过程我们不参与。”①

“你是说，企业和市税务局他们双方还坐在一起协商？”

“不是，他们有中间人牵线搭桥。”

“噢。”

小艾瞄了一下相关的数字，心算了一下，然后蹙了蹙眉，说道：“杜老师，这方案还差300多万元呢。”

杜云轩笑：“人家大张旗鼓，兴师动众，你不可能一点税款都不让人家查出来吧？这300多万元就是未上账的收入。”

小艾回到会议室，陪着万老师一起吃午饭，此时，隔壁却突然传来辛丹和顾文景的争吵声。

① 注：杜云轩给盛远的税务方案，仅作为小说故事叙述内容，因处于灰色地带，不构成本书作者观点。

顾文景跟辛丹素来不和，最先开始，是因为一单业务。有个客户最先好像是跟顾文景联系的，但是不知道为什么又跟辛丹搅在一起了，最后又回到顾文景这里了，所以这个客户最后还是算顾文景的。因为这事，辛丹还在办公室拍桌子，跟顾文景吵了一架，说他抢了她的客户。

自从这件事后，他们俩的关系就很紧张，一点小事就会发生争执。

小艾在顾文景手下做过，其实他人挺好的，就是有点桀骜不驯；辛丹虽然是个女人，但也很要强，40岁，未婚，照样自信满满，走起路来都带风。

面对争吵，大家都不吭声，没有人劝架，也没有人议论。

半晌，万老师突然对小艾说道："小艾，你想不想将来赚很多钱啊?"

小艾闻言，两眼放光，然后点了点头："想!"

"那你知道女性在职场中面临的最大危险是什么?"

"不知道。"小艾摇了摇头。

"女性面临的最大危险，在于面对男性，以及由此产生的与男性的比较。"

小艾没听懂，只能眼巴巴地看着万老师。

万老师则继续解释道："谁将自己与他人比较，谁就会失败，至少在某些时候是这样的，因为自卑感源于与他人的比较。本来，我们进行比较，是为了'获胜'。但事与愿违，人在比较中经常会失败，因而感到自卑。尤其是在与男性的比较中，大部分女性都会感到自卑。"

"为什么?"

"因为目前的职场，很大程度上仍由男性掌控。[①]到处都是男性礼节、男性等级、男性解决方案和男性规则。这个世界的标准似乎都是男性化的，其中就暗藏了男人对自我的要求，以及对女性潜力的贬低。有部分女性尝试模仿男性成功的方式，但这样做的结果却加强了男权体系，同时让男人感到不安。因为男性将世界视为自己的世界，男性从一开始，就将闯入男性领地的女性视为敌人，所以女性尝试按照男性的规则进行比赛，失败的概率非常大。"

"那怎么办?"

"不要跟他们比较，而是做你自己，尽早地找到自己的独特之处，制定自己的游戏规则，一旦这独特性产生了价值，他们就会想方设法跟你合作，然后围着你

① 注：此论述仅代表小说人物万老师的个人观点。

转。人都想要自己没有的东西，从而让自己完整，不管是男人还是女人，需求互补，等价交换，这才是原则。”

因为要去盛远做税务咨询项目，小艾有点惶恐，拿着本“税法”教材都是懵的。国家的税收政策真的是太多了，而且变化快，文件一个接着一个，今天“税总发”、明天“税总函”，后天又是“税务总局公告”，应接不暇。

她连这些公文有什么区别都不知道。

好在杜云轩有耐心，真的是手把手地教。

“税务机关的公文种类主要有：命令（令）、决议、决定、公告、通告、意见、通知、通报、报告、请示、批复、函、纪要。我们常见的就是税总发、税总函，还有公告。

“‘税总函’，适用于向下级机关部署局部的、阶段性的或临时性的工作；对年度税收计划作局部调整；对税务经费作局部和临时性的安排；对税务日常工作有关情况作通报；作一般性的表扬或批评；与平级机关商洽事宜、答复问题或报送需要平级机关核批的事项；转发上级机关的一般性文件、平级机关与税收工作有关的文件；对下级机关的请示事项予以批复；对人大议案、建议和政协提案答复等。

“你看，‘税总函’内的第一句话就写明了函件所指示的下级单位名称（如图4-1所示）。

“而‘税务总局公告’则适用于向国内外宣布重要事项或者法定事项。税务机关应当依照有关法律、法规、规章向国内外公布税收规范性文件和其他重要税收事项。‘税务总局公告’应当公开发布，无主送、抄送。

“你看‘国家税务总局公告’的内容中，都没有指向某一下属单位，开始的第一句话就是‘现就某某有关事项公告如下’（如图4-2所示）。

“‘税总发’是国家税务总局发布的，税务内部需要落实和行动的一些重点举措。‘税总发’一般开头除了‘税总函’的单位，经常还会有局内各单位”（如图4-3所示）。

小艾晕啊，不是一般地晕。

“难道这些文件都要我背吗？”

“文件是用来看的，不是用来背的。”

“那这‘税法’怎么学啊？”

国家税务总局关于明确2020年5月纳税申报期限有关事项的通知

税总函〔2020〕73号

全文有效　成文日期:2020-4-27

字体:【大】【中】【小】

国家税务总局各省、自治区、直辖市和计划单列市税务局，国家税务总局驻各地特派员办事处，局内各单位:

为进一步支持疫情防控和企业复工复产，便利纳税人、扣缴义务人办理纳税申报事宜，现将2020年5月份纳税申报期限明确如下:

一、统筹考虑疫情影响和“五一”假期安排，对于按月申报的纳税人、扣缴义务人，5月份纳税申报期限延长至5月22日。

二、纳税人、扣缴义务人受疫情影响，在2020年5月份纳税申报期限内办理申报仍有困难的，可以依法向税务机关申请办理延期申报。

各地税务机关要认真遵照执行，遇到问题请及时向税务总局（征管和科技发展司）报告。

国家税务总局

2020年4月27日

国家税务总局关于在广东省和大连市开展出口退税管理新系统试点工作的通知

税总函〔2020〕172号

全文有效　成文日期:2020-8-31

字体:【大】【中】【小】

国家税务总局各省、自治区、直辖市和计划单列市税务局，国家税务总局驻各地特派员办事处:

为深入贯彻落实党的十九届四中全会精神，深化税务系统“放管服”改革，持续优化营商环境，提升出口退（免）税服务质效，更好助力稳定外贸工作，税务总局整合金税三期系统和出口退税管理系统，在金税三期系统中开发了出口退税管理新系统（以下称新系统）。按照先试点再推广的原则，税务总局决定先行在广东省和大连市试点推行新系统，现将有关事项通知如下:

一、推行工作目标

图 4-1　“税总函”样例截图

国家税务总局关于纳税信用管理有关事项的公告

国家税务总局公告2020年第15号

全文有效　成文日期:2020-9-13

字体：【大】【中】【小】

为深入贯彻落实国务院“放管服”改革精神，优化税收营商环境，完善纳税信用体系，根据《中华人民共和国税收征收管理法实施细则》和《国务院关于印发社会信用体系建设规划纲要（2014-2020年）的通知》（国发〔2014〕21号），现就纳税信用管理有关事项公告如下：

一、非独立核算分支机构可自愿参与纳税信用评价。本公告所称非独立核算分支机构是指由企业纳税人设立，已在税务机关完成登记信息确认且核算方式为非独立核算的分支机构。

非独立核算分支机构参评后，2019年度之前的纳税信用级别不再评价，在机构存续期间适用国家税务总局纳

国家税务总局关于完善调整部分纳税人个人所得税预扣预缴方法的公告

国家税务总局公告2020年第13号

全文有效　成文日期:2020-7-28

字体：【大】【中】【小】

为进一步支持稳就业、保就业，减轻当年新入职人员个人所得税预扣预缴阶段的税收负担，现就完善调整年度中间首次取得工资、薪金所得等人员有关个人所得税预扣预缴方法事项公告如下：

一、对一个纳税年度内首次取得工资、薪金所得的居民个人，扣缴义务人在预扣预缴个人所得税时，可按照5000元/月乘以纳税人当年截至本月月份数计算累计减除费用。

二、正在接受全日制学历教育的学生因实习取得劳务报酬所得的，扣缴义务人预扣预缴个人所得税时，可按照《国家税务总局关于发布〈个人所得税扣缴申报管理办法（试行）〉的公告》（2018年第61号）规定的累计预扣法计算并预扣预缴税款。

图4-2　“国家税务总局公告”样例截图

“先给自己打个框架，就像建房子一样，先有个主体架构，然后再慢慢填充。‘营改增’后，我国的税种由原来的18个变成17个，后来又增加了一个环境保护税，又变成18个（如图4-4所示）。

“先把这税种记一下。”

“怎么记？”

国家税务总局关于优化税务执法方式严禁征收“过头税费”的通知

税总发〔2020〕29号

全文有效　成文日期:2020-6-18

字体:【大】【中】【小】

国家税务总局各省、自治区、直辖市和计划单列市税务局，国家税务总局驻各地特派员办事处，局内各单位:

为深入贯彻党中央、国务院关于扎实做好“六稳”工作、全面落实“六保”任务的决策部署，认真落实国务院常务会议有关精神，进一步提升政治站位，充分发挥税收职能作用，统筹推进疫情防控和支持经济社会发展，现就优化税务执法方式、严禁征收“过头税费”有关要求进一步强调如下:

一、坚决防止违规征税收费

各级税务机关要进一步坚持依法规范组织收入原则不动摇，坚决压实主体责任，严禁征收“过头税费”、违规揽税收费以及以清缴补缴为名增加市场主体不合理负担。坚决不搞大规模集中清欠、大面积行业检查，坚决禁止采取空转、转引税款等手段虚增收入。建立健全税费收入质量监控和分析机制，利用大数据完善分区县、分税种、分时段的收入实时监控体系，对收入畸高畸低等异常情况，及时分析排查，发现违法违规行为一律严肃处理，并建立典型案例通报制度，强化以案示警的作用。要积极向地方党委、政府和相关部门汇报，进一步争取对依法依规组织税费收入的支持，避免采取不当的组织收入措施。上级税务部门要加强对下级税务部门组织收入工作的监督指导，想方设法帮助其化解征收工作面临的矛盾和压力。

国家税务总局关于印发《税务行政执法案例指导工作实施办法》的通知

税总发〔2019〕139号

成文日期:2019-12-27

字体:【大】【中】【小】

国家税务总局各省、自治区、直辖市和计划单列市税务局，国家税务总局驻各地特派员办事处，局内各单位:

为了优化税务执法方式、提高税务执法质量、推动严格规范公正文明执法，国家税务总局制定了《税务行政执法案例指导工作实施办法》，现印发给你们，请认真抓好贯彻落实，及时总结执行中的经验和做法。如有问题和建议，请及时向国家税务总局（政策法规司）反映。

附件：1.税务行政执法指导案例推荐表

2.税务行政执法指导案例模板

图4-3　“税总发”样例截图

“①流转税：商品在买卖流转过程中，需要缴纳增值税，如果你所从事的是国家规定的消费品行业，比如高档化妆品，那你还需要缴纳消费税，你缴纳了增值税和消费税，就还要缴纳城建税和教育费附加，相当于税上加税。

“②所得税：包括企业所得税和个人所得税，不管是企业还是个人，赚钱了，就需要分一部分给国家。

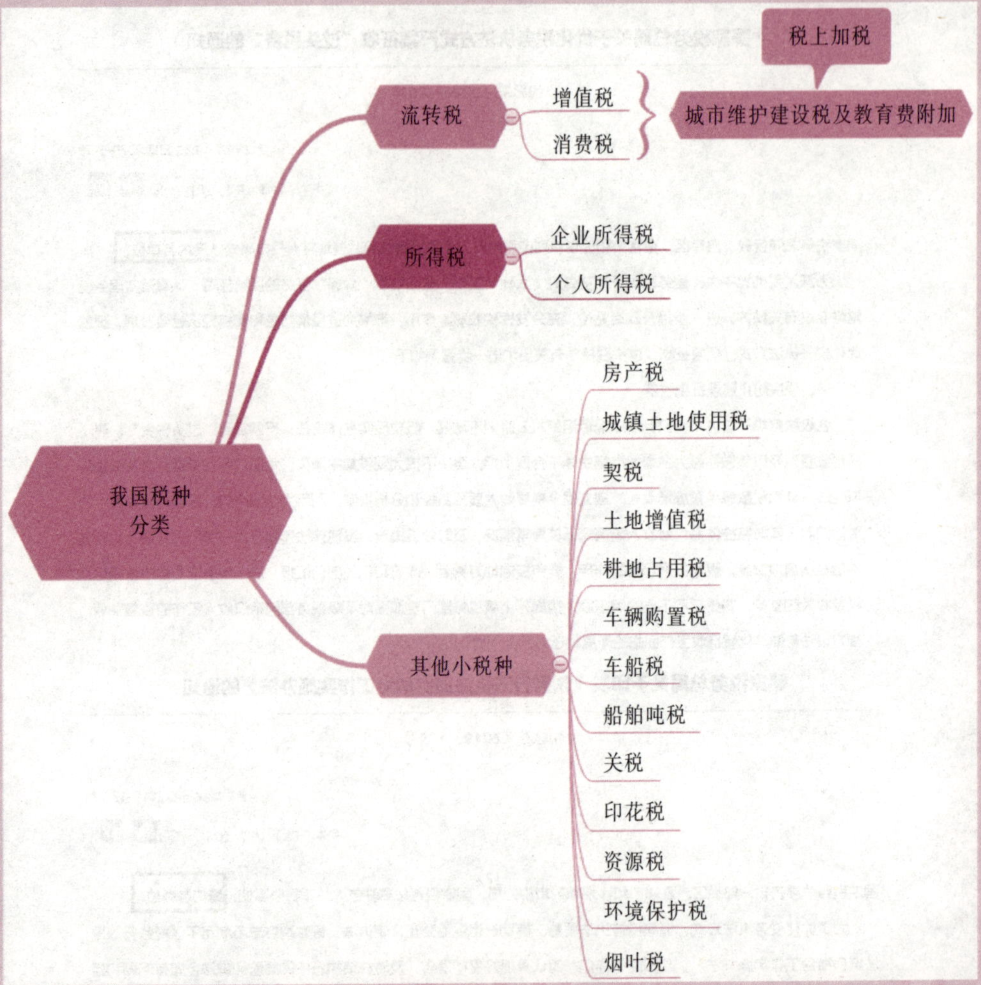

图4-4　我国税种分类图[①]

"③其他小税种，有很多，怎么记呢？基本上都跟"有房有车"相关，比如你有房，就涉及房产税、城镇土地使用税，这是状态税；如果买房，你就要缴纳契税，出售方要缴纳土地增值税，这是动作税；如果你在经营的过程中，占用了耕地，那么还需要缴纳耕地占用税。这样就记住5个了。如果你买车，这个动作就涉及车辆购置税，你有车了，还要考虑车船税，这也是状态税。你海外的船进入了我国境内，要考虑船舶吨税；你的货物进关，要考虑关税；你签了合同，要考虑印花

① 与图1-2重复，此处在具体情境中重申。

税，这样又记住了5个。

“还剩3个，跟土地有关，一个是资源税，比如矿产资源；环境保护税，要爱护环境；最后，土地还能长一种特殊的商品——烟叶，因此涉及烟叶税。

“18个税种加一个教育费附加，基本上全了。

“但是一般的企业不会涉及所有的税种，除非企业的业务真的很复杂。企业具体会涉及哪些税种？公司注册完毕，取得营业执照后，公司的财务人员需要去税务局报到，税务局会鉴定你要缴纳什么税。

“很多小企业，没房没车的，常见税种如图4-5所示。”

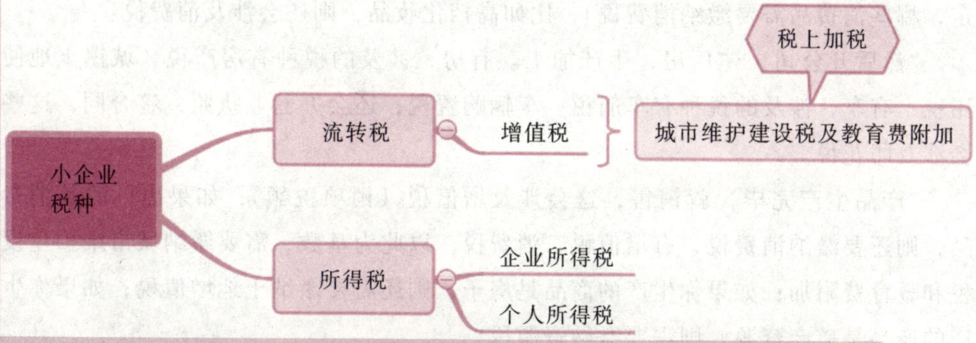

图4-5　小企业税种

“哇，企业也分高富帅和穷屌丝？”

“那当然！”

“你这么一说，我好像记住了。”

“这只是一个框架，想每一个税种都精通，你准备10年吧！”

“10年啊？”

“10年已经很短了，要是真的全精通了，那你不是专家，也是行家了。”

“说得也对，不管做什么，没个十年八载的，确实是不可能成为专家的。”

“而且这10年还要看你是真的在学东西，还是在混日子。这些税种涉及各行各业。知道中国目前有多少个行业吗？”

“不知道。”小艾摇了摇头。

“对，我们不知道，每个行业目前又有多少类经济业务？也不知道。未来又会新增多少经济业务？更不知道。因此，我国税法也是不断地跟随市场，今天出一个文件，明天又出一个文件，像打补丁一样，一层一层地往上面打，‘税法’书于是越来越厚。”

“所以，学习税法只有两条途径，一条是去考试，比如初级会计职称、中级会计职称、注册会计师、税务师等考试，都要考税法，通过考试来督促学习，如果不考试，只是拿一本厚厚的‘税法’教材摆在你面前，让你一页一页看下去，一般的人坚持不了三天。

“另一个途径就是不断地实践，在实践中会碰到各种各样的问题，每碰到一个问题，你就去翻教材，或者找相应的文件，慢慢地就熟悉了。”

“一般企业生产经营涉及的税种如下：先是买材料，会涉及增值税（进项税额）；如果是在国外购买，那么还会涉及关税；如果买的是消费品（国家会明确规定，哪些消费品需要缴纳消费税），比如高档化妆品，则还会涉及消费税。

“然后开公司，建厂房，生产加工。有房，涉及的税种有房产税、城镇土地使用税；有车，涉及的税种有车船税、车辆购置税；还会办营业执照，签合同，这些会涉及印花税。

“产品生产完毕，就销售，这会涉及增值税（销项税额）；如果出厂的是消费品，则还要缴纳消费税，有增值税、消费税，以此为基数，需要缴纳城市维护建设税和教育费附加；如果你生产的商品是房子，则还需要缴纳土地增值税；如果你生产的产品是矿产资源，则需要缴纳资源税。

“产品卖出去后，形成企业利润，需要缴纳企业所得税；给员工发工资，需要代扣代缴个人所得税。

“税后净利润，没有分配，全部留存企业，则继续购买资产，比如买厂房，需要缴纳契税；然后签合同，又需要缴纳印花税，进而形成新的一轮循环。”一般产品纳税流程如图4-6所示。

信息输入量太大，小艾思绪有点凌乱。

杜云轩见状，笑着说：“慢慢来，欲速则不达。先试着填一张纳税申报表吧，比如最常用的增值税纳税申报表。

“增值税涉及各行各业，几乎每个行业、每个企业发生的经济业务都需要缴纳增值税。而且增值税是大税，税收收入占国家总税收收入将近一半。其次是企业所得税，占总税收收入将近四分之一的样子。所以，国家对这两个税种抓得特别严。

“我国的增值税纳税人分为两类人，一类叫一般纳税人，一类叫小规模纳税人。因此，只有两套报表。所以，填表之前你应先感谢国家，管理纳税人的时候，没有把他们分成三六九等。”

一般产品纳税流程

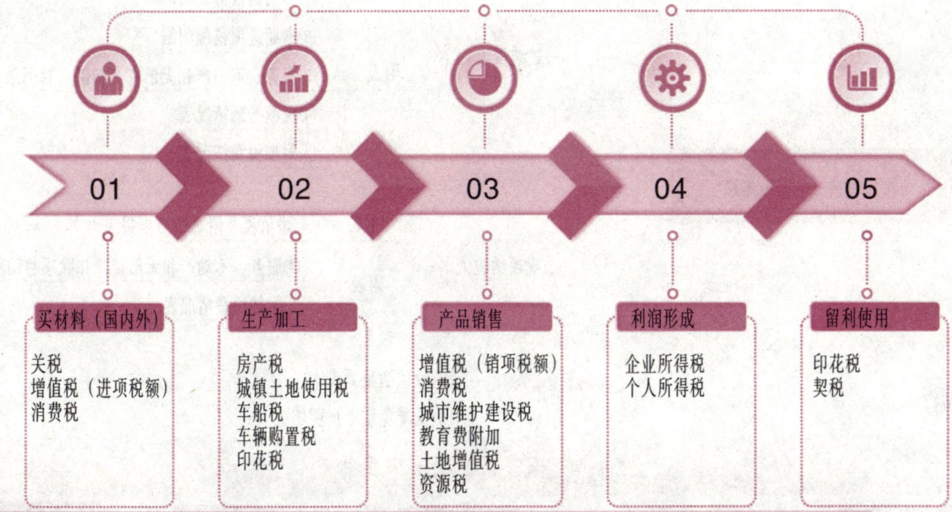

图4-6　一般产品纳税流程

“你的意思是，如果把纳税人分成9等的话，就会有9套报表？”小艾惊了一下，墨色的瞳仁划过一抹惶恐。

“那是自然，分成9类，那自然就各不相同。”

“那会计这日子没法过了。”

“傻，那样的话，会计的日子更好过，人人都会的东西，没有门槛的专业，是没有价值的。”

“噢！”

“一般纳税人的增值税纳税申报表，有主表1张，附表4张。填表的时候，先填附表，主表会自动生成。增值税纳税申报表体系如图4-7所示。

“产品会涉及产业链，有时候会横跨农业、工业和服务业（如图4-8所示）。

“而一般的企业，只做其中的某一个环节，比如加工厂2，进货，按13%的增值税税率，卖出去，还是按13%的增值税税率。

“那他需要缴纳的增值税就很简单，假设进货100万元，简单加工后卖出去为300万元。

“100×13%=13（万元），这是增值税进项税额。

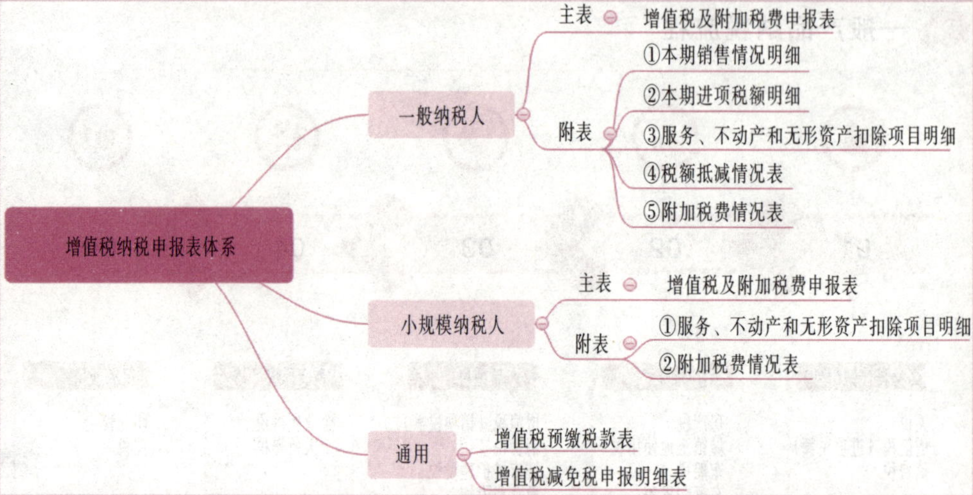

图4-7　增值税纳税申报表体系

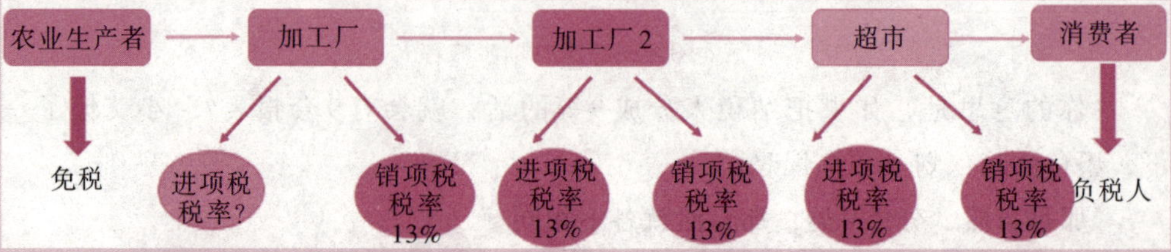

图4-8　产业链横跨农业、工业、服务业时的缴税情况

“300×13%=39（万元），这是增值税销项税额。

“加工厂2应该缴纳的增值税=增值税销项税额-增值税进项税额=39-13=26（万元）。这个简单吧？”

“简单！”

“这其实就是增值税的基本逻辑，税法书上有很多有关增值税的规定，都是为了解释这条逻辑，复杂的、特殊的经济业务，也是在这条逻辑的指引下处理。你看，加工厂2的纳税申报表该如何填呢？假设全部开的是增值税专用发票。”

“首先，填附表一（如图4-9所示）：本期销售情况明细，销售额3 000 000元，销项税额390 000元？”

“对！然后填附表二（如图4-10所示）：本期进项税额明细（假设认证的发票份数是10份）。”

“进项金额是1 000 000元，进项税额是130 000元，对吗？”

增值税纳税申报表附列资料（一）

（本期销售情况明细）

税款所属时间：　年　月　日至　年　月　日

纳税人名称：（公章）　　　　　　　　　　　　　　　　　　金额单位：元至角分

项目及栏次				开具增值税专用发票		开具其他发票		未开具发票		纳税检查调整		合计			服务、不动产和无形资产扣除项目本期实际扣除金额	扣除后	
				销售额	销项（应纳）税额	销售额	销项（应纳）税额	销售额	销项（应纳）税额	销售额	销项（应纳）税额	销售额	销项（应纳）税额	价税合计		含税（免税）销售额	销项（应纳）税额
				1	2	3	4	5	6	7	8	9=1+3+5+7	10=2+4+6+8	11=9+10	12	13=11-12	14=13÷（100%+税率或征收率）×税率或征收率
一、一般计税方法计税	全部征税项目	13%税率的货物及加工修理修配劳务	1	3000000	390000							3000000	390000	——	——	——	——
		13%税率的服务、不动产和无形资产	2														
		9%税率的货物及加工修理修配劳务	3											——	——	——	——
		9%税率的服务、不动产和无形资产	4														
		6%税率	5														
	其中：即征即退项目	即征即退货物及加工修理修配劳务	6	——	——	——	——	——	——	——	——			——	——	——	——
		即征即退服务、不动产和无形资产	7	——	——	——	——	——	——	——	——						

图4-9　填列增值税纳税申报表附表一（截图）

增值税纳税申报表附列资料（二）

（本期进项税额明细）

税款所属时间：　年　月　日至　年　月　日

纳税人名称：（公章）　　　　　　　　　　　　　　　　　　金额单位：元至角分

一、申报抵扣的进项税额

项目	栏次	份数	金额	税额
（一）认证相符的增值税专用发票	1=2+3	10	1000000	130000
其中：本期认证相符且本期申报抵扣	2	10	1000000	130000
前期认证相符且本期申报抵扣	3			
（二）其他扣税凭证	4=5+6+7+8a+8b			
其中：海关进口增值税专用缴款书	5			
农产品收购发票或者销售发票	6			
代扣代缴税收缴款凭证	7		——	
加计扣除农产品进项税额	8a	——	——	
其他	8b			
（三）本期用于购建不动产的扣税凭证	9			
（四）本期用于抵扣的旅客运输服务扣税凭证	10			
（五）外贸企业进项税额抵扣证明	11	——	——	
当期申报抵扣进项税额合计	12=1+4+11	10	1000000	130000

图4-10　填列增值税纳税申报表附表二（截图）

“对，如果是网上申报，系统会自动根据附表，填列主表（如图4-11所示）。当然，我们自己也可以手工填一下，这样就能清晰地感受主表的数字逻辑。

“到此，这家公司的增值税纳税申报就完毕了，其他金额栏，不涉及，都空着；纳税人识别号这些根据公司的营业执照等相关信息填列即可；至于减免税申报表，因为没有减免税相关的业务，直接保存就好了。”

“太简单了吧？”

“是的，因为这个经济业务很简单。”

“所以不是增值税本身的逻辑复杂，而是实践中的业务逻辑太复杂？”

增值税纳税申报表

（一般纳税人适用）

根据国家税收法律法规及增值税相关规定制定本表。纳税人不论有无销售额，均应按税务机关核定的纳税期限填写本表，并向当地税务机关申报。

税款所属时间：自　年　月　日至　年　月　日　　填表日期：　年　月　日　　金额单位：元至角分

纳税人识别号			所属行业：		
纳税人名称	（公章）	法定代表人姓名		注册地址		生产经营地址	
开户银行及账号		登记注册类型			电话号码	

	项目	栏次	一般项目		即征即退项目	
			本月数	本年累计	本月数	本年累计
销售额	（一）按适用税率计税销售额	1	3000000			
	其中：应税货物销售额	2	3000000			
	应税劳务销售额	3				
	纳税检查调整的销售额	4				
	（二）按简易办法计税销售额	5				
	其中：纳税检查调整的销售额	6				
	（三）免、抵、退办法出口销售额	7			—	—
	（四）免税销售额	8			—	—
	其中：免税货物销售额	9			—	—
	免税劳务销售额	10			—	—
税款计算	销项税额	11	390000			
	进项税额	12	130000			
	上期留抵税额	13				—
	进项税额转出	14				
	免、抵、退应退税额	15			—	—
	按适用税率计算的纳税检查应补缴税额	16			—	—
	应抵扣税额合计	17=12+13-14-15+1	130000	—		—
	实际抵扣税额	18（如17<11，则为17，否则为11）	130000			
	应纳税额	19=11-18	260000			
	期末留抵税额	20=17-18				—
	简易计税办法计算的应纳税额	21				
	按简易计税办法计算的纳税检查应补缴税额	22			—	—
	应纳税额减征额	23				
	应纳税额合计	24=19+21-23	260000			

图4-11　填列增值税纳税申报表主表（截图）

“是的。更准确地说，是人心太复杂，所以各种交易模式才复杂，导致经济业务复杂，报表的填列自然就复杂。所以，学习税法，光背法律是没有用的，要深入透彻地了解经济业务，了解商业的本质，还要与时俱进。”

“可是，我看那‘增值税税法’书好厚！”

“它是事无巨细地给你讲，但你要学会抽出主干。简单问题复杂化，你是专家；复杂问题简单化，你就是行家。直到有一天，你会在这两者之间游刃有余。”

“那我该怎么做呢？”

“经验需要实践，熟能生巧，慢慢积累。”

“有没有什么办法，一蹴而就？”

“没有，如果有的话，你就被淘汰了，知道吗?”

“为什么?”

“你今年注会准备考几科啊?”

“我报了两科。”

“有把握吗?”

“忐忑。”小艾说完，两人“扑哧”一声都笑了出来。

因为他们想起了，上次在KTV，大家集体呼吁，考前必唱，龚琳娜的《忐忑》。

龚琳娜口中唱出来的只有“嗯、啊、唉、哟”等和一些听不清也听不懂的“哪个嘀哪个咚”的句子。歌词不明白，却没难倒大家。有人填词：“带个刀，割不断，用牙咬!”也有人唱“啊呀压抑带个刀”，还有人唱“逮来逮去，逮去逮来，不知道最后逮没逮着谁”。

当时场面简直火爆了!

杜云轩止住笑容，说道：“我告诉你吧，人家非会计专业的，连借贷都不知何物的，可以注会一次性六门全过。你考得过他们吗?”

“考不过!”

“这就对了嘛。如果这世界上真的有捷径，背两本书，就可以登峰造极，那这行业就没有价值了。”

接着，他们聊到读书。小艾要杜云轩帮忙推荐几本书，她原以为杜云轩肯定会给她介绍几本专业书籍，最好是那种一看就能打通任督二脉的会计书籍，结果杜云轩给她推荐了一本《艺术鉴赏》，还说，这本书有点小贵，你不用买了，我这有，借给你。

小艾拿到手一看，果真有点贵，定价298元。

她很是困惑，我要学会计，看什么艺术?

杜云轩却笑道：“专业书籍要读，非专业书籍也要读。写诗，功夫在诗外；做会计，功夫在会计外。

“会计在实践中很多时候都没有标准答案，因为会计的本质是利益的平衡，平衡很多时候需要的是艺术，而不是技术。

“不是说，你会计分录做得对、做得多，你就是老板心目中的好会计。会计的绩效考核跟工人不一样，不是多劳多得，而是辅助决策，是风险和收益的分析与权衡。”

平心而论，她对这本书的内容没有太大的热情，但是却读得很认真，像是在完成老师布置的功课，一页一页，一行一行，慢慢细读。偶尔翻到一页，察觉书页下角有个小小的折痕，她就反复阅读那一页，猜想是哪一段文字的哪一句话打动了杜云轩的心，让他做下了记号。

可是看来看去，也看不出有什么特别的。

或许，只是他恰好读完这一页就放下了，然后做了个记号，没有其他深意？

唉，大神的世界不好猜啊！

不过，小艾最听话，大神推荐的书，哪怕看起来没有什么价值，她也慢慢啃，反正，她就是信他！

第5章

我会纳税申报了

第5章

我会纳税申报了

“这是家管理咨询公司，去年开始正式运营，小规模纳税人，就两个人合伙，业务很简单。这个季度的税你报吧，包括增值税、城建税和教育费附加，企业所得税，个人所得税等，顺便把去年的年终汇算清缴也做了。”

杜云轩把一家叫麦儒管理咨询公司的相关资料放在小艾桌子上。

麻雀虽小，但五脏俱全，这可是真刀真枪，一整套流程，小艾有点懵。

杜云轩是在有意识地培养她，有意愿培养你的人和无意愿培养你的人，给你的业务不一样，另外，培养风格也不一样。

对于初学者来说，学习好比盲人摸象，学校传统的教育，是给你一头巨大无比的象，然后让每个学生从不同角度去摸，摸了半天，大家不知道象到底长什么样。

有的学生长得高，摸到了象的身体，上下左右摸了个遍，然后高兴地说，象像一堵大墙，既宽广，又平坦。

有的学生长得矮，摸到了象的脚，于是反驳道：“你错了，象是一根树干。”

有的学生摸到了象的鼻子，于是继续争论道：“不对，你们都说得不对，象既不是墙，也不是树干，它是根水管。”

有的学生摸到了象牙，于是上前说道：“你们不要卖弄你们的知识了，比喻打得一点都不对，象摸上去感觉特别可爱，它光滑润泽，像玉一样。”

于是，大家争论不休。

这种培养模式好不好呢？好但也不好，因为学到最后，大家都不知道象是什么样；不好但也好，将来学生可以有自我摸索的能力，毕竟我们生活在这个世界中，我们看不到世界的全貌，我们所有的人都在“盲人摸象”。

所以，学校的教育其目的也许更多的是启发，也或许有其他的深意。杜云轩无意揣测教育专家的意图，他只知道，会计这头象我已经基本知道它的大体轮廓了，我没有必要再让我的学生花大量的时间去揣测了，我直接做个小象的模型，让你一只手就能握住，这样，你立马就知道象的轮廓了。

你有探索的能力，那你将来可以去探索更高深、更前沿的会计知识，而不是在这些浅显易懂的知识上面花费大量的时间。另外，工作需要立马上手，不管你的理想多么伟大，生存是第一需要。

小艾不知道从哪儿开始动手，但是，她脑子也还是在转动，这是一家小规模纳税人。

根据前面讲的（图4-7 增值税纳税申报表体系），需要填列的增值税纳税申报表应该有：主表、附列资料（一）、附列资料（二）、增值税减免税申报明细表和增值税预缴税款表。

增值税预缴税款表不要填，因为一般只有建筑服务、出售不动产、出租不动产才会有预缴增值税税款的情形，一个小咨询公司，应该不会涉及这些业务。小艾翻了翻手中的单据，就几笔报销业务和几笔咨询收入的发票而已，所以这张表只要直接点保存就行。

少填一张表，少死很多脑细胞。

附列资料（二）是城市维护建设税和教育费附加。

附列资料（一）是发生应税行为且有扣除项目的纳税人填写的，也就是我们常说的差额征税。考初级会计职称的时候，教材中有提到过（见表5-1）：

表5-1　差额征税

项目	计算公式	适用范围
金融商品转让	销售额=卖出价-买入价	适用于一般纳税人，但不得开具增值税专用发票
旅游服务	销售额=全部价款+价外费用-住宿费、餐饮费、交通费、签证费、门票费、地接费	适用于一般纳税人
销售不动产	销售额=全部价款+价外费用-土地出让金	
客运场站服务	销售额=全部价款+价外费用-支付给承运方的运费	
建筑服务	销售额=全部价款+价外费用-分包费	适用于执行“简易征收”办法的纳税人

小艾虽然不太明白差额征税到底是什么，但是她可以根据考试学过的知识，即表5-1中的内容判断，此咨询公司不涉及差额征税，所以，这张表也不用填，在系统里直接提交保存就是。

所以，有时候学知识，并不一定说，你要什么都懂，然后才开始实践。实践的目标就是完成指定的工作任务，根据会计的成本效益原则，完成一个具体的任务，你只要具备这个任务的最少必要知识即可。

这个世界上的知识是学不完的，图书馆里简直是汗牛充栋，所以无论做什么事情，正确的方法都应该是：掌握最少必要知识后立即行动，后续再慢慢持续改进。

比如你想学煮面，最少必要知识是什么呢？你一定要学会开火，知道在锅里放水与盐，知道水开了下面。是不是很简单？就三个知识点。学会这些，你就可以煮出来一碗面条了。至于面条好不好吃，那就需要后续在实践中持续改进了。

俗话说："三开饺子两开面，做饭还得靠经验。"水与面要保持多少比例，才能保证煮出来面条不稠不稀？面要煮多久才可以关火，以保证面条不硬不软？放多少盐、多少油，配菜需要哪些？后面有无数个细节等着你去研究。如果你的目标是要煮一碗跟五星级大厨相媲美的面，那你每天都要去练习，每天都改进一点，10年后或许能成；也有可能你志不在此，煮面煮了30年，也没什么长进，还是那样。

学会计跟学煮面差不多，要想成为财税专家，就要不断地去学习，不断地实践，至于最后会达到一个什么程度，取决于你的努力。

小艾接着再看增值税减免税申报表，她看不懂，完全不知道怎么下手。但是，她知道这张表一定很重要，帮人省银子的，如果该省的没省，那么老板肯定会不高兴的。

于是，她绕着弯子问道："杜老师，小规模纳税人除了月销售额10万元（按季30万元）以下免增值税和税控设备可以全额抵减增值税外，咨询行业好像没有其他的税收优惠了吧？"

问问题一定别问得太直接，不能说，这张表我完全看不懂，不知道怎么填，这样的话，会让人觉得你既蠢，又懒，一点都不愿意思考，像个甩手掌柜一样，恨不得别人帮你填了。

自己的事情能让别人帮你做吗？自己的工资怎么不让别人帮你领啊？

杜云轩闻言，抬头，发现她还不是特别蠢，至少知道先看附表，再看主表，因为主表的数据一般是根据附表自动填列的，另外多少还是学了点东西，知道税控设备可以全额抵减增值税，知道小微企业的一些税收优惠。

不过，对政策的关注度还是很欠缺。

于是，他说道："这张表你暂时不用看了，因为他这个季度的销售额才5万元多点，增值税直接减免，直接填主表就行了。另外，现在的税收优惠改了，小规模纳税人月销售额15万元（按季45万元）以下免增值税。"

"噢，又改了，我知道了，谢谢杜老师！"小艾一边道谢，一边把增值税减免税申报表直接点了保存。

她绝对想不到，杜云轩简简单单的一句话，脑海里闪过了多个税收政策（如图5-1、图5-2、图5-3和图5-4所示）。

国家税务总局

关于调整增值税纳税申报有关事项的公告

国家税务总局公告2015年第23号

为准确掌握纳税人享受增值税减免税优惠政策情况，国家税务总局对增值税纳税申报有关事项进行了调整，现公告如下：

一、在增值税纳税申报其他资料中增加《增值税减免税申报明细表》（表式见附件1，以下简称明细表），由享受增值税减免税优惠政策的增值税一般纳税人和小规模纳税人在办理增值税纳税申报时填报。

二、仅享受月销售额不超过3万元（按季纳税9万元）免征增值税政策或未达起征点的增值税小规模纳税人不需填报明细表，即小规模纳税人当期增值税纳税申报表主表第9栏"其他免税销售额""本期数"和第13栏"本期应纳税额减征额""本期数"均无数据时，不需填报明细表。

三、本公告自2015年7月1日起施行。

特此公告。

附件（略）：1.增值税减免税申报明细表□

2.《增值税减免税申报明细表》填写说明

国家税务总局

2015年4月20日

图5-1　关于调整增值税纳税申报有关事项的公告

财政部 税务总局关于实施小微企业普惠性税收减免政策的通知

财税〔2019〕13号

全文有效 成文日期:2019-1-17

字体:【大】【中】【小】 打印本页

各省、自治区、直辖市、计划单列市财政厅(局),新疆生产建设兵团财政局,国家税务总局各省、自治区、直辖市和计划单列市税务局:

为贯彻落实党中央、国务院决策部署,进一步支持小微企业发展,现就实施小微企业普惠性税收减免政策有关事项通知如下:

一、对月销售额10万元以下(含本数)的增值税小规模纳税人,免征增值税。

二、对小型微利企业年应纳税所得额不超过100万元的部分,减按25%计入应纳税所得额,按20%的税率缴纳企业所得税;对年应纳税所得额超过100万元但不超过300万元的部分,减按50%计入应纳税所得额,按20%的税率缴纳企业所得税。

上述小型微利企业是指从事国家非限制和禁止行业,且同时符合年度应纳税所得额不超过300万元、从业人数不超过300人、资产总额不超过5 000万元等三个条件的企业。

从业人数,包括与企业建立劳动关系的职工人数和企业接受的劳务派遣用工人数。所称从业人数和资产总额指标,应按企业全年的季度平均值确定。具体计算公式如下:

季度平均值=(季初值+季末值)÷2

全年季度平均值=全年各季度平均值之和÷4

年度中间开业或者终止经营活动的,以其实际经营期作为一个纳税年度确定上述相关指标。

图5-2 关于实施小微企业普惠性税收减免政策的通知(截图)

但是,《国家税务总局关于全面推开营业税改征增值税试点后增值税纳税申报有关事项的公告》(国家税务总局公告2016年第13号,以下简称“13号公告”)第五条规定:国家税务总局公告2015年第23号自2016年6月1日起废止。

但在《国家税务总局关于调整增值税纳税申报有关事项的公告》(国家税务总局公告2019年第15号)中,其附件填列说明明确规定:仅享受月销售额不超过10万元(按季纳税30万元)免征增值税政策或未达起征点的增值税小规模纳税人不需填报本表,即小规模纳税人当期《增值税纳税申报表(小规模纳税人适用)》第12栏“其他免税销售额”“本期数”和第16栏“本期应纳税额减征额”“本期数”均无数据时,不需填报本表。

财政部 税务总局关于明确增值税小规模纳税人免征增值税政策的公告

财政部 税务总局公告2021年第11号

全文有效　成文日期:2021-3-31

字体:【大】【中】【小】　打印本页

为进一步支持小微企业发展，现将增值税小规模纳税人免征增值税政策公告如下:

自2021年4月1日至2022年12月31日，对月销售额15万元以下（含本数）的增值税小规模纳税人，免征增值税。

《财政部 税务总局关于实施小微企业普惠性税收减免政策的通知》（财税〔2019〕13号）第一条同时废止。

特此公告。

财政部 税务总局

2021年3月31日

图5-3　关于明确增值税小规模纳税人免征增值税政策的公告

国家税务总局关于落实支持小型微利企业和个体工商户发展所得税优惠政策有关事项的公告

国家税务总局公告2021年第8号

全文有效　成文日期:2021-4-7

字体:【大】【中】【小】　打印本页

为贯彻落实《财政部 税务总局关于实施小微企业和个体工商户所得税优惠政策的公告》（2021年第12号），进一步支持小型微利企业和个体工商户发展，现就有关事项公告如下:

一、关于小型微利企业所得税减半政策有关事项

（一）对小型微利企业年应纳税所得额不超过100万元的部分，减按12.5%计入应纳税所得额，按20%的税率缴纳企业所得税。

（二）小型微利企业享受上述政策时涉及的具体征管问题，按照《国家税务总局关于实施小型微利企业普惠性所得税减免政策有关问题的公告》（2019年第2号）相关规定执行。

图5-4　关于落实支持小型微利企业和个体工商户发展所得税优惠政策有关事项的公告（截图）

因此，小规模纳税人月销售额15万元（按季45万元）以下免增值税，这个优惠政策不需要填增值税减免税申报明细表。

接下来的三个政策，是小规模纳税人有关增值税和企业所得税减免优惠政策的变化，以及小微企业的界定。

当然，这些政策，后续还会继续更改，国家的税收政策就是这样，一个接着一个，补丁不断地往上打。

只要保持持续关注就行了，因为原理不变。

什么叫厚积薄发，这就叫厚积薄发，你听到的只是别人随口说的几句普通话，但你不知道人家这几句话是经过时间沉淀的。

总结一下就是（见表5-2）：

表5-2 目前常用税收优惠

目前常用税收优惠	增值税	企业所得税
小微企业（小规模纳税人）	自2021年4月1日至2022年12月31日，对月销售额15万元以下（含本数）的增值税小规模纳税人，免征增值税	对小型微利企业年应纳税所得额不超过100万元的部分，减按12.5%计入应纳税所得额，按20%的税率缴纳企业所得税；对年应纳税所得额超过100万元但不超过300万元的部分，减按50%计入应纳税所得额，按20%的税率缴纳企业所得税
小微企业标准	上述小型微利企业是指从事国家非限制和禁止行业，且同时符合年度应纳税所得额不超过300万元、从业人数不超过300人、资产总额不超过5 000万元等三个条件的企业	
	从业人数，包括与企业建立劳动关系的职工人数和企业接受的劳务派遣用工人数。所称从业人数和资产总额指标，应按企业全年的季度平均值确定。具体计算公式如下： 季度平均值 =（季初值 + 季末值）÷2 全年季度平均值 = 全年各季度平均值之和÷4 年度中间开业或者终止经营活动的，以其实际经营期作为一个纳税年度确定上述相关指标	

小艾要是知道杜云轩在说话的一瞬间，脑子里一下子闪过这么多政策，她一定会惊呼，你是电脑吗？

不，你不是电脑，你就是一个数据库。

但她更想不到的是，杜云轩脑海中早就把这些政策整合成了一个客户财税问题解决方案。

小规模企业增值税和所得税计算如图5-5所示：

小规模企业

- 增值税
  - 月销售额≤15万元　免增值税
  - 月销售额>15万元　税率1%
- 所得税
  - 年利润≤100万元　税率2.5%
  - 100万元<利润≤300万元　税率10%
  - >300万元　税率25%
- 所得税
  - 利润300万元　缴税22.5万元
  - 利润301万元　缴税75.25万元

⇓

多缴52.75万元的税

图5-5　小规模企业增值税和所得税计算

对于小规模纳税人来说，月销售额小于等于15万元，免增值税；超过15万元，缴纳增值税1%（疫情期间征收率一直是1%，还未恢复成3%）；小微企业，年利润小于等于100万元的部分，所得税只要缴纳2.5%，年利润大于100万元、小于等于300万元的部分，所得税要缴纳10%，超过300万元则没有优惠，按25%正常缴税，因此：

利润300万元时，缴纳企业所得税=100×2.5%+200×10%=22.5（万元）。

利润301万元时，缴纳企业所得税=301×25%=75.25（万元）。

多一万元利润，多缴税=75.25-22.5=52.75（万元）。

所以，企业宁愿把这1万元利润全部花掉，也不要保留它。

不过，与其随便花掉，还不如早早筹划。

因此，很多老板会有好几家公司，一个公司为一般纳税人，可以用来做大客户，开6%、9%、13%的增值税专用发票；一个公司为小规模纳税人，用来做成本，比如，很多零星支出购买，没有发票，就会委托这家小规模纳税人公司去购买，然后开票给一般纳税人公司；还要有一家个人独资企业，不用缴企业所得税，不需要进项，核定征收，利用关联交易，调节利润。老板的节税思维如图5-6所示。

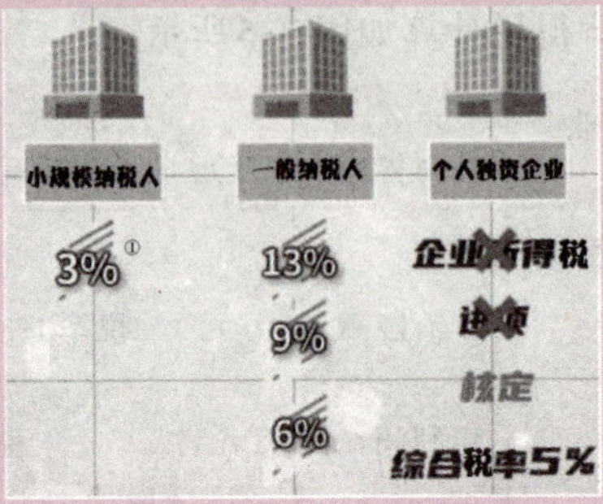

图5-6　老板的节税思维

这种思维涉及太多的知识，会计、公司法、税法等等，你所有学过的知识与企业的具体经济业务一碰撞，你会有不同的方案，因此，还要求你具备各种行业的背景知识，而且每个方案都有对应的风险和收益，需要你不断地去权衡取舍。这其实就是一个大熔炉，你的智商、情商等综合素质会一并体现，这是初学者望尘莫及的。

“这个企业好像没买税控设备？”小艾一边记账，一边继续聊着。

“是的！”

“他不买金税盘或税控盘，那他怎么开发票？”

“去税务局代开！”

小艾拿着发票一看，果真，这些发票都是代开的。

“那每次都去税务局代开，好麻烦呀！”

“是的，企业麻烦，税务局也麻烦，于是税务局开发了个APP，企业可以自己动手代开。”

行政办事，你麻烦，我也麻烦，大家都麻烦，最后谁让步呢？有的地方，税务局让步，尽量方便纳税人；有的地方企业让步，于是企业更麻烦。

“那其实不就是自己开吗？”

“对，形式上是代开，其实相当于自开。”

“那买税控设备的钱就这样省下了？”

① 注：新冠肺炎疫情期间优惠为1%。

“当然，创业艰辛，初创企业不容易，能省则省！”

小企业的账比较好做，就几笔分录。只要你会做会计分录，你就能出报表，因为有财务软件，把会计分录录入财务软件，财务报表就自动出来了。

而在填制这家公司的增值税纳税申报表时，只要填主表就行了，把其本季度销售额52 775.47元填入“小微企业免税销售额”这一栏，系统会自动计算本期免税额52 775.47×3%=1 583.26（元）（见表5-3）。

表5-3　增值税纳税申报表[①]（简表）

（小规模纳税人适用）

纳税人识别号（统一社会信用代码）：□□□□□□□□□□□□□□□□□□□□□□

纳税人名称：　　金额单位：元（列至角分）

税款所属期：2021-01-01至2021-03-31　　填表日期：2021-04-14

	项目	栏数	本期数		本年累计	
			货物及劳务	服务、不动产和无形资产	货物及劳务	服务、不动产和无形资产
一、计税依据	（一）应征增值税不含税销售额(3%征收率)	1	0.00	0.00	0.00	0.00
	增值税专用发票不含税销售额	2	0.00	0.00	0.00	0.00
	其他增值税发票不含税销售额	3	0.00	0.00	0.00	0.00
	（二）应征增值税不含税销售额(5%征收率)	4	—	0.00	—	0.00
	税务机关代开的增值税专用发票不含税销售额	5	—	0.00	—	0.00
	税控器具开具的普通发票不含税销售额	6	—	0.00	—	0.00
	（三）销售使用过的固定资产不含税销售额	7（7≥8）	0.00	—	0.00	—
	其中：税控器具开具的普通发票不含税销售额	8	0.00	—	0.00	—
	（四）免税销售额	9=10+11+12	0.00	52 775.47	0.00	52 775.47

① 标准称谓是增值税及附加税费申报表，此处简称为增值税纳税申报表（后同）。

续表

	项目	栏数	本期数		本年累计	
			货物及劳务	服务、不动产和无形资产	货物及劳务	服务、不动产和无形资产
一、计税依据	其中：小微企业免税销售额	10	0.00	52 775.47	0.00	52 775.47
	未达起征点销售额	11	0.00	0.00	0.00	0.00
	其他免税销售额	12	0.00	0.00	0.00	0.00
	（五）出口免税销售额	13（13≥14）	0.00	0.00	0.00	0.00
	其中：税控器具开具的普通发票销售额	14	0.00	0.00	0.00	0.00
	核定销售额	15	0.00	0.00	0.00	0.00
二、税款计算	本期应纳税额	16	0.00	0.00	0.00	0.00
	核定应纳税额	17	0.00	0.00	0.00	0.00
	本期应纳税额减征额	18	0.00	0.00	0.00	0.00
	本期免税额	19	0.00	1 583.26	0.00	1 583.26
	其中：小微企业免税额	20	0.00	1 583.26	0.00	1 583.26
	未达起征点免税额	21	0.00	0.00	0.00	0.00
	应纳税额合计	22=16−18	0.00	0.00	0.00	0.00

于是，增值税纳税申报表就填完了。

表5-3中免税销售额包含三部分："小微企业免税销售额"、"未达起征点销售额"和"其他免税销售额"，它们的区别是（见表5-4）：

表5-4　　免税销售额所包含三部分的区别

小微企业免税销售额	填写符合小微企业免征增值税政策的免税销售额，不包括符合其他增值税免税政策的销售额。个体工商户和其他个人不填写本栏次
未达起征点销售额	填写个体工商户和其他个人未达起征点（含支持小微企业免征增值税政策）的免税销售额，不包括符合其他增值税免税政策的销售额。本栏次由个体工商户和其他个人填写
其他免税销售额	填写销售免征增值税的货物及劳务、应税行为的销售额，不包括符合小微企业免征增值税和未达起征点政策的免税销售额

比如：

一家小规模销售汽车配件的公司，2020年3月份销售额10.3万元，假设1—2月份因疫情影响而没有销售额（增值税属于季报），则账务处理为：

（1）销售的账务处理：

借：银行存款　　103 000

　贷：主营业务收入　　100 000

　　　应交税费——应交增值税　　3 000

（2）减免增值税的账务处理：

借：应交税费——应交增值税　　3 000

　贷：营业外收入（或者其他收益）　　3 000

这家公司，季度销售额只有10万元，因此直接填“小微企业免税销售额”这一栏，其他的系统自动计算，保存（见表5-5）。

表5-5　**增值税纳税申报表（简表）**

（小规模纳税人适用）

纳税人识别号（统一社会信用代码）：□□□□□□□□□□□□□□□□□□□□□□□□

纳税人名称：　　金额单位：元（列至角分）

税款所属期：　年　月　日至　年　月　日　　填表日期：　年　月　日

	项目	栏数	本期数		本年累计	
			货物及劳务	服务、不动产和无形资产	货物及劳务	服务、不动产和无形资产
一、计税依据	（一）应征增值税不含税销售额（3%征收率）	1				
	增值税专用发票不含税销售额	2				
	其他增值税发票不含税销售额	3				
	（二）应征增值税不含税销售额（5%征收率）	4	—		—	
	增值税专用发票不含税销售额	5	—		—	
	其他增值税发票不含税销售额	6	—		—	
	（三）销售使用过的固定资产不含税销售额	7（7≥8）		—		—
	其中：其他增值税发票不含税销售额	8		—		—
	（四）免税销售额	9=10+11+12	100 000			

续表

	项目	栏数	本期数		本年累计	
			货物及劳务	服务、不动产和无形资产	货物及劳务	服务、不动产和无形资产
一、计税依据	其中：小微企业免税销售额	10	100 000			
	未达起征点销售额	11				
	其他免税销售额	12				
	（五）出口免税销售额	13（13≥14）				
	其中：其他增值税发票不含税销售额	14				
二、税款计算	本期应纳税额	15				
	本期应纳税额减征额	16				
	本期免税额	17	3 000			
	其中：小微企业免税额	18	3 000			
	未达起征点免税额	19				
	应纳税额合计	20=15-16				

那如果是个体户呢？

比如，一家销售汽车配件的个体户，属于小规模纳税人，2020年3月份销售额10.3万元，假设1—2月份因疫情影响而没有销售额（增值税属于季报），则账务处理为：

（1）销售的账务处理：

借：银行存款　　103 000

　贷：主营业务收入　　100 000

　　　应交税费——应交增值税　　3 000

（2）减免增值税的账务处理：

借：应交税费——应交增值税　　3 000

　贷：营业外收入（或者其他收益）　　3 000

这家个体户的增值税纳税申报表见表5-6：

表5-6　**增值税纳税申报表（简表）**

（小规模纳税人适用）

纳税人识别号（统一社会信用代码）：□□□□□□□□□□□□□□□□□□□□

纳税人名称：　　　　　　　　　　　　　　　　　　　　　金额单位：元（列至角分）

税款所属期：　　年　月　日至　　年　月　日　　　　填表日期：　　年　月　日

	项目	栏数	本期数		本年累计	
			货物及劳务	服务、不动产和无形资产	货物及劳务	服务、不动产和无形资产
一、计税依据	(一）应征增值税不含税销售额（3%征收率）	1				
	增值税专用发票不含税销售额	2				
	其他增值税发票不含税销售额	3				
	(二）应征增值税不含税销售额（5%征收率）	4	—		—	
	增值税专用发票不含税销售额	5	—		—	
	其他增值税发票不含税销售额	6	—		—	
	(三）销售使用过的固定资产不含税销售额	7（7≥8）		—		—
	其中：其他增值税发票不含税销售额	8		—		—
	(四）免税销售额	9=10+11+12	100 000			
	其中：小微企业免税销售额	10	100 000			
	未达起征点销售额	11				
	其他免税销售额	12				
	(五）出口免税销售额	13（13≥14）				
	其中：其他增值税发票不含税销售额	14				
二、税款计算	本期应纳税额	15				
	本期应纳税额减征额	16				
	本期免税额	17	3 000			
	其中：小微企业免税额	18	3 000			
	未达起征点免税额	19				
	应纳税额合计	20=15-16				

因此，我们可以看出，“增值税纳税申报表（小规模纳税人适用）”主表第10栏和第11栏不会同时有数。

再比如，一家小规模的餐饮酒店属于增值税小规模纳税人，主营餐饮服务，3月份外卖和堂食营业额103万元，假设1—2月份因疫情影响而没有销售额（增值税属于季报），则账务处理为：

（1）收入的账务处理：

借：银行存款　　1 030 000

　贷：主营业务收入——餐饮收入　　1 000 000

　　　应交税费——应交增值税　　30 000

（2）减免增值税的账务处理：

借：应交税费——应交增值税　　30 000

　贷：营业外收入（或者其他收益）　　30 000

注：《关于支持新型冠状病毒感染的肺炎疫情防控有关税收政策的公告》（财政部税务总局公告2020年第8号）规定：

五、对纳税人提供公共交通运输服务、生活服务，以及为居民提供必需生活物资快递收派服务取得的收入，免征增值税。

公共交通运输服务的具体范围，按照《营业税改征增值税试点有关事项的规定》（财税〔2016〕36号印发）执行。

生活服务、快递收派服务的具体范围，按照《销售服务、无形资产、不动产注释》（财税〔2016〕36号印发）执行。

六、本公告自2020年1月1日起实施，截止日期视疫情情况另行公告。

《国家税务总局关于支持新型冠状病毒感染的肺炎疫情防控有关税收征收管理事项的公告》（国家税务总局公告2020年第4号）规定：

若公司为小规模纳税人，在办理2020年1月属期增值税纳税申报时，应将当期适用免税政策的销售额和免税额分别填入《增值税纳税申报表》（小规模纳税人适用）第12栏“其他免税销售额”、第17栏“本期免税额”对应栏次。

此家餐饮酒店的增值税纳税申报表见表5-7。

表5-7 **增值税纳税申报表（简表）**

（小规模纳税人适用）

纳税人识别号（统一社会信用代码）：□□□□□□□□□□□□□□□□□□□□□□

纳税人名称：　　　　　　　　　　　　　　　　　　　　　　金额单位：元（列至角分）

税款所属期：　　年　月　日至　　年　月　日　　　　　　　填表日期：　　年　月　日

	项目	栏数	本期数		本年累计	
			货物及劳务	服务、不动产和无形资产	货物及劳务	服务、不动产和无形资产
一、计税依据	（一）应征增值税不含税销售额（3%征收率）	1				
	增值税专用发票不含税销售额	2				
	其他增值税发票不含税销售额	3				
	（二）应征增值税不含税销售额（5%征收率）	4	—		—	
	增值税专用发票不含税销售额	5	—		—	
	其他增值税发票不含税销售额	6	—		—	
	（三）销售使用过的固定资产不含税销售额	7（7≥8）		—		—
	其中：其他增值税发票不含税销售额	8		—		—
	（四）免税销售额	9=10+11+12	1 000 000			
	其中：小微企业免税销售额	10				
	未达起征点销售额	11				
	其他免税销售额	12	1 000 000			
	（五）出口免税销售额	13（13≥14）				
	其中：其他增值税发票不含税销售额	14				
二、税款计算	本期应纳税额	15				
	本期应纳税额减征额	16				
	本期免税额	17	30 000			
	其中：小微企业免税额	18				
	未达起征点免税额	19				
	应纳税额合计	20=15-16				

此家餐饮酒店的增值税减免税申报明细表见表5-8。

表5-8　　增值税减免税申报明细表（简表）

税款所属时间：自　年　月　日至　年　月　日

纳税人名称（公章）：　　　　金额单位：元（列至角分）

一、减税项目						
减税性质代码及名称	栏次	期初余额	本期发生额	本期应抵减税额	本期实际抵减税额	期末余额
		1	2	3=1+2	4≤3	5=3-4
合计	1					
	2					
	3					
	4					
	5					
	6					

二、免税项目						
免税性质代码及名称	栏次	免征增值税项目销售额	免税销售额扣除项目本期实际扣除金额	扣除后免税销售额	免税销售额对应的进项税额	免税额
		1	2	3=1-2	4	5
合计	7				—	
出口免税	8		—	—	—	
其中：跨境服务	9		—	—		
××××免税性质代码及名称	10	1 030 000		1 030 000	—	30 000
	11				—	
	12				—	
	13				—	
	14				—	
	15				—	
	16				—	

增值税申报完毕后，就是城市维护建设税和教育费附加的申报。

城市维护建设税应纳税额＝实际缴纳的增值税税额、消费税税额×适用税率

城市维护建设税适用税率见表5-9。

表5-9 城市维护建设税适用税率

地区	税率
市区	7%
县城、镇	5%
不在市区、县城或者镇的	1%

应纳教育费附加＝（实际缴纳增值税税额＋消费税税额）×3%

因为本期缴纳的增值税是0，所以，城建税和教育费附加的金额也是0。

接下来是预缴企业所得税，表5-10是国家税务总局设计的企业所得税预缴纳税申报表标准报表。

表5-10 企业所得税预缴纳税申报表标准报表

A200000 中华人民共和国企业所得税月（季）度预缴纳税申报表（A类）[①]

税款所属期间： 年 月 日至 年 月 日

纳税人识别号（统一社会信用代码）：□□□□□□□□□□□□□□□□□□□□□□□□□

纳税人名称： 金额单位：人民币元（列至角分）

<table>
<tr><td colspan="11">优 惠 及 附 报 事 项 有 关 信 息</td></tr>
<tr><td colspan="2" rowspan="2">项 目</td><td colspan="2">一季度</td><td colspan="2">二季度</td><td colspan="2">三季度</td><td colspan="2">四季度</td><td rowspan="2">季度
平均值</td></tr>
<tr><td>季初</td><td>季末</td><td>季初</td><td>季末</td><td>季初</td><td>季末</td><td>季初</td><td>季末</td></tr>
<tr><td colspan="2">从业人数</td><td></td><td></td><td></td><td></td><td></td><td></td><td></td><td></td><td></td></tr>
<tr><td colspan="2">资产总额（万元）</td><td></td><td></td><td></td><td></td><td></td><td></td><td></td><td></td><td></td></tr>
<tr><td colspan="2">国家限制或禁止行业</td><td colspan="4">□是□否</td><td colspan="4">小型微利企业</td><td>□是□否</td></tr>
<tr><td colspan="10">附报事项名称</td><td>金额或选项</td></tr>
<tr><td colspan="2">事项 1</td><td colspan="8">（填写特定事项名称）</td><td></td></tr>
<tr><td colspan="2">事项 2</td><td colspan="8">（填写特定事项名称）</td><td></td></tr>
<tr><td></td><td colspan="9">预 缴 税 款 计 算</td><td>本年累计</td></tr>
<tr><td>1</td><td colspan="9">营业收入</td><td></td></tr>
<tr><td>2</td><td colspan="9">营业成本</td><td></td></tr>
</table>

① 注：简称企业所得税月（季）度预缴纳税申报表，见表5-11。

续表

3	利润总额	
4	加：特定业务计算的应纳税所得额	
5	减：不征税收入	
6	减：资产加速折旧、摊销（扣除）调减额（填写 A201020）	
7	减：免税收入、减计收入、加计扣除（7.1+7.2+…）	
7.1	（填写优惠事项名称）	
7.2	（填写优惠事项名称）	
8	减：所得减免（8.1+8.2+…）	
8.1	（填写优惠事项名称）	
8.2	（填写优惠事项名称）	
9	减：弥补以前年度亏损	
10	实际利润额（3+4-5-6-7-8-9）\按照上一纳税年度应纳税所得额平均额确定的应纳税所得额	
11	税率（25%）	
12	应纳所得税额（10×11）	
13	减：减免所得税额（13.1+13.2+…）	
13.1	（填写优惠事项名称）	
13.2	（填写优惠事项名称）	
14	减：本年实际已缴纳所得税额	
15	减：特定业务预缴（征）所得税额	
16	本期应补（退）所得税额（12-13-14-15）\税务机关确定的本期应纳所得税额	
	汇总纳税企业总分机构税款计算	
17	总机构 总机构本期分摊应补（退）所得税额（18+19+20）	
18	其中：总机构分摊应补（退）所得税额（16×总机构分摊比例__%）	
19	财政集中分配应补（退）所得税额（16×财政集中分配比例__%）	
20	总机构具有主体生产经营职能的部门分摊所得税额（16×全部分支机构分摊比例__%×总机构具有主体生产经营职能部门分摊比例__%）	
21	分支机构 分支机构本期分摊比例	

续表

<table>
<tr><td>22</td><td></td><td colspan="2">分支机构本期分摊应补（退）所得税额</td><td></td></tr>
<tr><td colspan="5">实际缴纳企业所得税计算</td></tr>
<tr><td>23</td><td colspan="2">减：民族自治地区企业所得税地方分享部分：
□免征　□减征：减征幅度__%）</td><td>本期实际减免金额
（FZ2×减征幅度）</td><td></td></tr>
<tr><td>24</td><td colspan="3">实际应补（退）所得税额</td><td></td></tr>
<tr><td colspan="5">谨声明：本纳税申报表是根据国家税收法律法规及相关规定填报的，是真实的、可靠的、完整的。
法定代表人（签字）：</td></tr>
<tr><td colspan="3">经办人：
经办人身份证号：
代理机构签章：
代理机构统一社会信用代码：</td><td colspan="2">受理人：
受理税务机关（章）：
受理日期：　年　月　日</td></tr>
</table>

国家税务总局监制

首先填列的是从业人数和资产总额，系统会要求你先上传财务报表，上传后，系统就自动计算，算出季度平均值。

比如人数一直是2个人，资产季初是4.06万元，季末是4.39万元，那季度平均值就是4.23万元。

然后根据利润表，填写营业收入52 775.47元，营业成本43 075.39元，利润总额10 238.00元，系统会自动算出你预缴的企业所得税是255.95元。

应纳税所得额是10 238元，小于100万元，应预缴企业所得税=10 238×2.5%=255.95（元）（见表5-11）。

表5-11 企业所得税月（季）度预缴纳税申报表

税款所属期间： 年 月 日至 年 月 日

纳税人识别号（统一社会信用代码）：□□□□□□□□□□□□□□□□□□□□

纳税人名称： 金额单位：人民币元（列至角分）

优惠及附报事项有关信息									
项目	一季度		二季度		三季度		四季度		季度平均值
	季初	季末	季初	季末	季初	季末	季初	季末	
从业人数	2	2							2
资产总额（万元）	4.06	4.39							4.23
国家限制或禁止行业	□是 ■否				小型微利企业		■是 □否		
附报事项名称									金额或选项
事项1	□ 支持新型冠状病毒感染的肺炎疫情防控捐赠支出全额扣除（本年累计，元）								0
事项2	□ 扶贫捐赠支出全额扣除（本年累计，元）								0
事项3	□ 软件集成电路企业按新政策或原政策执行优惠（单选：原政策/新政策）								□原政策 □新政策

预缴税款计算		本年累计（元）
1	营业收入	52 775.47
2	营业成本	43 075.39
3	利润总额	10 238.00
4	加：特定业务计算的应纳税所得额	0
5	减：不征税收入	0
6	减：资产加速折旧、摊销（扣除）调减额（填写A201020）	0
7	减：免税收入、减计收入、加计扣除（7.1+7.2+……）	0
8	减：所得减免（8.1+8.2+……）	0
9	减：弥补以前年度亏损	0
10	实际利润额（3+4-5-6-7-8-9）\按照上一纳税年度应纳税所得额平均额确定的应纳税所得额	10 238.00
11	税率（25%）	25.00%
12	应纳所得税额（10×11）	2 559.50
13	减：减免所得税额（13.1+13.2+……）	2 303.55
13.1	符合条件的小型微利企业减免企业所得税	2 303.55

续表

<table>
<tr><td>14</td><td colspan="2">减：本年实际已缴纳所得税额</td><td>0</td></tr>
<tr><td>15</td><td colspan="2">减：特定业务预缴（征）所得税额</td><td>0</td></tr>
<tr><td>16</td><td colspan="2">本期应补（退）所得税额（12-13-14-15）\税务机关确定的本期应纳所得税额</td><td>255.95</td></tr>
<tr><td colspan="4">汇总纳税企业总分机构税款计算</td></tr>
<tr><td>17</td><td rowspan="4">总机构</td><td>总机构本期分摊应补（退）所得税额（18+19+20）</td><td>0</td></tr>
<tr><td>18</td><td>其中：总机构分摊应补（退）所得税额（16×总机构分摊比例0%）</td><td>0</td></tr>
<tr><td>19</td><td>财政集中分配应补（退）所得税额（16×财政集中分配比例0%）</td><td>0</td></tr>
<tr><td>20</td><td>总机构具有主体生产经营职能的部门分摊所得税额（16×全部分支机构分摊比例0%×总机构具有主体生产经营职能部门分摊比例0%）</td><td>0</td></tr>
<tr><td>21</td><td rowspan="2">分支机构</td><td>分支机构本期分摊比例</td><td>0</td></tr>
<tr><td>22</td><td>分支机构本期分摊应补（退）所得税额</td><td>0</td></tr>
<tr><td colspan="4">实际缴纳企业所得税计算</td></tr>
<tr><td>FZ1</td><td colspan="2">中央级收入实际应纳税额［本期：16行×60%或（18行+20行）×60%+19或22行×60%］</td><td>153.57</td></tr>
<tr><td>FZ2</td><td colspan="2">地方级收入应纳税额［本期：16行×40%或（18行+20行）×40%或22行×40%］</td><td>102.38</td></tr>
<tr><td>23</td><td rowspan="3">减：民族自治地区企业所得税地方分享部分：□免征 □减征：减征幅度0%</td><td>本期实际减免金额（FZ2×减征幅度）</td><td>0</td></tr>
<tr><td>23.1</td><td>本机构本年累计的（23行的本年累计）</td><td>0</td></tr>
<tr><td>23.2</td><td>本年累计应减免金额（总机构及分支机构的本年累计，总机构填报）</td><td>0</td></tr>
<tr><td>FZ3</td><td colspan="2">地方级收入实际应纳税额（本期：FZ2-23）</td><td>102.38</td></tr>
<tr><td>24</td><td colspan="2">实际应补（退）所得税额（本期：FZ1+FZ3）</td><td>255.95</td></tr>
<tr><td colspan="4">谨声明：本纳税申报表是根据国家税收法律法规及相关规定填报的，是真实的、可靠的、完整的。
法定代表人（签字）：</td></tr>
<tr><td colspan="2">经办人：
经办人身份证号：4*****************
代理机构签章：
代理机构统一社会信用代码：</td><td colspan="2">受理人：1440DZSWJII
受理税务机关（章）：
受理日期：</td></tr>
</table>

本季度的纳税申报就完成了。

第6章

我会汇算清缴了

第6章
我会汇算清缴了

接下来，就是上年度的年终汇算清缴，企业所得税年度纳税申报表标准填报表单如下（见表6-1）：

表6-1　企业所得税年度纳税申报表填报表单

表单编号	表单名称	是否填报
A000000	企业所得税年度纳税申报基础信息表	√
A100000	中华人民共和国企业所得税年度纳税申报表（A类）	√
A101010	一般企业收入明细表	□
A101020	金融企业收入明细表	□
A102010	一般企业成本支出明细表	□
A102020	金融企业支出明细表	□
A103000	事业单位、民间非营利组织收入、支出明细表	□
A104000	期间费用明细表	□
A105000	纳税调整项目明细表	□
A105010	视同销售和房地产开发企业特定业务纳税调整明细表	□
A105020	未按权责发生制确认收入纳税调整明细表	□
A105030	投资收益纳税调整明细表	□
A105040	专项用途财政性资金纳税调整明细表	□
A105050	职工薪酬支出及纳税调整明细表	□
A105060	广告费和业务宣传费等跨年度纳税调整明细表	□
A105070	捐赠支出及纳税调整明细表	□
A105080	资产折旧、摊销及纳税调整明细表	□
A105090	资产损失税前扣除及纳税调整明细表	□
A105100	企业重组及递延纳税事项纳税调整明细表	□
A105110	政策性搬迁纳税调整明细表	□

续表

表单编号	表单名称	是否填报
A105120	贷款损失准备金及纳税调整明细表	□
A106000	企业所得税弥补亏损明细表	□
A107010	免税、减计收入及加计扣除优惠明细表	□
A107011	符合条件的居民企业之间的股息、红利等权益性投资收益优惠明细表	□
A107012	研发费用加计扣除优惠明细表	□
A107020	所得减免优惠明细表	□
A107030	抵扣应纳税所得额明细表	□
A107040	减免所得税优惠明细表	□
A107041	高新技术企业优惠情况及明细表	□
A107042	软件、集成电路企业优惠情况及明细表	□
A107050	税额抵免优惠明细表	□
A108000	境外所得税收抵免明细表	□
A108010	境外所得纳税调整后所得明细表	□
A108020	境外分支机构弥补亏损明细表	□
A108030	跨年度结转抵免境外所得税明细表	□
A109000	跨地区经营汇总纳税企业年度分摊企业所得税明细表	□
A109010	企业所得税汇总纳税分支机构所得税分配表	□
说明：企业应当根据实际情况选择需要填报的表单。		

一般小微企业需要填列的表格如下（见表6-2）：

表6-2 一般小微企业需要填列的表格

表单编号	表单名称	是否填报
	封面	必填
A000000	企业所得税年度纳税申报基础信息表	必填
A100000	中华人民共和国企业所得税年度纳税申报表	对应类型填报（小微企业免填）

续表

表单编号	表单名称	是否填报
A101010	一般企业收入明细表	对应类型填报（小微企业免填）
A101020	金融企业收入明细表	对应类型填报（小微企业免填）
A102010	一般企业成本支出明细表	对应类型填报（小微企业免填）
A102020	金融企业支出明细表	对应类型填报（小微企业免填）
A103000	事业单位、民间非营利组织收入、支出明细表	对应类型填报（小微企业免填）
A104000	期间费用明细表	一般企业、金融企业必填（小微企业免填）
A105000	纳税调整项目明细表	当年发生纳税调整事项，或填报调整表附表之一的纳税人必须填报本表
A105010	视同销售和房地产开发企业特定业务纳税调整明细表	发生调整填报
A105020	未按权责发生制确认收入纳税调整明细表	发生调整填报
A105030	投资收益纳税调整明细表	从事股权投资业务企业必填
A105040	专项用途财政性资金纳税调整明细表	发生调整填报
A105050	职工薪酬支出及纳税调整明细表	不论是否调整，发生则填报
A105060	广告费和业务宣传费跨年度纳税调整明细表	发生纳税调整（含以前年度结转）填报
A105070	捐赠支出及纳税调整明细表	不论是否调整，发生则填报
A105080	资产折旧、摊销及纳税调整明细表	不论是否调整，发生则填报
A105090	资产损失税前扣除及纳税调整明细表	不论是否调整，发生则填报
A105100	企业重组及递延纳税事项纳税调整明细表	不论是否调整，发生则填报
A105110	政策性搬迁纳税调整明细表	发生调整填报
A105120	贷款损失准备金及纳税调整明细表	不论是否调整，发生则填报
A106000	企业所得税弥补亏损明细表	发生弥补亏损，亏损结转必填

续表

表单编号	表单名称	是否填报
A107010	免税、减计收入及加计扣除优惠明细表	享受即填报
A107011	符合条件的居民企业之间的股息、红利等权益性投资收益优惠明细表	享受即填报
A107012	研发费用加计扣除优惠明细表	享受即填报
A107020	所得减免优惠明细表	享受即填报
A107030	抵扣应纳税所得额明细表	享受即填报
A107040	减免所得税优惠明细表	享受即填报
A107041	高新技术企业优惠情况及明细表	不论是否享受，高新技术企业必填
A107042	软件、集成电路企业优惠情况及明细表	享受即填报
A107050	税额抵免优惠明细表	享受即填报
A108000	境外所得税收抵免明细表	取得境外所得填报
A108010	境外所得纳税调整后所得明细表	取得境外所得填报
A108020	境外分支机构弥补亏损明细表	取得境外所得填报
A108030	跨年度结转抵免境外所得税明细表	取得境外所得填报
A109000	跨地区经营汇总纳税企业年度分摊企业所得税明细表	汇总纳税总机构填报
A109010	企业所得税汇总纳税分支机构所得税分配表	汇总纳税总机构填报

汇算清缴的基本思路如图6-1所示。

表6-1、表6-2和图6-1的总体架构如图6-2所示。

本企业是小微企业，那收入费用明细表这6张表不用填，纳税调整明细表这13张表要不要填呢？

什么叫纳税调整？这就涉及递延所得税的学习，中级会计职称或者CPA考试都有专门一章讲递延所得税的理论知识，而且这也是考试的重点和难点，大题几乎每年都有，同时还跟其他章节混着考，也就是经常出跨章节综合题。

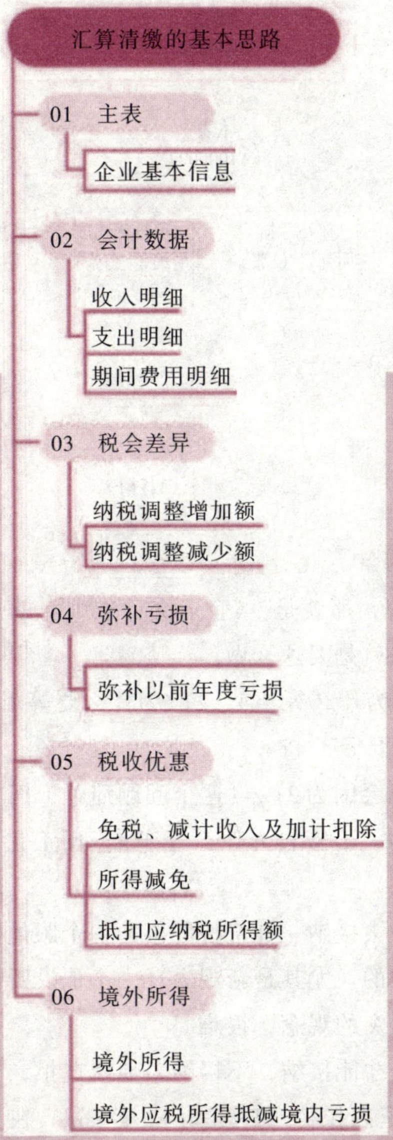

图 6-1 汇算清缴的基本思路

对于递延所得税，很多人都学得特别痛苦，总是在纠结，为什么要有递延所得税？为什么非得做递延所得税？递延所得税到底是个什么鬼东西？为什么非得要这么做？

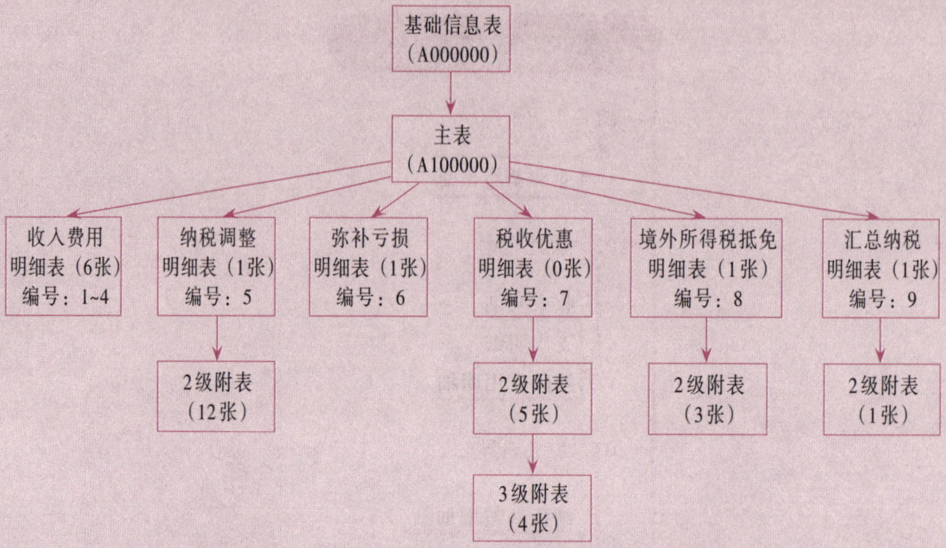

图6-2　表6-1、表6-2和图6-1的总体架构

如果用官方语言回答，那就是：《企业会计准则》就是这么规定的，游戏规则就是这么定的，会计的账就是要这么做。你接受了，习惯成自然了，就不痛苦了。

就像有人，纠结2+2为什么等于4，2+2为什么要等于4啊？我好痛苦啊，我怎么也弄不明白2+2为什么要等于4？

而另一部分人，就不会因为2+2=4这个问题痛苦，因为他们接纳了它，接受了2+2等于4，2+2就等于4，不管它为什么等于4，反正它等于4，没毛病，习惯成自然。

但是有的人，你要他去接纳一件奇特的事、一个跟他价值观不一样的人、一个没听说过的观念，是很难的。尤其是新观念，一个他没听说过的新观念，或者是一个跟他旧有观念严重相冲突的观念，很难。

他要经过艰苦的斗争才能接纳，不接纳，他就抗拒，一旦抗拒，就会痛苦。

所以，美国作家菲茨杰拉德（F. Scott Fitzgerald）在小说《了不起的盖茨比》中说："检验一流智力的标准，就是看你能不能在头脑中同时存在两种相反的想法，仍能维持正常行事的能力。"

因此，学习需要空杯心态，你先接纳它，不要抗拒，不要问为什么，默认它是对的，而不是千方百计地去挑刺，要挑刺也得等你学会了再挑，到时候有水平地挑，在没掌握之前，最好的方法就是按照它的步骤去做，不懂也去做，做多了，就有感觉了。

递延所得税、计税基础、应纳税所得额、可抵扣暂时性差异、应纳税暂时性差异、递延所得税资产、递延所得税负债等等，这一章有很多专业术语，不管是考中级会计职称，还是考CPA，大部分人看这一章基本上是懵的，毫无头绪，因为这些名词实在是太陌生了。

小艾自然也不例外，不过她天生就有一种天马行空、胡思乱想的能力。

于是她换了一种语言，用自己非常熟悉的事物，用一种不是逻辑的逻辑，去“引诱”自己接纳它们。

（1）财政部是“妈妈”，税务局是“爸爸”，于是有了递延所得税

税务局=“爸爸”

财政部=“妈妈”

企业=你

你不是孙悟空，不是从石头缝里蹦出来的，没有爸爸、妈妈就没有你；同理，没有税务局、财政部，没有政府，就没有企业，因为企业一般叫法人，注册之日起诞生，注销之日起死亡。我们叫自然人，自然出生，自然死亡。

“爸爸”“妈妈”管教孩子的时候，各有自己的标准。

“爸爸”的标准是“税法”。

“妈妈”的标准是“企业会计准则”。

“妈妈”说：“闺女，你应该这么做。”

“爸爸”说：“宝贝，你应该这么做。”

那你怎么办呢？

聪明如你，那自然是看菜吃饭，量体裁衣，到什么山上咱唱什么歌。

因为“爸爸”一般不在家，平时都是“妈妈”管家，你的一言一行，自然就听“妈妈”的，严格遵守“企业会计准则”，该怎么记账就怎么记账，最后，收入－成本（费用）=利润。

“爸爸”回来一看，闺女，你怎么没按我的要求来啊，你这样算的利润我不认可，你应该按照我的标准来算。

比如，罚款支出。

你按照“妈妈”的要求，假设算出来的利润是100万元，其中有一项罚款支出是10万元，你也算进去了。

但是“爸爸”说，这项罚款支出不能算，都行政罚款了，还算进去，还抵减企业所得税，那这罚款力度不就减轻了吗？

“爸爸”很严厉，但是他又不敢怼“妈妈”，于是，他要你重新再算一遍。

你一想，一年的账，重新再来一遍，那不累死了？

不就是10万元的差异吗？这10万元支出不算进去，直接在原来的基础上把它加上不就完了吗？100+10=110（万元）。这就叫间接法，也叫纳税调整。用间接法是因为，直接法即重新算一般，实在是太痛苦了。

于是，你当年的数字，给“妈妈”的数字是100万元，给“爸爸”的数字是110万元。

“妈妈”认可的利润叫“会计利润”，“爸爸”认可的利润叫“应纳税所得额”，它们都是利润，但是取名不一样。

当年缴税的时候，按“爸爸”认可的数字缴税，即按应纳税所得额110万元缴税。

110×25%=27.5（万元）

那当年的所得税费用=27.5万元

账务处理为：

借：所得税费用	275 000	
贷：应交税费——应交所得税		275 000
借：应交税费——应交所得税	275 000	
贷：银行存款		275 000

再比如：固定资产。

假设“爸爸”“妈妈”认可的固定资产折旧年限不一样。

管理部门有一项固定资产，原价40万元，无残值，2018年开始计提折旧，“妈妈”要你采用2年期直线法折旧，而“爸爸”认可的是4年期直线法折旧。

因为平时“爸爸”不在家，所以，你就按“妈妈”说的做。

40÷2=20（万元），2018年计提的折旧就是20万元。

借：管理费用	200 000	
贷：累计折旧		200 000

固定资产账面价值=原价-累计折旧=40-20=20（万元）

假设你2018年最后算出来的利润是100万元，“爸爸”回来一看，不认可这利润。他规定的折旧年限是4年，直线法，那2018年计提的折旧=40÷4=10（万元）。于是，“爸爸”要你重新把账按他的要求再算一遍。

你才没那么蠢呢，重新算一遍，一年的工作再做一遍，那不累死了？

在原来的基础上，再稍微调一下，给你一份不就可以了吗？

按“妈妈”的标准算的折旧是20万元，而“爸爸”只认可10万元，你直接在总数的基础上调回来10万元，给“爸爸”就行了。

于是，你给“爸爸”的利润数字是100+10=110（万元）。

即会计利润=100万元，应纳税所得额=110万元。

当年缴税的时候，按“爸爸”的数字缴税，即按应纳税所得额110万元缴税。

110×25%=27.5（万元）

那当年的所得税费用=27.5万元。

账务处理为：

借：所得税费用　275 000

　贷：应交税费——应交所得税　275 000

借：应交税费——应交所得税　275 000

　贷：银行存款　275 000

2018—2021年的折旧差异如下（见表6-3）：

表6-3　**2018—2021年的折旧差异**　单位：万元

时间 项目	2018年	2019年	2020年	2021年
“妈妈”口径	20	20	0	0
“爸爸”口径	10	10	10	10
暂时性差异	10	10	-10	-10

这个差异，就叫暂时性差异，为什么叫暂时性差异呢？因为4年合计，是没有差异的。10+10-10-10=0。

这跟前面的罚款支出不一样，罚款支出不是暂时性差异，它只涉及当年，不涉及以后，没有时间差异。

按照“妈妈”的要求，固定资产账面价值=原价40-累计折旧20=20（万元）。

那按“爸爸”的要求，算出的账面价值=原价40-累计折旧10=30（万元）。

“爸爸”眼中的账面价值，有一个它自己的名字，这个名字叫“计税基础”。

因此，此固定资产，2018年年末：

账面价值=20万元；

计税基础=30万元；

暂时性差异=10万元。

“妈妈”回来一看，怎么缴那么多税？按她的利润算，只要缴税100×25%=25（万元），就可以了，按照“爸爸”的要求，当年得缴税27.5万元。

“爸爸”说，你以后可以抵扣啊，以后可以少缴税，只是一个时间性差异而已，从整体上来看，咱俩儿是没有分歧的。

因此，这个差异叫可抵扣暂时性差异。

以后可以少缴多少呢？

27.5-25=2.5（万元）

少缴税，就意味着对自己的未来有利，因此这2.5万元，就是一项资产，递延的资产，全名叫“递延所得税资产”。

资产定义：

（1）由过去的交易或事项形成的；

（2）企业拥有或者控制的；

（3）能在未来带来经济利益流入的资源。

递延所得税资产是可抵扣暂时性差异引起的，因此也可以直接这么计算：10×25%=2.5（万元）。

然后，“妈妈”说：“以后可以抵扣是吧？也行。”于是吩咐你：“记账上吧，免得到时候忘了。”于是，你记上一笔：资产增加记借方，费用减少记贷方。

借：递延所得税资产　　25 000

　贷：所得税费用　　25 000

那期末计提所得税费用，分录（1）和分录（2）可以合并：

（1）借：所得税费用　　275 000

　　贷：应交税费——应交所得税　　275 000

（2）借：递延所得税资产　　25 000

贷：所得税费用　　25 000

分录（1）和分录（2）合并：

借：所得税费用　　250 000

递延所得税资产　　25 000

贷：应交税费——应交所得税　　275 000

这样“爸爸”满意了，你看当期应交税费是110×25%=27.5（万元），“妈妈”也满意了，你看当期的所得税费用是100×25%=25（万元）。

2019年年末、2020年年末、2021年年末（略），2020年、2021年的差异会全部转回，最终是没有差异的。

那反过来，“妈妈”口径是4年期直线法折旧，“爸爸”口径是2年期直线法折旧。

2018—2021年折旧差异如下（见表6-4）：

表6-4　　2018—2021年的折旧差异　　单位：万元

项目＼时间	2018年	2019年	2020年	2021年
“爸爸”口径	20	20	0	0
“妈妈”口径	10	10	10	10
暂时性差异	10	10	– 10	– 10

2018年，按“妈妈”口径算出来的利润假设还是100万元，即会计利润=100万元；

按“妈妈”口径，当年计提的折旧是10万元，而“爸爸”则要求当年计提折旧20万元；

那按“妈妈”的口径，算出来的利润则是100-10=90（万元），即应纳税所得额=90万元；

当年缴税按应纳税所得额计算，即90×25%=22.5（万元）。

（1）借：所得税费用　　225 000

贷：应交税费——应交所得税　　225 000

“妈妈”一看，缴税不应该是100×25%=25（万元）吗？怎么会是22.5万元呢？

“爸爸”说：“没事儿，剩下的2.5万元，你以后再缴吧。这个是由于折旧差异引起的，从整体上看，在整个折旧期间，咱俩是没有分歧的。"

以后再缴，意味着对未来不利，就是负债，因为是以后缴的，所以是递延的负债，全名叫"递延所得税负债"。它是由暂时性差异引起的，这个差异叫"应纳税暂时性差异"，意思就是这个差异以后是要纳税的，因此递延所得税负债=应纳税暂时性差异10×25%=2.5（万元）。

于是，你把它记账上：

负债增加记贷方，费用增加记借方。

（2）借：所得税费用　　25 000

　　贷：递延所得税负债　　25 000

分录（1）和分录（2）合并：

借：所得税费用　　250 000

　贷：应交税费——应交企业所得税　　225 000

　　递延所得税负债　　25 000

这样，"爸爸"满意了，当期应交税费是22.5万元，"妈妈"也满意了，当期的所得税费用还是25万元。

2019年年末、2020年年末、2021年年末（略），2020年、2021年的差异会全部转回，最终是没有差异的。

（2）税"爸爸"和财"妈妈"理念的异同

从小到大，我们都知道，爸爸、妈妈会吵架，特别是在管教孩子上，理念总是有分歧，税"爸爸"和财"妈妈"自然也不例外。

我们来看看，他们一般会在哪些地方有分歧（见表6-5）。

表6-5　税"爸爸"和财"妈妈"理念的差异

经济业务	"妈妈"：账面价值	"爸爸"：计税基础
固定资产	折旧年限、折旧方法、残值规定有可能不同	
	可以计提固定资产减值准备	减值不允许税前扣除
	实际成本-会计累计折旧-固定资产减值准备	实际成本-税法累计折旧

续表

<table>
<tr><td rowspan="4">无形资产</td><td colspan="2">摊销年限、摊销方法、残值规定有可能不同</td></tr>
<tr><td>可以计提无形资产减值准备</td><td>减值不允许税前扣除</td></tr>
<tr><td>实际成本-会计累计摊销-无形资产减值准备
（如果是使用寿命不确定的无形资产，则没有累计摊销）</td><td>实际成本-税法累计摊销</td></tr>
<tr><td colspan="2">内部研发：“税法”规定，资本化和费用化均可以加计扣除100%，但此差异，不形成递延所得税</td></tr>
<tr><td rowspan="2">以公允价值计量的金融资产</td><td>当前的公允价值</td><td>取得时的成本</td></tr>
<tr><td colspan="2">【注意】以公允价值计量且变动计入其他综合收益的金融资产，确认递延所得税资产或递延所得税负债，但是对应的科目不是所得税费用，而是其他综合收益</td></tr>
<tr><td>以摊余成本计量的金融资产（不提减值时）</td><td>摊余成本</td><td>摊余成本</td></tr>
<tr><td>投资性房地产
（以公允价值计量）</td><td>当前公允价值</td><td>实际成本-税法累计折旧
（与固定资产类似）</td></tr>
<tr><td>计提减值准备的各项资产（如存货、应收账款等）</td><td>可以计提减值准备</td><td>不允许税前扣除</td></tr>
<tr><td>预计负债（如：产品保修费用）</td><td>账面余额</td><td>0</td></tr>
<tr><td>预计负债（如未决诉讼）</td><td colspan="2">①如果税法规定其支出无论是否实际发生均不允许税前扣除，例如因债务担保引起的未决诉讼，其产生的损失无论是否实际发生均不允许税前扣除，那么其账面价值与计税基础相同，不产生暂时性差异
②如果税法规定未决诉讼实际发生时可以税前扣除，那么其账面价值与计税基础不相同，产生暂时性差异</td></tr>
<tr><td>合同负债</td><td>账面余额</td><td>应计入应纳税所得额：0
不计入应纳税所得额：当前余额</td></tr>
</table>

续表

行政性罚款、滞纳金	账面余额	账面余额
合理的职工薪酬	账面余额	账面余额
广告费、未弥补亏损、教育经费	广告费结转下期继续抵扣，确认递延所得税资产	
	未弥补亏损结转下期继续抵扣，确认递延所得税资产	
	教育经费结转下期抵扣，确认递延所得税资产	
国债利息	免税，不确认递延所得税资产或递延所得税负债	
业务招待费超额部分	不允许扣除，不确认递延所得税资产或递延所得税负债	
……	“税法”跟“企业会计准则”的差异有很多，具体请结合《中华人民共和国企业所得税法》一起学，本表中为常见考点	

国家、国家，国是大家，家是小家。

国有国法，家有家规，不管是大家，还是小家，在管教自己的孩子时都有自己的理念。

就像很多妈妈级考生很苦恼，说自己时间总是不够，孩子没人管，说婆婆不会带孩子，怎么样，怎么样。

其实，各种家庭纷争没有必要，会影响自己的学习进度。婆婆带孩子有婆婆的理念，你带孩子有你的理念。婆婆带的时候，按她的想法带就好了，你带的时候，按你的理念带就好了，孩子爸爸带的时候，按爸爸的理念带就好了。

到时候，你家孩子就会明白，找谁哭有用，找谁哭没用，看菜吃饭、量体裁衣的能力就是这么来的。

这个世界上没有一种理念是绝对的真理，平衡才是硬道理！会计的本质就是平衡，我们在财政部、税务局、银行等各个部门中游走，要的就是从小练就吃百家饭的本领！

有了这种意识，再去看教材“所得税”这一章的基本理论，就很轻松了。

（注：关于递延所得税的讲解摘自《小艾上班记2——中级会计实务》）

理论弄明白了，但是现在要的是实践，这12张附表该填哪些，该如何填呢？

首先找出税“爸爸”常见的红线，看看哪些项目不可以扣除，哪些项目可以扣除，扣除限额是多少（如图6-3所示）。

常见所得税扣除项目

费用类别	扣除标准/限额比例	说明事项（限额比例的计算基数，其他说明事项）
职工工资	据实	任职或受雇，合理
	加计100%扣除	支付残疾人员的工资
职工福利费	14%	不超过实际工资薪金总额的14%，超过部分不可结转
职工教育经费	8%	不超过实际工资薪金总额的8%，超过部分结转，以后年度扣除
	全额扣除	软件生产企业的职工培训费用
职工工会经费	2%	不超过实际发放工资薪金总额的2%，超过部分不可结转
业务招待费	MIN（60%，5‰）	发生额的60%，最高不能超过当年销售或营业收入的5‰
广告费和业务宣传费	15%	不超过当年销售（营业）收入的15%，超过部分结转，以后年度扣除
	30%	化妆品制造、医药制造、饮料制造（不含酒类制造）企业，不超过当年销售（营业）收入的30%；超过部分结转，以后年度扣除
	不得扣除	烟草企业的烟草广告费和业务宣传费
捐赠支出	12%	不超过年度利润（会计利润）总额的12%，超过部分准予结转，以后三年内扣除（特殊除外）；若会计利润≤0，则不能算限额；公益性捐赠，有捐赠票据的，名单内所属年度内可扣
补充养老保险和补充医疗保险	5%	为在本企业任职或者受雇的全体员工支付的补充养老保险费、补充医疗保险费，分别在不超过职工工资总额5%标准内的部分准予扣除；超过的部分，不予扣除

不得扣除项目

不得扣除项目：

1.向投资者支付的股息、红利等权益性投资收益款项

2.企业所得税税款

3.税收滞纳金

4.罚金、罚款和被没收财务的损失（不包括纳税人按照经济合同规定支付的）

5.国家规定的公益性捐赠支出以外的捐赠支出

6.赞助支出（与企业经营活动无关的非广告性支出）

7.未经核定的准备金支出

8.与取得收入无关的的其他支出

图6-3　常见所得税扣除项目和不得扣除项目

本企业2020年利润表项目（见表6-6）：

表6-6　　本企业2020年利润表项目　　单位：元

项　　目	行次	本年累计数金额
一、营业收入	1	400 000.00
减：营业成本	2	45 000.00
税金及附加	3	380.00
销售费用	4	138 200.00
管理费用	5	82 573.34
研发费用	6	0
财务费用	7	391.93
其中：利息费用	8	0
利息收入	9	0
二、营业利润（亏损以“－”号填列）	19	133 454.73
加：营业外收入	20	10 000.00
减：营业外支出	21	2 000.00
三、利润总额（亏损总额以“－”号填列）	22	141 454.73
减：所得税费用	23	4 000.00
四、净利润（净亏损以“－”号填列）	24	137 454.73

表6-6中，三费（销售费用、管理费用和财务费用）的明细项目如下（见表6-7）：

表6-7　　三费（销售费用、管理费用和财务费用）的明细项目　　单位：元

明细科目	销售费用	管理费用	财务费用	合计
职工薪酬	40 000.00	44 000.00		84 000.00
其中：工资	28 000.00	24 000.00		52 000.00
福利费		9 000.00		9 000.00
社保费	12 000.00	11 000.00		23 000.00
工会经费		1 040.00		1 040.00
咨询顾问费	16 200.00	5 040.00		21 240.00
业务招待费	10 000.00	8 000.00		18 000.00
广告费	61 000.00			61 000.00
办公费	5 000.00	8 420.00		13 420.00
差旅费	6 000.00			6 000.00
折旧费		5 573.34		5 573.34
摊销费		10 500.00		10 500.00
手续费			391.93	391.93

（1）社保费23 000元可以据实扣除。

（2）福利费不能超过工资的14%，即52 000×14%=7 280（元），因此超标9 000-7 280=1 720（元），利润总额调增1720元。

（3）工会经费不能超过工资的2%，即52 000×2%=1 040（元），没有超标，不需要调整。

本企业职工薪酬支出及纳税调整明细见表6-8：

表6-8　职工薪酬支出及纳税调整明细表　单位：元

行次	项　目	账载金额	实际发生额	税收规定扣除率	以前年度累计结转扣除额	税收金额	纳税调整金额	累计结转以后年度扣除额
		1	2	3	4	5	6（1-5）	7（2+4-5）
1	一、工资薪金支出	52 000	52 000	*	*	52 000		*
2	其中：股权激励			*	*			*
3	二、职工福利费支出	9 000	9 000	14%	*	7 280	1 720	*
4	三、职工教育经费支出			*				
5	其中：按税收规定比例扣除的职工教育经费			8%				
6	按税收规定全额扣除的职工培训费用			100%	*			*
7	四、工会经费支出	1 040	1 040	2%	*	1 040		*
8	五、各类基本社会保障性缴款	23 000	23 000	*	*	23 000		*
9	六、住房公积金			*	*			*
10	七、补充养老保险			5%	*			*
11	八、补充医疗保险			5%	*			*
12	九、其他			*	*			*
13	合计（1+3+4+7+8+9+10+11+12）	85 040	85 050	*		83 320	1 720	

（4）广告费和业务宣传费，不能超过营业收入的15%，即400 000×15%=60 000（元），超过部分结转下年扣除，因此本年超标61 000-60 000=1 000（元），利润总额调增1 000元。

本企业广告费和业务宣传费等跨年度纳税调整明细见表6-9：

表6-9　　广告费和业务宣传费等跨年度纳税调整明细表　　单位：元

行次	项目	金额
1	一、本年度广告费和业务宣传费支出	61 000.00
2	减：不允许扣除的广告费和业务宣传费支出	
3	二、本年符合广告费和业务宣传费支出（1-2）	61 000.00
4	三、本年计算广告费和业务宣传费扣除限额的销售（营业收入）	400 000.00
5	乘：税收规定扣除率	15%
6	四、本企业计算的广告费和业务宣传费扣除限额（4×5）	60 000.00
7	五、本年结转以后年度扣除额（3＞6，本行=3-6；3≤6，本行=0）	1 000.00
8	加：以前年度累计结转扣除额	
9	减：本年扣除的以前年度结转额［3＞6，本行=0；3≤6，本行=8与（6-3）孰小值］	
10	六、按照分摊协议归集至其他关联方的广告费和业务宣传费（10≤3与6孰小值）	
11	按照分摊协议从其他关联方归集至本企业的广告费和业务宣传费	
12	七、本年广告费和业务宣传费支出纳税调整金额（3＞6，本行=2+3-6+10-11；3≤6，本行=2+10-11-9）	1 000.00
13	八、累计结转以后年度扣除额（7+8-9）	1 000.00

（5）办公费、咨询费和手续费可以正常扣除。

（6）固定资产只有两台电脑和一台打印机，折旧费可以正常扣除，无形资产专利摊销年限与税法一致，没有差异；幸亏没有差异，如果有差异的话，则会产生递延所得税，那就麻烦多了。

固定资产折旧明细表和无形资产摊销明细表如图6-4所示。

资产折旧、摊销及纳税调整明细见表6-10。

固定资产折旧明细表

2020.12

固定资产名称	计量单位	数量	入账日期	原值	计提月份	残值	月折旧	本年折旧	已用月数	累计折旧	净值
联想电脑	台	8	2020.6	28000.00	36	1400.00	738.89	4433.34	6	4433.34	23566.66
打印机	台	3	2020.6	7200.00	36	360.00	190.00	1140.00	6	1140.00	6060.00

无形资产摊销明细表

2020.12

无形资产名称	计量单位	数量	入账日期	原值	计提月份	截至上期累计摊销额	本月摊销	本年摊销	累计摊销	净值
专利权	项	1	2020.6	72000.00	48	9000.00	1500.00	10500.00	10500.00	61500.00
合计				72000.00	48	9000.00	1500.00	10500.00	10500.00	61500.00

图6-4 固定资产折旧明细表和无形资产摊销明细表（截图）

表6-10 资产折旧、摊销及纳税调整明细表 单位：元

行次	项目		账载金额			税收金额					纳税调整金额
			资产原值	本年折旧、摊销额	累计折旧、摊销额	资产计税基础	税收折旧、摊销额	享受加速折旧政策的资产按税收一般规定计算的折旧、摊销额	加速折旧、摊销统计额	累计折旧、摊销额	
			1	2	3	4	5	6	7=5-6	8	9（2-5）
1	一、固定资产（2+3+4+5+6+7）		35 200.00	5 573.34	5 573.34	35 200.00	5 573.34	*	*	5 573.34	
2	所有固定资产	（一）房屋、建筑物						*	*		
3		（二）飞机、火车、轮船、机器、机械和其他生产设备						*	*		
4		（三）与生产经营活动有关的器具、工具、家具等						*	*		
5		（四）飞机、火车、轮船以外的运输工具						*	*		
6		（五）电子设备	35 200.00	5 573.34	5 573.34	35 200.00	5 573.34	*	*	5 573.34	
7		（六）其他						*	*		
8	其中：享受固定资产加速折旧及一次性扣除政策的资产加速折旧额大于一般折旧额的部分	（一）重要行业固定资产加速折旧（不含一次性扣除）									*
9		（二）其他行业研发设备加速折旧									*
10		（三）固定资产一次性扣除									
11		（四）技术进步、更新换代固定资产									*
12		（五）常年强震动、高腐蚀固定资产									*
13		（六）外购软件折旧									*
14		（七）集成电路企业生产设备									*

续表

行次	项目		账载金额			税收金额					纳税调整金额
			资产原值	本年折旧、摊销额	累计折旧、摊销额	资产计税基础	税收折旧、摊销额	享受加速折旧政策的资产按税收一般规定计算的折旧、摊销额	加速折旧、摊销统计额	累计折旧、摊销额	
			1	2	3	4	5	6	7=5-6	8	9（2-5）
15		（八）常年强震动、高腐蚀固定资产加速折旧									*
16		（九）外购软件加速折旧									*
17		（十）集成电路企业生产设备加速折旧									*
18	二、生产性生物资产（19+20）							*	*		
19	（一）林木类							*	*		
20	（二）畜类							*	*		
21	三、无形资产（22+23+24+25+26+27+28+29）		72 000.00	10 500.00	10 500.00	72 000.00	10 500.00	*	*	10 500.00	
22	所有无形资产	（一）专利权	72 000.00	10 500.00	10 500.00	72 000.00	10 500.00	*	*	10 500.00	
23		（二）商标权						*	*		
24		（三）著作权						*	*		
25		（四）土地使用权						*	*		
26		（五）非专利技术						*	*		
27		（六）特许权使用费						*	*		
28		（七）软件						*	*		
29		（八）其他						*	*		
30	其中：享受无形资产加速摊销及一次性摊销政策的资产加速摊销额大于一般摊销额的部分	（一）企业外购软件加速摊销									*
31		（二）海南自由贸易港企业无形资产加速摊销									*
32		（三）海南自由贸易港企业无形资产一次性摊销									*
33	四、长期待摊费用（34+35+36+37+38）							*	*		
34	（一）已足额提取折旧的固定资产的改建支出							*	*		
35	（二）租入固定资产的改建支出							*	*		
36	（三）固定资产的大修理支出							*	*		
37	（四）开办费							*	*		
38	（五）其他							*	*		
39	五、油气勘探投资							*	*		
40	六、油气开发投资							*	*		
41	合计（1+18+21+33+39+40）		107 200.00	16 073.34	16 073.34	107 200.00	16 073.34			16 073.34	
附列资料		全民所有制企业公司制改制资产评估增值政策资产						*	*		

（7）业务招待费有两个门槛，一个是当期发生额的60%，即18 000×60%=10 800（元），另一个是当年营业收入的5‰，即400 000×5‰=2 000（元），扣除限额取低者2 000元，那当年超标18 000−2 000=16 000（元），利润总额调增16 000元。

本期营业外收入和营业外支出如图6-5所示。

营业外收入	
明细科目	本期发生额（元）
减免税费	10 000.00
合计	10 000.00

营业外支出	
明细科目	本期发生额（元）
税收滞纳金	2 000.00
合计	2 000.00

图6-5 本期营业外收入和营业外支出（截图）

（8）税收滞纳金2 000元不能税前扣除，因此利润总额调增2 000元。

调增汇总如下（见表6-11）：

表6-11 企业纳税调整项目及金额 单位：元

业务	账载金额	税收金额	纳税调增金额
福利费	9 000	52 000×14%=7 280	9 000−7 280=1 720
工会经费	1 040	52 000×2%=1 040	0
广告费	61 000	400 000×15%=60 000	61 000−60 000=1 000
业务招待费	18 000	Min（18 000×60%=10 800，400 000×5‰=2 000）	18 000−2 000=16 000
税收滞纳金	2 000	0	2 000
合计			20 720

（9）弥补以前年度亏损21 551.6元。企业所得税弥补亏损情况如图6-6所示。

企业所得税弥补亏损情况	
年份	当年亏损额（元）
2017	-6 551.60
2018	-10 000.00
2019	-5 000.00
合计	-21 551.60

图6-6　企业所得税弥补亏损情况（截图）

本期年应纳税所得额（调整后的利润总额）=141 454.73+20 720−21 551.6=140 623.13（元）

因此，纳税调整项目明细表（见表6-12）要填，二级明细表12张，只涉及3张，职工薪酬支出及纳税调整明细表，广告费和业务宣传费等跨年度纳税调整明细表，资产折旧、摊销及纳税调整明细表。

表6-12　纳税调整项目明细表

A105000	纳税调整项目明细表	□
A105010	视同销售和房地产开发企业特定业务纳税调整明细表	□
A105020	未按权责发生制确认收入纳税调整明细表	□
A105030	投资收益纳税调整明细表	□
A105040	专项用途财政性资金纳税调整明细表	□
A105050	职工薪酬支出及纳税调整明细表	□
A105060	广告费和业务宣传费等跨年度纳税调整明细表	□
A105070	捐赠支出及纳税调整明细表	□
A105080	资产折旧、摊销及纳税调整明细表	□
A105090	资产损失税前扣除及纳税调整明细表	□
A105100	企业重组及递延纳税事项纳税调整明细表	□
A105110	政策性搬迁纳税调整明细表	□
A105120	贷款损失准备金及纳税调整明细表	□
A106000	企业所得税弥补亏损明细表	□

企业所得税弥补亏损明细表也要填（见表6-13）。

表6-13　　企业所得税弥补亏损明细表　　单位：元

行次	项目	年度	当年境内所得额	分立转出的亏损额	合并、分立转入的亏损额			弥补亏损企业类型	当年亏损额	当年待弥补的亏损额	用本年度所得额弥补的以前年度亏损额		当年可结转以后年度弥补的亏损额
					可弥补年限5年	可弥补年限8年	可弥补年限10年				使用境内所得弥补	使用境外所得弥补	
		1	2	3	4	5	6	7	8	9	10	11	12
1	前十年度							一般企业					
2	前九年度							一般企业					
3	前八年度							一般企业					
4	前七年度							一般企业					
5	前六年度							一般企业					
6	前五年度							一般企业					
7	前四年度							一般企业					
8	前三年度	2017	-6 551.60					一般企业	-6 551.6	-6 551.6	6 551.6		
9	前二年度	2018	-10 000.00					一般企业	-10 000.00	-10 000.00	10 000.00		
10	前一年度	2019	-5 000					一般企业	-5 000	-5 000	5 000		
11	本年度	2020	162 174.73					一般企业			21 551.60		
12	可结转以后年度弥补的亏损额合计												

企业正常缴纳企业所得税为：

140 623.13×25%=35 155.78（元）

小微企业的企业所得税为：

140 623.13×20%×25%=7 031.16（元）

注：这是按2020年的优惠政策计算，按2021年的优惠政策计算，则为：140 623.13×20%×12.5%=3 515.58（元）

减免金额=35 155.78−7 031.16=28 124.62（元）

减免所得税优惠明细见表6-14。这张表我们只需填列第一行，如果企业还有其他的优惠，那么也可以填列其他行。

表6-14　　减免所得税优惠明细表　　单位：元

行次	项　目	金额
1	一、符合条件的小型微利企业减免企业所得税	28 124.62
2	二、国家需要重点扶持的高新技术企业减按15%的税率征收企业所得税（填写A107041）	
3	三、经济特区和上海浦东新区新设立的高新技术企业在区内取得的所得定期减免企业所得税（填写A107041）	
4	四、受灾地区农村信用社免征企业所得税	*
5	五、动漫企业自主开发、生产动漫产品定期减免企业所得税	
6	六、线宽小于0.8微米（含）的集成电路生产企业减免企业所得税（填写A107042）	
7	七、线宽小于0.25微米的集成电路生产企业减按15%税率征收企业所得税（填写A107042）	*
8	八、投资额超过80亿元的集成电路生产企业减按15%税率征收企业所得税（填写A107042）	*
9	九、线宽小于0.25微米的集成电路生产企业减免企业所得税（填写A107042）	
10	十、投资额超过80亿元的集成电路生产企业减免企业所得税（填写A107042）	
11	十一、新办集成电路设计企业减免企业所得税（填写A107042）	
12	十二、国家规划布局内集成电路设计企业可减按10%的税率征收企业所得税（填写A107042）	*
13	十三、符合条件的软件企业减免企业所得税（填写A107042）	
14	十四、国家规划布局内重点软件企业可减按10%的税率征收企业所得税（填写A107042）	*
15	十五、符合条件的集成电路封装测试企业定期减免企业所得税（填写A107042）	
16	十六、符合条件的集成电路关键专用材料生产企业、集成电路专用设备生产企业定期减免企业所得税（填写A107042）	

续表

行次	项　目	金额
17	十七、经营性文化事业单位转制为企业的免征企业所得税	
18	十八、符合条件的生产和装配伤残人员专门用品企业免征企业所得税	
19	十九、技术先进型服务企业（服务外包类）减按15%的税率征收企业所得税	
20	二十、技术先进型服务企业（服务贸易类）减按15%的税率征收企业所得税	
21	二十一、设在西部地区的鼓励类产业企业减按15%的税率征收企业所得税（主营业务收入占比____%）	
22	二十二、新疆困难地区新办企业定期减免企业所得税	
23	二十三、新疆喀什、霍尔果斯特殊经济开发区新办企业定期免征企业所得税	
24	二十四、广东横琴、福建平潭、深圳前海等地区的鼓励类产业企业减按15%税率征收企业所得税	
25	二十五、北京冬奥组委、北京冬奥会测试赛赛事组委会免征企业所得税	
26	二十六、线宽小于130纳米（含）的集成电路生产企业减免企业所得税（原政策，填写A107042）	
27	二十七、线宽小于65纳米（含）或投资额超过150亿元的集成电路生产企业减免企业所得税（原政策，填写A107042）	
28	二十八、其他（28.1+28.2+28.3+28.4+28.5+28.6）	
28.1	（一）从事污染防治的第三方企业减按15%的税率征收企业所得税	
28.2	（二）上海自贸试验区临港新片区的重点产业企业减按15%的税率征收企业所得税	
28.3	（三）海南自由贸易港鼓励类企业减按15%税率征收企业所得税	
28.4	（四）国家鼓励的集成电路和软件企业减免企业所得税政策（28.4.1+…+28.4.10）	
28.4.1	1.线宽小于28纳米（含）集成电路生产企业减免企业所得税（填写A107042）	
28.4.2	2.线宽小于65纳米（含）集成电路生产企业减免企业所得税（填写A107042）	
28.4.3	3.线宽小于130纳米（含）集成电路生产企业减免企业所得税（填写A107042）	

续表

行次	项　目	金 额
28.4.4	4.集成电路设计业减免企业所得税（填写A107042）	
28.4.5	5.重点集成电路设计企业减免企业所得税（填写A107042）	
28.4.6	6.集成电路装备企业减免企业所得税（填写A107042）	
28.4.7	7.集成电路材料企业减免企业所得税（填写A107042）	
28.4.8	8.集成电路封装、测试企业减免企业所得税（填写A107042）	
28.4.9	9.软件企业减免企业所得税（填写A107042）	
28.4.10	10.重点软件企业减免企业所得税（填写A107042）	
28.5	（五）其他1	
28.6	（六）其他2	
29	二十九、减：项目所得额按法定税率减半征收企业所得税叠加享受减免税优惠	
30	三十、支持和促进重点群体创业就业企业限额减征企业所得税（30.1+30.2）	
30.1	（一）企业招用建档立卡贫困人口就业扣减企业所得税	
30.2	（二）企业招用登记失业半年以上人员就业扣减企业所得税	
31	三十一、扶持自主就业退役士兵创业就业企业限额减征企业所得税	
32	三十二、符合条件的公司型创投企业按照企业年末个人股东持股比例减免企业所得税（个人股东持股比例____%）	
33	三十三、民族自治地方的自治机关对本民族自治地方的企业应缴纳的企业所得税中属于地方分享的部分减征或免征（免征　　减征：减征幅度____%）	
34	合计（1+2+…+28-29+30+31+32+33）	

最后，把上面所有的信息，汇总到总表（见表6-15）：

表6-15　　中华人民共和国企业所得税年度纳税申报表（A类）　　单位：元

行次	类别	项　　目	金　额
1	利润总额计算	一、营业收入（填写A101010\101020\103000）	400 000.00
2		减：营业成本（填写A102010\102020\103000）	45 000.00
3		减：税金及附加	380.00
4		减：销售费用（填写A104000）	138 200.00
5		减：管理费用（填写A104000）	82 573.34
6		减：财务费用（填写A104000）	391.93
7		减：资产减值损失	
8		加：公允价值变动收益	
9		加：投资收益	
10		二、营业利润（1-2-3-4-5-6-7+8+9）	133 454.73
11		加：营业外收入（填写A101010\101020\103000）	10 000.00
12		减：营业外支出（填写A102010\102020\103000）	2 000.00
13		三、利润总额（10+11-12）	141 454.73
14	应纳税所得额计算	减：境外所得（填写A108010）	
15		加：纳税调整增加额（填写A105000）	20 720.00
16		减：纳税调整减少额（填写A105000）	
17		减：免税、减计收入及加计扣除（填写A107010）	
18		加：境外应税所得抵减境内亏损（填写A108000）	
19		四、纳税调整后所得（13-14+15-16-17+18）	162 174.73
20		减：所得减免（填写A107020）	
21		减：弥补以前年度亏损（填写A106000）	21 551.60
22		减：抵扣应纳税所得额（填写A107030）	
23		五、应纳税所得额（19-20-21-22）	140 623.13

续表

行次	类别	项　　目	金　额
24	应纳税额计算	税率（25%）	25%
25		六、应纳所得税额（23×24）	35 155.78
26		减：减免所得税额（填写A107040）	28 124.63
27		减：抵免所得税额（填写A107050）	
28		七、应纳税额（25-26-27）	7 031.15
29		加：境外所得应纳所得税额（填写A108000）	
30		减：境外所得抵免所得税额（填写A108000）	
31		八、实际应纳所得税额（28+29-30）	7 031.15
32		减：本年累计实际已缴纳的所得税额	4 000.00
33		九、本年应补（退）所得税额（31-32）	3 031.15
34		其中：总机构分摊本年应补（退）所得税额（填写A109000）	
35		财政集中分配本年应补（退）所得税额（填写A109000）	
36		总机构主体生产经营部门分摊本年应补（退）所得税额（填写A109000）	
37	实际应纳税额计算	减：民族自治地区企业所得税地方分享部分（□免税　□减征：减征幅度__%）	
38		十、本年实际应补（退）所得税额（33-37）	

第7章

增值税进项抵扣专项检查

第7章

增值税进项抵扣专项检查

市税务局，办公大厅，人群熙熙攘攘，大家都忙着办税等各种业务。

后面走廊却很安静，偶尔有人声和脚步声传来，也是轻微的。此时正值午后，阳光一片灿烂。

慕容远到南城市的任命仪式很简单，省局只派了一名巡视员和人事处的干部到场宣布任命。省局化繁为简，但南城市税务局却不能不重视这位“空降”的三把手。

按照省税务局及南城市税务局局长李元思的安排，慕容远分管的部门为：监察室、法规科和税政科，还有下面的三个分局。

慕容远拿着举报信，蹙了蹙眉，信里的内容是举报骗取出口退税，可是退税部门不属于自己管，怎么查？他摇了摇头，又把信锁进抽屉里。

不一会儿，税政科科长周高格来汇报工作，其中重点提到了“四小票”专项检查。

（注：海关完税凭证、运输发票、废旧物资发票、农产品收购凭证（含农业生产者开具的普通发票），统称为“四小票”。目前货物运输业专用的增值税发票已经停止使用，而是统一开具增值税专用发票，但是开具时有强制备注要求，应将起运地、到达地、车种车号以及运输货物信息等内容填写在发票备注栏中，如内容较多，则可另附清单；废旧物资发票现已不能抵扣，改为先征后退）

慕容远听着听着，突然眼前一亮，以“四小票”专项检查的名义入手，声东击西，不就可以名正言顺地查工业园里所有的企业吗？

他浅笑了一下，墨色的瞳仁泛着蒙蒙薄光，清了清嗓子说道：“周科，你刚才说的省局布置的‘四小票’专项检查，现在进行到哪一步了？”

“我们刚刚制订好实施方案，正准备布置下去。”周高格赶紧答道，脸上挂着讨好的笑容。

“方案呢？”

“我马上让人送过来。”周高格拨了个电话，不一会儿，文件送到。

慕容远大致浏览了一下相关的内容，感觉方案大而空，有“走过场”的意味，若这样做，就根本不可能发现问题，于是，大笔一挥，刷刷刷地改了个底朝天。

周高格站在一旁，睁着一双牛眼，不禁暗暗叫苦。日常的税务检查工作已经够繁重了，这种检查能走过场就走过场嘛，这慕容局居然字字较真，以后这日子还怎么过啊？

改完后，慕容远把文件递给周高格，让他赶紧布置下去。

几天后，“四小票”专项检查在南城市全面铺开，慕容远亲自挂帅，与税政科科长周高格一起到各区县“督战”。

一时间，南城市，到处风声鹤唳。

大家都忙着对增值税发票进项税额抵扣进行自查。

早晨，像沉睡一夜刚刚苏醒的婴儿，阳光柔和明亮，朝霞嫣红瑰丽。

小艾穿着睡裙，扎着头发，站在衣柜前。

今天穿什么呢？

接着她习惯性地拿了一件白色蝴蝶结雪纺衬衫和一条黑色职业裙，自从上班后，她的穿衣风格就尽量素雅、大方，再加一点干练。

她脱下睡裙，正准备换上，突然目光落在一条嫩黄色的靓丽连衣裙上，这裙子买了好几个星期了，还没穿过呢。

今天是周六，只是参加一个增值税抵扣的学习班而已，又不是正式上班。

于是，她果断地丢掉手上的职业装，然后换上连衣裙。

这是一条有一点点“清凉”的裙子，一字领恰到好处地露出了她的锁骨，裙子贴身、大方，更好地衬托出身体的玲珑曲线，裙摆一直到膝盖，刚好显得小腿白皙修长。

最满意的是裙子的颜色，嫩黄色，像刚冒尖的叶子，清新鲜嫩、透明温润，有一股春天的感觉。

换一件衣服，换了一种心情。

路上，她遇见一老婆婆，正在卖花，有大丽花、美人蕉，还有米兰、茉莉。

小艾突然心一动，走了过去，说道：“阿婆，我也要一朵。”

“好，好，好！”阿婆脸上笑开了花：“这些都是自家种的，早上刚采摘的，新鲜着呢。”

小艾挑了一束茉莉。

这时，一个中年妇女提着一大堆杂七杂八的物件，也来摆摊了。

“阿婆，你好早啊！”中年妇女招呼道。

“是啊。”阿婆一边拿着剪刀剪花枝，一边笑着回应道，突然像是意识到什么，然后回过头，惊奇地问道：“你今天涂口红了？”

中年妇女有点不好意思地笑了。

“好看，好看。”阿婆高兴地点头道：“以后每天都要这么抹两下，美给自己看！”

“嗯！”中年妇女使劲地点了点头。

正如叔本华所说，“乐观和美貌能让你更幸福”，因为幸福十之八九都有赖于健康，有了健康，一切事物都是欢乐的源泉，而乐观、美貌都和健康相关，乐观说明你精神健康，美貌说明你身体健康。从生物学上来说，审美就是你的长相越靠近平均数，你就越美（生物学有一项研究，就是把所有人的照片通过技术合成到一起，得到一个平均的照片，那是最美的）；你越远离平均数，就越有个性，个性是基因突变的结果，当然，不是说基因突变不好，要知道人类进化靠的就是基因重组和基因突变，只是高收益伴随高风险，而人的本性就是天然地厌恶风险。所以，我们要尽量在人前把自己收拾好，从而无声地告诉他人，我很年轻，我很健康，我有的是生命力！这是一封公开的推荐信，会让你更受人青睐！

小艾拿着那束茉莉，心情也特别好，好像她买的不是花，而是人间的芬芳与喜悦！

到了工业园，她把茉莉小心翼翼地放在包里，然后才奔赴君皇大酒店。

君皇大酒店培训室内，杜云轩正在给大家讲解增值税进项抵扣应注意的相关事项。

小艾找了个角落坐下。

“我们一般的增值税抵扣凭证有以下9种（如图7-1所示），增值税专用发票，机动车销售统一发票，农产品销售发票，农产品收购发票，通行费增值税电子普通发票，桥、闸通行费发票，海关进口增值税专用缴款书，代扣代缴税收完税凭证，以及旅客运输抵扣凭证。

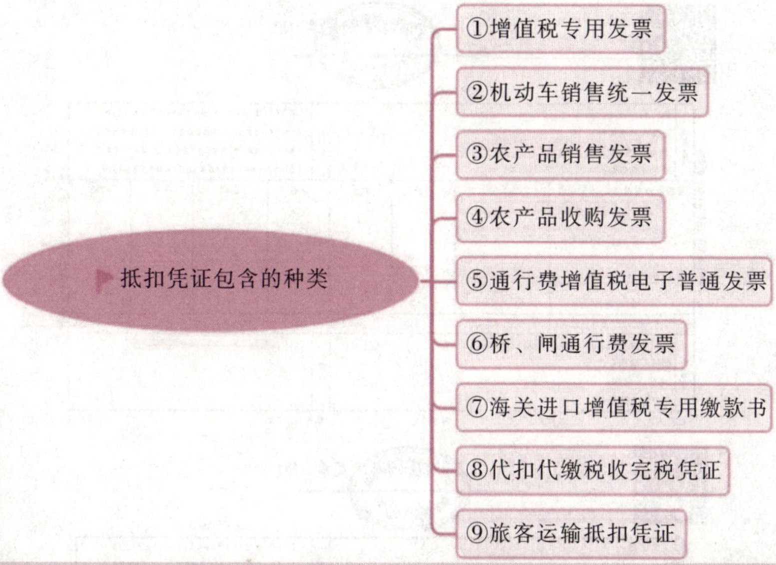

图7-1　一般的增值税抵扣凭证包含的种类

“首先就是增值税专用发票，增值税专用发票认证后，我们一般按票面上注明的税额抵扣。

“增值税专用发票有三联版和六联版（如图7-2所示）。三联版主要有以下三联：第一联是记账联，销售方用来记账；第二联是抵扣联，购买方用来进行增值税进项抵扣；第三联是发票联，购买方用来记账（如图7-3所示）。六联版前三联跟三联版一样，第四、五、六联由纳税人自行确定，一般产权过户时，用第六联。

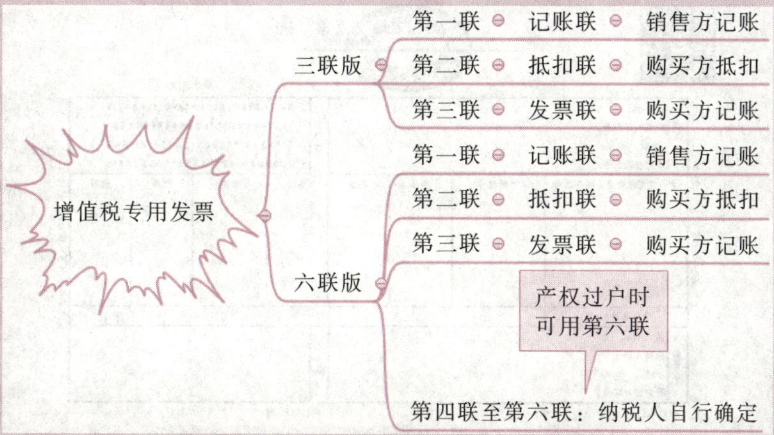

图7-2　增值税专用发票有三联版和六联版

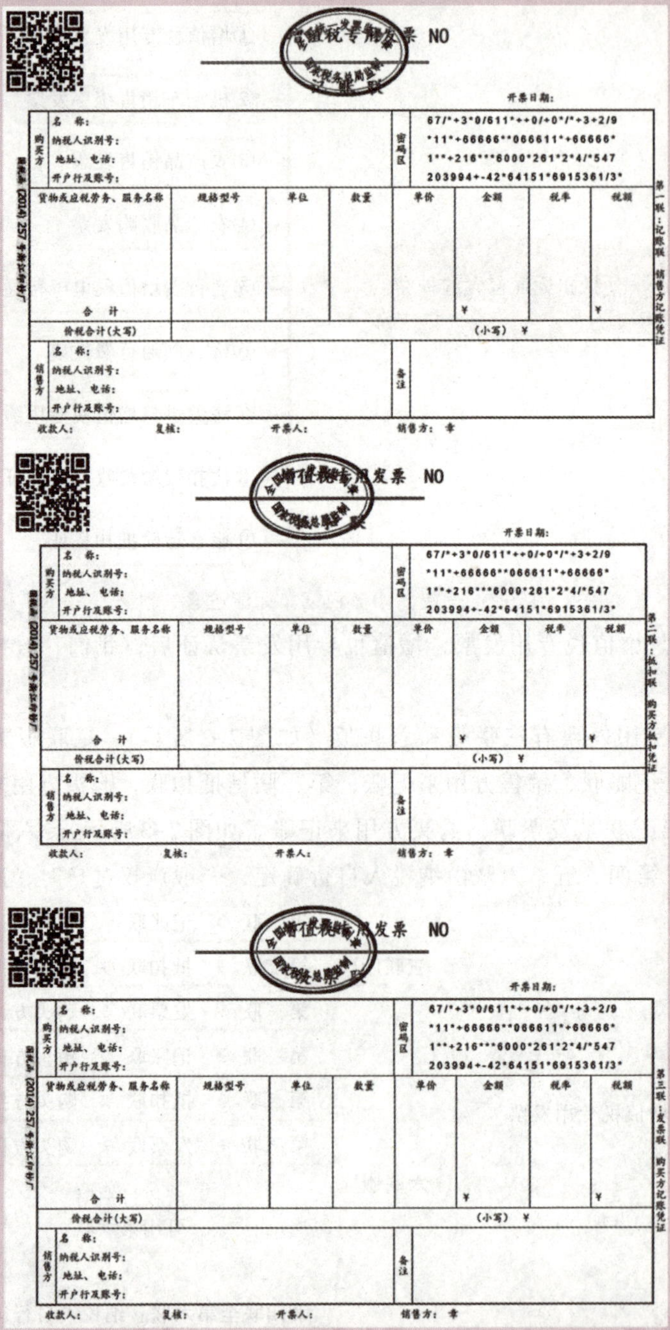

增值税专用发票 NO

开票日期：

购买方	名称： 纳税人识别号： 地址、电话： 开户行及账号：			密码区	67/*+3*0/611*++0/+0*/*+3+2/9 *11*+66666**066611*+66666* 1**+216***6000*261*2*4/*547 203994+-42*64151*6915361/3*		
货物或应税劳务、服务名称	规格型号	单位	数量	单价	金额	税率	税额
合计					¥		¥
价税合计（大写）					（小写）¥		
销售方	名称： 纳税人识别号： 地址、电话： 开户行及账号：			备注			

收款人： 复核： 开票人： 销售方：章

第一联：记账联 销售方记账凭证

国税函〔2014〕257号浙江印刷厂

增值税专用发票 NO

开票日期：

购买方	名称： 纳税人识别号： 地址、电话： 开户行及账号：			密码区	67/*+3*0/611*++0/+0*/*+3+2/9 *11*+66666**066611*+66666* 1**+216***6000*261*2*4/*547 203994+-42*64151*6915361/3*		
货物或应税劳务、服务名称	规格型号	单位	数量	单价	金额	税率	税额
合计					¥		¥
价税合计（大写）					（小写）¥		
销售方	名称： 纳税人识别号： 地址、电话： 开户行及账号：			备注			

收款人： 复核： 开票人： 销售方：章

第二联：抵扣联 购买方抵扣凭证

国税函〔2014〕257号浙江印刷厂

增值税专用发票 NO

开票日期：

购买方	名称： 纳税人识别号： 地址、电话： 开户行及账号：			密码区	67/*+3*0/611*++0/+0*/*+3+2/9 *11*+66666**066611*+66666* 1**+216***6000*261*2*4/*547 203994+-42*64151*6915361/3*		
货物或应税劳务、服务名称	规格型号	单位	数量	单价	金额	税率	税额
合计					¥		¥
价税合计（大写）					（小写）¥		
销售方	名称： 纳税人识别号： 地址、电话： 开户行及账号：			备注			

收款人： 复核： 开票人： 销售方：章

第三联：发票联 购买方记账凭证

国税函〔2014〕257号浙江印刷厂

图7-3 三联版的增值税专用发票的记账联、抵扣联和发票联

“我们这里要关注的是增值税专用发票的抵扣联，增值税专用发票一般是通过增值税发票管理新系统开具的，开具时，税率一般有4档，13%、9%、6%，还有零税率（如图7-4所示）。

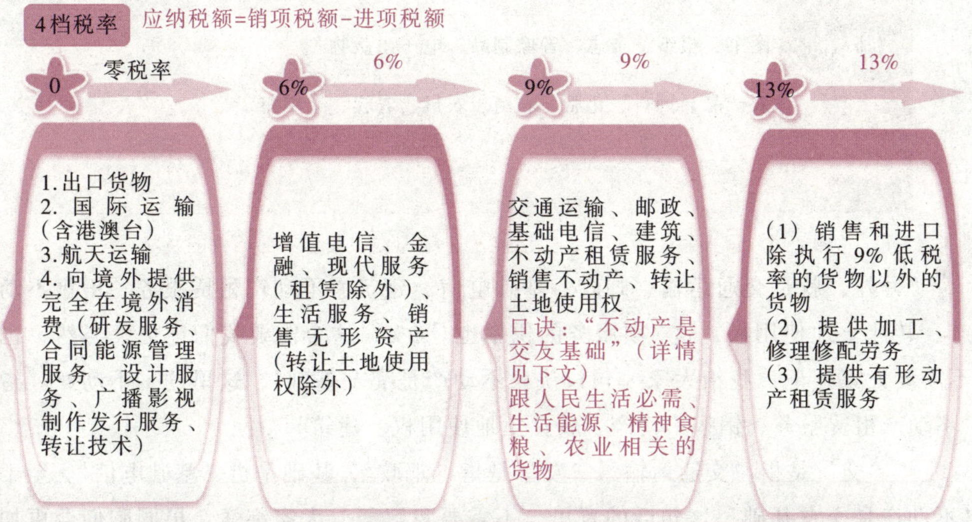

图7-4　增值税发票管理新系统

“第一档税率是13%，一般销售货物或进口货物、加工修理修配劳务、有形动产租赁服务税率都是13%，以前是17%，后来降到16%，现在降为13%，我们常见的都是13%。

“第二档税率是9%，有部分货物采取低税率9%，这部分货物跟人民生活必需、生活能源、精神食粮或者农业相关（如图7-5所示）。比如，我们平时做饭时需要植物油、盐。因此，食用植物油、食用盐税率是9%，但是工业用盐税率就不是9%，还是13%。然后就是生活能源，比如自来水、暖气、冷气、热水、煤气、石油液化气、天然气、沼气、居民用煤炭制品税率也是9%，但是工业用煤炭制品税率就不是9%，还是13%。再就是精神食粮，比如图书、报纸、杂志、音像制品、电子出版物的税率也是9%。最后就是跟农业相关的，比如农产品、饲料、化肥、农药、农机、农膜、二甲醚税率也是9%。这里所说的农产品是指初级农产品，不包括深加工的农产品，比如方便面、速冻水饺，也不包括农业生产者销售的自产农产品。为什么呢？因为农业生产者销售的自产农产品是免税的。

生活必需	食用植物油、食用盐
生活能源	自来水、暖气、冷气、热水、煤气、石油液化气、天然气、沼气、居民用煤炭制品
精神食粮	图书、报纸、杂志、音像制品、电子出版物
与农业相关	农产品、饲料、化肥、农药、农机、农膜、二甲醚 此处指的是初级农产品，不包括深加工以及农业生产者销售的自产农产品

图7-5　跟人民生活必需、生活能源、精神食粮或者农业相关的货物

“另外，就是交通运输、邮政、基础电信、建筑、不动产租赁服务、销售不动产、转让土地使用权，这7项服务的税率也是9%，这个需要我们记忆。当然，也不需要大家死记，我给大家一句口诀‘不动产是交友基础’，这里的‘不动产’指‘不动产租赁服务、销售不动产、转让土地使用权、建筑’。

“‘交’是指‘交通运输’，‘友’是指‘邮政’，基础是指‘基础电信’。至于‘不动产是交友基础’这句话的意思，不需要我解释，大家都懂，男同胞们会更加感同身受。”

于是，台下开始哄笑。

杜云轩也低头抿嘴浅笑，接着抬头继续说道：“第三档税率是……”

此时小艾也刚好抬头看黑板，四目相对，杜云轩突然一怔。他早就看到了角落里那抹靓丽的色彩，但是却没想到居然是小艾，刚才他还纳闷呢，这丫头怎么还没来？

今天穿上这裙子，感觉她像突然换了个人似的。

“第三档税率是……”他突然卡壳了。

这时，台下有人开始漫不经心地说道：“杜老师看见美女，不淡定了。”

众人又是一阵哄笑。

不过杜云轩的控场力非常强，立马回应道：“我是在问你，第三档税率是什么？”

“啊？”男生愣了愣。

“来，站起来，给大家讲讲。”杜云轩温和地说道。

男生站了起来，开始茫然了，因为那页PPT早就翻过去了。

旁边有人提示："6%。"

男生接到信号，答道："6%。"

"一般涉及哪些服务？"

男生摇头，不知道。

于是，杜云轩接着讲道："第三档税率是6%，主要是增值电信、金融、现代服务和生活服务，还有销售无形资产。当然，这里的无形资产不包括土地使用权的转让，现代服务不包括租赁。具体细分，那项目可多了，比如现代服务，有研发和技术、信息技术、文化创意、物流辅助、鉴证咨询、广播影视、商务辅助，比如生活服务、文化、教育、医疗、旅游、餐饮、居民日常服务。如果再细分，就更多了，所以，这一档税率，我们一般不记忆，而是采用排除法，记住另外三档，剩下的都是6%。

"第四档税率是0。一般与出口货物、跨境劳务相关，比如国际运输服务、航天运输服务以及向境外单位提供的完全在境外消费的部分服务。

"第一个是一般增值税专用发票，收到增值税专用发票要及时认证，申报抵扣。增值税纳税申报表附表二（见表7-1），需要填申报抵扣的进项税额、待抵扣进项税额，待抵扣进项税额就是收到的增值税专用发票已经认证相符，但是本期没有抵扣的金额，还需要填列本期增值税专用发票认证相符的总数量、总金额和总税额。

"第二个是机动车销售统一发票，机动车销售统一发票适用于从事机动车零售业务（不包括销售旧机动车）的纳税人，有六联（如图7-6所示），第一联是发票联，作为购货单位的付款凭证，第二联是抵扣联，是购货单位的抵扣凭证（如图7-7所示），第三联是报税联，车辆购置税征收单位留存，第四联是注册登记联，车辆登记单位留存，第五联是记账联，销货单位用来记账的依据，第六联是存根联，销货单位留底。

"机动车销售统一发票，增值税纳税申报表的填列栏次同增值税专用发票。"

有人问："机动车与非机动车的本质区别是什么？"

杜云轩答："非机动车是你（或者拉车的牲口）卖力气让车走，机动车是机器卖力气让你走。前者比如自行车、人力三轮、畜力车，后者比如汽车、摩托车、拖拉机。总而言之，有发动机的是机动车，没有的是非机动车；喝汽油、柴油的是机动车，不喝的是非机动车（电动车除外）。"

表7-1　　增值税纳税申报表附表二（适当缩略）　　单位：元

一、申报抵扣的进项税额				
项目	栏次	份数	金额	税额
（一）认证相符的增值税专用发票	1=2+3	10	1 000 000	130 000
其中：本期认证相符且本期申报抵扣	2	10	1 000 000	130 000
前期认证相符且本期申报抵扣	3			
（二）其他扣税凭证	4=5+6+7+8a+8b			
……				
三、待抵扣进项税额				
（一）认证相符的增值税专用发票	24	—	—	—
期初已认证相符但未申报抵扣	25			
本期认证相符且本期未申报抵扣	26			
期末已认证相符但未申报抵扣	27			
……				
四、其他				
项目	栏次	份数	金额	税额
本期认证相符的增值税专用发票	35			
代扣代缴税额	36	—	—	

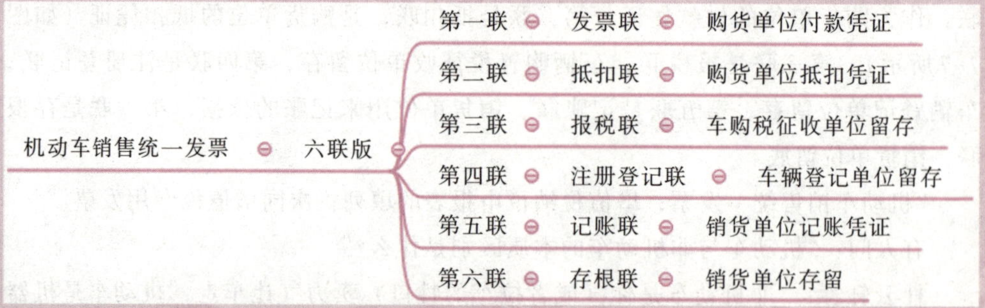

图7-6　机动车统一发票是六联版

“第三个是，农产品销售发票和农产品收购发票。农产品销售发票（如图7-8所示），即农业生产者销售自产农产品适用免征增值税政策而开具的普通发票，目前农产品销售发票的载体就是增值税普通发票，通过增值税发票管理新系统开具。

机动车销售统一发票

发票代码

发票号码

开票日期：

机打代码 机打号码 机器编号		税控码			
购货单位(人)		身份证号码/组织机构代码			
车辆类型		厂牌型号		产地	
合格证号		进口证明书号		商检单号	
发动机号码		车辆识别代号/车架号码			
价税合计		小写			
销货单位名称		电话			
纳税人识别号		账号			
地址		开户银行			
增值税税率或征收率		增值税税额		主管税务机关及代码	
不含税价		吨位		限乘人数	

销货单位盖章　　开票人　　注：一车一票

第一联　发票联　购货单位付款凭证　手开无效

国税印1067.2010.08 200000份 中瑞印业有限公司承印

机动车销售统一发票

发票代码

发票号码

开票日期：

机打代码 机打号码 机器编号		税控码			
购货单位(人)		身份证号码/组织机构代码			
车辆类型		厂牌型号		产地	
合格证号		进口证明书号		商检单号	
发动机号码		车辆识别代号/车架号码			
价税合计		小写			
销货单位名称		电话			
纳税人识别号		账号			
地址		开户银行			
增值税税率或征收率		增值税税额		主管税务机关及代码	
不含税价		吨位		限乘人数	

销货单位盖章　　开票人　　注：一车一票

第二联　抵扣联　购货单位付款凭证　手开无效

国税印1067.2010.08 200000份 中瑞印业有限公司承印

图7-7　机动车统一发票的第一联和第二联

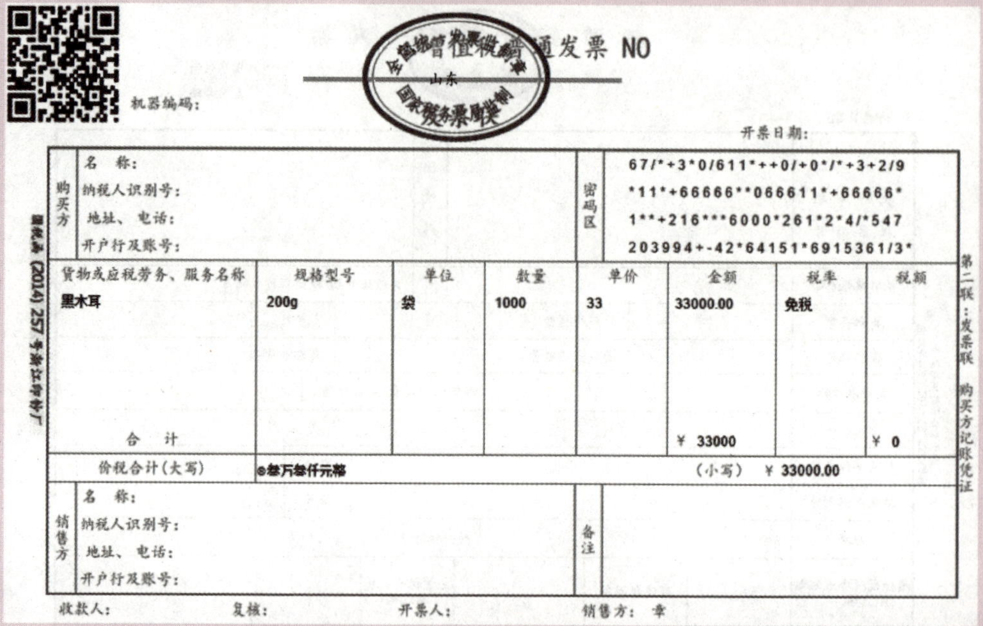

增值税普通发票 NO

机器编码：

开票日期：

购买方	名 称： 纳税人识别号： 地址、电话： 开户行及账号：			密码区	67/*+3*0/611*++0/+0*/*+3+2/9 *11*+66666**066611*+66666* 1**+216***6000*261*2*4/*547 203994+-42*64151*6915361/3*		
货物或应税劳务、服务名称	规格型号	单位	数量	单价	金额	税率	税额
黑木耳	200g	袋	1000	33	33000.00	免税	
合 计					¥ 33000		¥ 0
价税合计（大写）	⊗叁万叁仟元整				（小写） ¥ 33000.00		
销售方	名 称： 纳税人识别号： 地址、电话： 开户行及账号：			备注			

收款人： 复核： 开票人： 销售方：章

国税函（2014）257号浙江印刷厂

第二联：发票联 购买方记账凭证

图 7-8 农产品销售发票

“农产品收购发票是指收购单位向农业生产者个人（不包括从事农产品收购的个体经营者）收购自产免税农业产品时，由付款方向收款方开具的发票。收购发票的样式其实就是增值税普通发票的样式，其特点是发票左上角会打上“收购”两个字。

“增值税抵扣的方式是计算抵扣，按买价的9%进行抵扣。比如农业生产者销售自产的苹果是免税的，加工厂买来后，给农业生产者开具农产品收购发票。如果它只是简单地清洗一下卖出去，那么这时增值税税率是9%，那进项抵扣，就按买价×9%计算；如果它深加工，加工成了苹果汁，卖出去，那么增值税税率是13%，那进项抵扣，就按买价×9%计算，生产领用环节再加计扣除1%（如图7-9所示）。

“农产品非深加工和深加工开票种类及其进项税额抵扣见表7-2。

“不过，在具体实践中操作是这样的：如果公司既有农产品销售业务，又有农产品深加工业务，那么记账时对农产品原材料，最好根据农产品抵扣凭证的类型分别核算，否则在领用环节计算加计扣除时，很难准确还原计算加计扣除的计税依据。

“一般农产品抵扣凭证大体分为三大类：增值税专用发票、普通发票和农产品收购发票。

计算抵扣

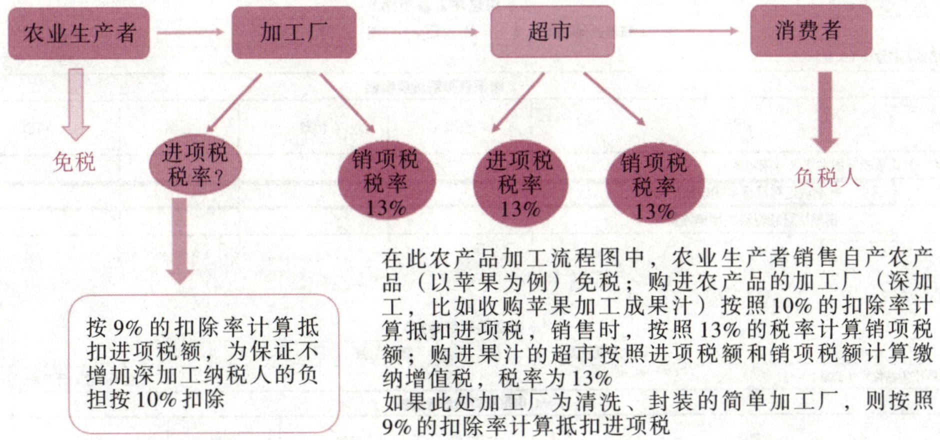

图7-9　农产品全产业链涉及的税率及负税人

表7-2　农产品非深加工和深加工开票种类及其进项税额抵扣

类型	开票种类	进项税额抵扣
非深加工（9%）	取得一般纳税人开具的增值税专用发票或海关进口增值税专用缴款书（农产品税率为9%）	按注明的增值税税额为进项税额（9%）
	小规模纳税人开具的增值税专用发票（税率3%）	专用发票注明的金额×9%
	农产品销售发票或收购发票（只有买价，没有税额）	发票注明的买价×9%
深加工（10%）	用于生产或者委托加工13%税率的货物	按10%扣除，相当于在非深加工的基础上增加了1%

“（1）取得一般纳税人开具9%的农产品专用发票，或者农产品海关进口增值税专用缴款书的，可抵扣的进项税额＝票面税额，计入原材料的金额＝票面金额。生产领用环节加计扣除金额=领用的原材料金额×1%。

“纳税人取得9%增值税专用发票认证相符后，填报在增值税纳税申报表附列资料（二）第2行，“税额”栏=票面税额（如图7-10所示）。

“海关进口增值税专用缴款书对比相符后，填报在增值税纳税申报表附列资料（二）第5行，“税额”栏=票面税额（如图7-11所示）。

增值税纳税申报表附列资料（二）

（本期进项税额明细）

税款所属时间：　年　月　日至　年　月　日

纳税人名称：（公章）　　　　金额单位：元至角分

一、申报抵扣的进项税额

项目	栏次	份数	金额	税额
（一）认证相符的增值税专用发票	1=2+3			
其中：本期认证相符且本期申报抵扣	2			
前期认证相符且本期申报抵扣	3			

图7-10　增值税申报表附列资料（二）截图（一）

（本期进项税额明细）

税款所属时间：　年　月　日至　年　月　日

纳税人名称：（公章）　　　　金额单位：元至角分

一、申报抵扣的进项税额

项目	栏次	份数	金额	税额
（一）认证相符的增值税专用发票	1=2+3			
其中：本期认证相符且本期申报抵扣	2			
前期认证相符且本期申报抵扣	3			
（二）其他扣税凭证	4=5+6+7+8a+8b			
其中：海关进口增值税专用缴款书	5			
农产品收购发票或者销售发票	6			
代扣代缴税收缴款凭证	7		——	

图7-11　增值税申报表附列资料（二）截图（二）

“（2）取得小规模纳税人开具的3%农产品专用发票，可抵扣的进项税额=票面金额×9%，计入原材料的金额=票面金额×0.94，生产领用环节加计扣除金额=领用的原材料金额÷0.94×1%。

“比如开票金额是1 000元，税率是3%，价税合计=1 000+1 000×3%=1 030（元）。

“可抵扣的进项=1 000×9%=90（元），那剩下的计入原材料成本=1 030-90=940（元）。

“纳税人从小规模纳税人处购进农产品，取得3%的增值税专用发票，填报增值税纳税申报表附列资料（二）第6行，“税额”栏=3%增值税专用发票上注明的金额×9%（如图7-12所示）。

“（3）取得农产品收购发票或销售发票，可抵扣的进项税额=农产品买价×9%，计入原材料的金额=农产品买价×0.91，生产领用环节加计扣除金额=领用的原材料金额÷0.91×1%。

增值税纳税申报表附列资料（二）

（本期进项税额明细）

税款所属时间：　年　　月　　日至　　年　　月　　日

纳税人名称：（公章）　　　　　　　　　　　　　　金额单位：元至角分

一、申报抵扣的进项税额				
项目	栏次	份数	金额	税额
（一）认证相符的增值税专用发票	1=2+3			
其中：本期认证相符且本期申报抵扣	2			
前期认证相符且本期申报抵扣	3			
（二）其他扣税凭证	4=5+6+7+8a+8b			
其中：海关进口增值税专用缴款书	5			
农产品收购发票或者销售发票	6			
代扣代缴税收缴款凭证	7		——	
加计扣除农产品进项税额	8a	——	——	
其他	8b			

图7-12　增值税申报表附列资料（二）截图（三）

“比如农产品买价是1 000元，可抵扣的进项税额=1 000×9%=90（元），剩下的计入原材料成本=1 000-90=910（元）。

“只有取得自产环节的农产品销售发票，才可以按照9%的扣除率计算抵扣增值税。如果取得的是流通环节的农产品销售发票，则不允许计算抵扣增值税。

“纳税人根据本期购进农业生产者自产农产品取得（开具）的农产品收购发票或者销售发票情况，填报增值税纳税申报表附列资料（二）第6行，“税额”栏=农产品收购发票或者销售发票上注明的农产品买价×9%（如图7-13所示）。

增值税纳税申报表附列资料（二）

（本期进项税额明细）

税款所属时间：　年　　月　　日至　　年　　月　　日

纳税人名称：（公章）　　　　　　　　　　　　　　金额单位：元至角分

一、申报抵扣的进项税额				
项目	栏次	份数	金额	税额
（一）认证相符的增值税专用发票	1=2+3			
其中：本期认证相符且本期申报抵扣	2			
前期认证相符且本期申报抵扣	3			
（二）其他扣税凭证	4=5+6+7+8a+8b			
其中：海关进口增值税专用缴款书	5			
农产品收购发票或者销售发票	6			
代扣代缴税收缴款凭证	7		——	
加计扣除农产品进项税额	8a	——	——	
其他	8b			
（三）本期用于购建不动产的扣税凭证	9			

图7-13　增值税申报表附列资料（二）截图（四）

“（4）计算加计扣除农产品进项税额的纳税人，应填报增值税纳税申报表附列资料（二）第8a栏（如图7-13所示）。”

接下来杜云轩讲了通行费增值税电子普通发票，首先讲的是通行费增值税电子普通发票的开具规定（如图7-14所示），在了解会计账务处理和财税政策之前，先得了解经济业务。

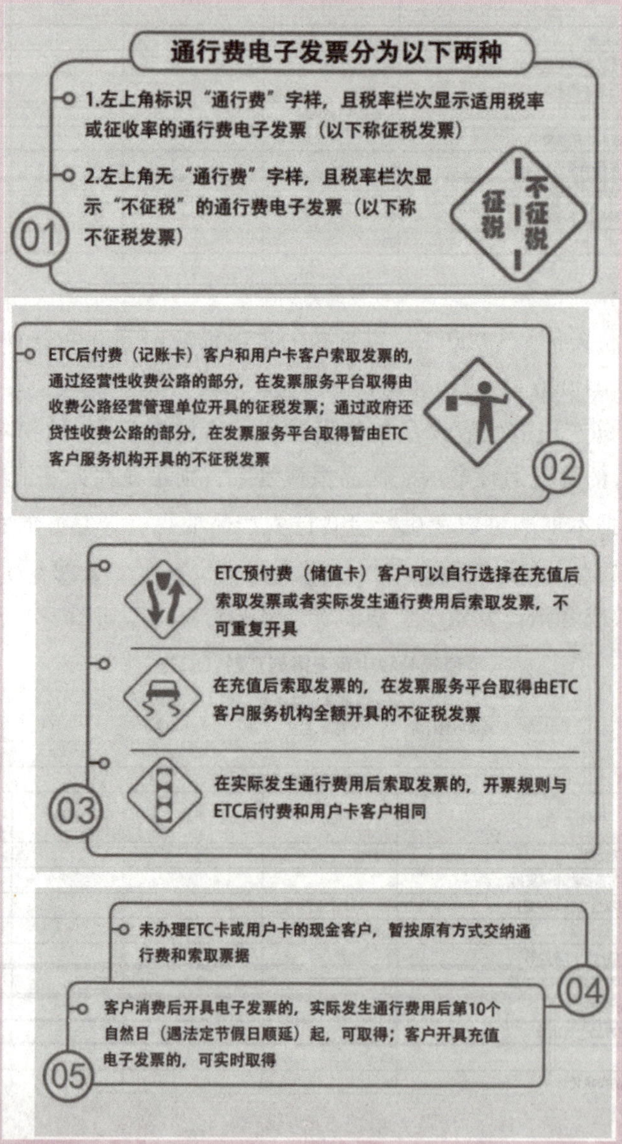

图7-14 通行费增值税电子普通发票的开具规定

经济业务清楚了之后，再了解账务处理和财税政策（如图7-15所示）。

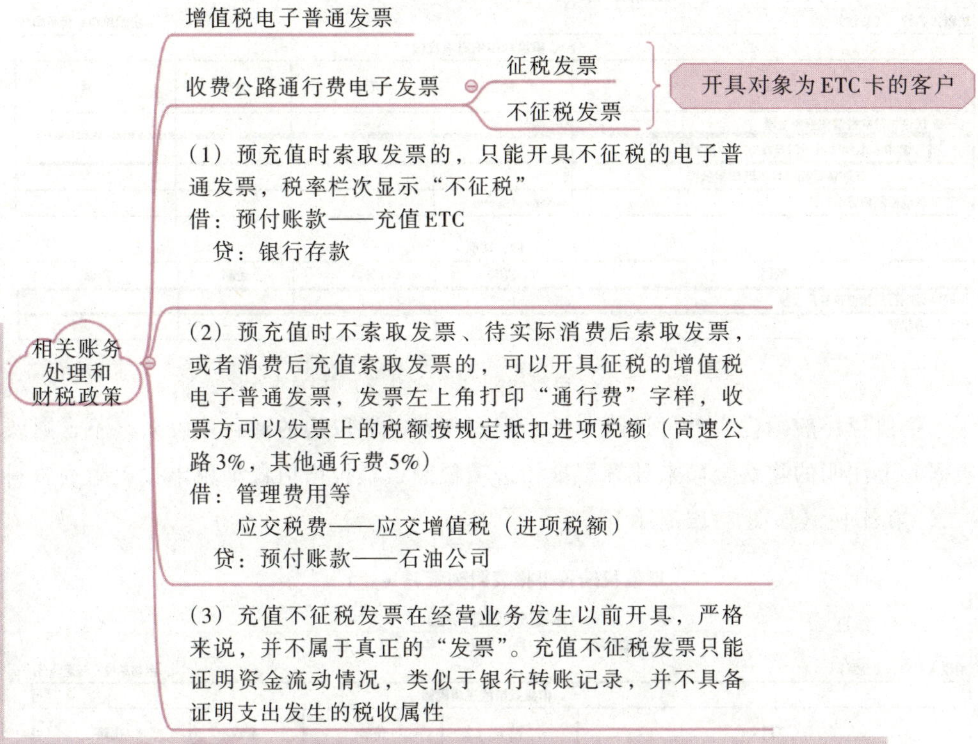

图7-15　相关账务处理和财税政策

开具方式：通过增值税发票管理新系统开具。

抵扣方式：勾选抵扣。

申报表填写栏次：附表二，第2栏、第35栏（如图7-16所示）。

（5）过路费、过桥费采取的是计算抵扣。高速公路通行费可抵扣进项税额=高速公路通行费发票上注明的金额÷（1+3%）×3%。一级公路、二级公路、桥、闸通行费可抵扣进项税额=一级公路、二级公路、桥、闸通行费发票上注明的金额÷（1+5%）×5%。

特别需要注意的是，收到发票后，一定要看监制章，如果是“财政部监制章”+“财政厅印制”的票据，则不能抵扣。

一看是财政部监制章还是税务机关监制章，二看是否有“一级（或二级）公路”字样，三看发票专用章是不是××高速公路公司、××大桥公司等字样，××高速公路公司开具的为高速公路通行费，××大桥公司开具的为过桥费。

（本期进项税额明细）				
税款所属时间：年 月 日至 年 月 日				
纳税人名称：（公章）				金额单位：元至角分
一、申报抵扣的进项税额				
项目	栏次	份数	金额	税额
（一）认证相符的增值税专用发票	1=2+3			
其中：本期认证相符且本期申报抵扣	2			
前期认证相符且本期申报抵扣	3			
（二）其他扣税凭证	4=5+6+7+8a+8b			
四、其他				
项目	栏次	份数	金额	税额
本期认证相符的增值税专用发票	35			
代扣代缴税额	36	——	——	

图7-16　增值税申报表附列资料（二）截图（五）

增值税一般纳税人支付道路、桥、闸通行费，以取得的通行费发票（不含财政票据）上注明的收费金额来计算可抵扣进项税额，填报增值税纳税申报表附列资料（二）第8b栏（如图7-17所示）。

增值税纳税申报表附列资料（二）				
（本期进项税额明细）				
税款所属时间：年 月 日至 年 月 日				
纳税人名称：（公章）				金额单位：元至角分
一、申报抵扣的进项税额				
项目	栏次	份数	金额	税额
（一）认证相符的增值税专用发票	1=2+3			
其中：本期认证相符且本期申报抵扣	2			
前期认证相符且本期申报抵扣	3			
（二）其他扣税凭证	4=5+6+7+8a+8b			
其中：海关进口增值税专用缴款书	5			
农产品收购发票或者销售发票	6			
代扣代缴税收缴款凭证	7		——	
加计扣除农产品进项税额	8a	——	——	
其他	8b			
（三）本期用于购建不动产的扣税凭证	9			
（四）本期用于抵扣的旅客运输服务扣税凭证	10			

图7-17　增值税申报表附列资料（二）截图（六）

（6）取得海关进口增值税专用缴款书。增值税一般纳税人（以下简称纳税人）进口货物，从海关取得海关进口增值税专用缴款书（以下简称海关缴款书）。

开具方式：海关开具。

抵扣方式：海关缴款书实行“先比对后抵扣”管理办法，对稽核比对结果相符的，纳税人方可申报抵扣。

申报表填写：申报稽核通过后，次月申报时直接将税额填写在增值税纳税申报表附列资料（二）第5栏（如图7-18所示）。

增值税纳税申报表附列资料（二）

（本期进项税额明细）

税款所属时间：年　月　日至　年　月　日

纳税人名称：（公章）　　金额单位：元至角分

一、申报抵扣的进项税额

项目	栏次	份数	金额	税额
（一）认证相符的增值税专用发票	1=2+3			
其中：本期认证相符且本期申报抵扣	2			
前期认证相符且本期申报抵扣	3			
（二）其他扣税凭证	4=5+6+7+8a+8b			
其中：海关进口增值税专用缴款书	5			
农产品收购发票或者销售发票	6			
代扣代缴税收缴款凭证	7		——	
加计扣除农产品进项税额	8a	——	——	
其他	8b			
（三）本期用于购建不动产的扣税凭证	9			
（四）本期用于抵扣的旅客运输服务扣税凭证	10			

图7-18　增值税申报表附列资料（二）截图（七）

（7）代扣代缴税收完税凭证。非居民企业提供的服务属于我国增值税纳税范围，因此支付人负有代扣代缴增值税的义务。代扣代缴增值税之后取得的完税凭证可以抵扣。

开具方式：税务局开具。

抵扣方式：填列申报抵扣。

申报表填写栏次：完税凭证扣缴的增值税金额填写到附表2的第7栏（如图7-19所示）。

（8）取得旅客运输服务的普通发票，该如何确定进项税额并抵扣呢（见表7-3）?

A公司为增值税一般纳税人，2019年4月取得旅客运输服务的增值税专用发票1份，注明销售额2 000元，税额180元。另外：购进旅客运输服务取得其他票据情况如下：

A公司员工（已签订劳动合同）4月通过网上用车平台取得3份增值税电子普通发票合计金额800元，注明税额24元。

取得注明旅客身份信息的航空运输电子客票行程单2份，合计（含票价和燃油附加费，不含民航发展基金）2 943元。

增值税纳税申报表附列资料（二）

（本期进项税额明细）

税款所属时间：　年　月　日至　年　月　日

纳税人名称：（公章）　　　　　　　　　　　　　　　　金额单位：元至角分

一、申报抵扣的进项税额				
项目	栏次	份数	金额	税额
（一）认证相符的增值税专用发票	1=2+3			
其中：本期认证相符且本期申报抵扣	2			
前期认证相符且本期申报抵扣	3			
（二）其他扣税凭证	4=5+6+7+8a+8b			
其中：海关进口增值税专用缴款书	5			
农产品收购发票或者销售发票	6			
代扣代缴税收缴款凭证	7		——	
加计扣除农产品进项税额	8a	——	——	
其他	8b			
（三）本期用于购建不动产的扣税凭证	9			
（四）本期用于抵扣的旅客运输服务扣税凭证	10			
（五）外贸企业进项税额抵扣证明	11	——	——	

图7-19　增值税申报表附列资料（二）截图（八）

表7-3　　　**取得旅客运输服务的普通发票后确定进项税额并抵扣**

<table>
<tr><td>专用发票</td><td>按专用发票上的税额抵扣</td></tr>
<tr><td rowspan="5">纳税人未取得增值税专用发票的，暂按照以下规定确定进项税额</td><td>取得增值税电子普通发票的，为发票上注明的税额</td></tr>
<tr><td>取得注明旅客身份信息的航空运输电子客票行程单的，按照下列公式计算进项税额：
航空旅客运输进项税额=（票价+燃油附加费）÷（1+9%）×9%
举例：会计收到专设销售机构员工王玲出差机票，票价和燃油附加费共1 090元
进项税额抵扣：1 090÷（1+9%）×9%=90（元）
借：销售费用　1 000
应交税费——应交增值税（进项税额）　90
贷：银行存款　1 090</td></tr>
<tr><td>取得注明旅客身份信息的铁路车票的，按照下列公式计算进项税额：
铁路旅客运输进项税额=票面金额÷（1+9%）×9%</td></tr>
<tr><td>取得注明旅客身份信息的公路、水路等其他客票的，按照下列公式计算进项税额：
公路、水路等其他旅客运输进项税额=票面金额÷（1+3%）×3%</td></tr>
<tr><td>如果取得未注明旅客身份信息的出租票、公交车票等，则不得计算抵扣</td></tr>
</table>

注：抵扣方式为计算抵扣。

取得注明旅客身份信息的铁路车票26份，票面金额合计2 000.15元。

取得注明旅客身份信息的公路、水路等其他客票18份，合计1 545元。

计算当期进项税额并填列“增值税纳税申报附列资料（二）（下文简称附表二）”。（假设本期无其他进项事宜）

（1）取得旅客运输服务的增值税专用发票1份，税额180元，按专用发票上面的税额抵扣；

（2）当期购进旅客运输服务取得3份增值税电子发票，按电子发票注明税额24元抵扣进项税额；

（3）当期取得载有员工身份信息的航空客票，可抵扣航空旅客运输进项税额=（票价+燃油附加费）÷（1+9%）×9%=2 943÷（1+9%）×9%=243（元）；

（4）当期取得载有员工身份信息的铁路车票，可抵扣的铁路旅客运输进项税额=票面金额÷（1+9%）×9%=2 000.15÷（1+9%）×9%=165.15（元）；

（5）当期取得注明旅客身份信息的公路、水路等其他客票1 545元，可抵扣的公路水路等其他客票的进项税额=票面金额÷（1+3%）×3%=1 545÷（1+3%）×3%=45（元）；

（6）当期用于抵扣的旅客运输服务进项税额合计=180+24+243+165.15+45=657.15（元）。

申报表填写栏次：完税凭证扣缴的增值税金额填写到附表2的第8b和第10栏（如图7-20所示）。

最后，说说“废旧物资发票”。

我们知道，再生资源，是指在社会生产和生活消费过程中产生的，已经失去原有全部或部分使用价值，经过回收、加工处理（仅指清洗、挑选、整理等简单加工）能够使其重新获得使用价值的各种废弃物。再生物资回收与批发（俗称废旧物资行业）是指将可再生的废旧物资回收，并批发给制造企业做初级原料的活动。

废旧物资回收行业，是特殊行业，需要办理特种经营许可证，并在当地公安部门备案后才能去市场监督管理部门办理营业执照，投资金额根据你设立的规模和自己的能力来决定，在办理执照的时候需要按照市场监督管理部门要求的最低入资金额办理，金额若不足，则以后可以增资，办理完成并在当地公安部门备案后才能经营。

增值税纳税申报表附列资料（二）

（本期进项税额明细）

税款所属时间：年　月　日至　年　月　日

纳税人名称：（公章）　　　　金额单位：元至角分

项目	栏次	份数	金额	税额
一、申报抵扣的进项税额				
（一）认证相符的增值税专用发票	1=2+3	1	2000	180
其中：本期认证相符且本期申报抵扣	2	1	2000	180
前期认证相符且本期申报抵扣	3			
（二）其他扣税凭证	4=5+6+7+8a+8b			
其中：海关进口增值税专用缴款书	5			
农产品收购发票或者销售发票	6			
代扣代缴税收缴款凭证	7		——	
加计扣除农产品进项税额	8a	——	——	
其他	8b	49	6835	477.15
（三）本期用于购建不动产的扣税凭证	9			
（四）本期用于抵扣的旅客运输服务扣税凭证	10	50	8835	657.15
（五）外贸企业进项税额抵扣证明	11	——	——	
当期申报抵扣进项税额合计	12=1+4+11	50	8835	657.15
四、其他				
项目	栏次	份数	金额	税额
本期认证相符的增值税专用发票	35	**1**	**2000**	**180**
代扣代缴税额	36	——	——	

图7-20　增值税申报表附列资料（二）截图（九）

过去个人开办废旧物资回收站，必须先到公安机关办理特种行业经营许可证，一并审查其是否符合开办的相关条件。原则上是不允许外来人员开办的。后来，国务院推行取消行政审批的政策，政府取消了多项不需事先审批的项目。

但是，对从事废钢铁、废有色金属、废旧机电设备等废金属回收的废旧物资经营者，在申报办理税务登记时，主管国家税务机关除了审核其营业执照等证件、资料外，还必须查验其是否取得公安机关核发的“特种行业许可证”，对未取得“特种行业许可证”的经营者，应及时将有关情况向公安、市场监督管理等部门通报。

目前，对符合条件的增值税一般纳税人销售再生资源缴纳的增值税实行即征即退政策。

以前实行的是增值税抵扣政策，但是由于经济业务的特殊性，导致税务风险极大，所以现在规定不得再抵扣，而是改为即征即退。

那采取抵扣政策的税务风险在哪里呢？

有一个某废旧物资回收经营企业涉嫌虚开增值税专用发票的案例，案情简化如下：

（1）主体

①废旧物资回收经营企业（开票单位）：A公司；

②生产制造企业（受票单位）：B公司，向散户收购废旧钢材作为原材料，加工生产制造设备零部件；

③废旧物资出售人：散户（自然人）；

④特定大户：比如大户甲，与众多小散户对接，将废旧钢材销售给A公司。

（2）业务流程：散户—大户甲—A公司—B公司，实际是散户—B公司

①B公司自行联系废旧钢材散户，并与散户谈妥收购价格；

②A公司先从B公司指定的散户收购废旧钢材，再将收购的废旧钢材销售给B公司；

③A公司从散户收购废旧钢材采取大户归集模式，即A公司只对接一个大户，只从一个特定大户处收购废旧钢材，不直接对接众多小散户，众多小散户与该特定大户对接。A公司与B公司商定由B公司的业务经理甲作为大户完成交易。

（3）资金流：B公司—A公司—大户甲—散户

B公司将货款（收购价格+A公司毛利）支付给A公司，A公司将该货款中的“收购价格”部分支付给甲，甲再将该款项陆续支付给众多散户。

（4）物流：散户—B公司

散户将货物直接运送到B公司厂方，由B公司制作过磅、收货单据，再将该单据传递给A公司，进行出入库的入账；

（5）票流：A公司—B公司

A公司按照B公司支付的货款金额向B公司开具增值税专用发票。

（6）风险

2015年7月至2016年8月，A公司通过上述模式向B公司开具增值税专用发票数十张，价税合计数千万元。由于A公司疏于对货物出入库的管理，仅凭借B公司传来的过磅和收货单据为准开具发票，而B公司实际从散户收购的废旧钢材货值不足，导致A公司开具发票的总计吨数和货值大于实际货物交易。A公司涉嫌虚开增值税专用发票，被移送公安机关处理。

有人问：“旧货与废旧物资有什么区别？”

杜云轩答："一般来说，旧货按其原来的用途还有一定的使用价值，如一件产品用一段时间后，将其销售，即为旧货；废旧物资按其原来的用途几乎没有使用价值，只能另作他用。"

另外，销售旧货与销售自己使用过的物品又是不同的概念。

财税〔2009〕9号中关于税收中旧货的定义：旧货是指进入二次流通的具有部分使用价值的货物（含旧汽车、旧摩托车和旧游艇），但不包括自己使用过的物品。

由此可以看出：

（1）销售旧货和销售自己使用过的物品在税务处理上是两个独立的概念。

（2）在销售旧货中，物品的使用人和销售人是两人，即一人使用物品，另一人去销售。纳税人销售旧货是一种纯商业行为，一般为购买使用过的物品，再对外进行销售。

（3）如果纳税人自己直接对外销售就不属于销售旧货，而属于销售自己使用过的物品了。销售使用过的物品，即物品的使用人和销售人为同一人。

财税〔2014〕57号《财政部、国家税务总局关于简并增值税征收率政策的通知》，规定了纳税人销售旧货，按简易办法依照3%按2%征收增值税，不得抵扣进项税。其他依财税〔2009〕9号执行。

我们可以归纳总结如下（见表7-4）：

表7-4　不同的纳税人对应不同的征税项目的增值税计算方法

纳税人身份	征税项目	增值税计算方法
一般纳税人	销售自己使用过的“购入时未抵扣过进项税”的固定资产	含税售价÷（1+3%）×2%
	销售旧货	
	销售自己使用过的其他物品	含税售价÷（1+13%）×13%
小规模纳税人	销售自己使用过的固定资产	含税售价÷（1+3%）×2%
	销售旧货	
	销售自己使用过的其他物品	含税售价÷（1+3%）×3%
旧货专卖店	含税售价÷（1+3%）×2%	
个人	免税	

课堂上，内容多而杂，知识容量大，大家听得晕乎乎的，但是由于税务局可能会来突袭，自己不做点准备是不行的，所以，上课没人敢睡觉，听不懂也不敢睡。

国家对增值税的管理其实很简单，你有收入就要上账，不管你开票没开票，很多人会觉得开票才要缴税，这种想法是错误的。税法明确规定了增值税纳税义务的发生时间。比如你的销售方式是直接收款，那你收到款项时，或者取得对应的凭据时就产生了纳税义务；如果你以托收承付、委托收款方式销售，那你发出货物并办妥托收手续时，这笔经济业务就产生了纳税义务，不管你收没收到钱。不同的销售方式及增值税纳税义务发生时间如下（见表7-5）：

表7-5　　不同的销售方式及增值税纳税义务发生时间

销售方式		纳税义务发生时间
直接收款		收到销售额或取得索取销售额凭据时
托收承付、委托收款		发出货物“并”办妥托收手续时
赊销、分期收款		书面合同约定的收款日期 【注意】无合同或有合同无约定，则为货物发出时
预收货款	货物	货物发出时 【注意】生产工期超过12个月的，为收到预收款时或书面合同约定的收款日期
	建筑、租赁服务	收到预收款时
委托代销		收到代销清单或全部、部分货款时 【注意】未收到代销清单及货款，则为发出货物满180天时
金融商品转让		所有权转移时
视同销售		货物移送、转让完成或权属变更时
进口		报关进口时
扣缴义务		纳税义务发生时
先开发票		开具发票时

增值税可以抵扣，但是不能随便抵扣。符合规定的，可以抵扣；不符合规定的，不能抵扣。国家会严格控制抵扣，这样才能确保税款最大限度地进入国库。

第 8 章

非暴力沟通

第8章 非暴力沟通

中午12点时，杜云轩的培训结束了。

小艾走过去，给他打下手，整理东西，顺便清理现场。

此时，杜云轩接了个电话，出去了，回来时，见小艾正在给人讲解餐费的账务处理。

“这里应该不对，公司筹建期间的餐费报销，应该记入‘管理费用——开办费’，这跟正式经营期间是有差别的，筹建期企业所得税税前扣除限额是餐费发生额的60%。”

“如果是企业为生产、经营业务合理需要而产生的就餐费，包括交际应酬、业务洽谈、对外联络、公关以及会议接待来宾等所花费的餐饮、食品、香烟、水等，那就记入‘管理费用——业务招待费’或者‘销售费用——业务招待费’；但如果是企业因销售业务洽谈会、展览过程中发生的餐费，就记入‘销售费用——业务宣传费’；如果是企业员工的聚餐、野外作业或者加班的工作餐、公司员工餐厅提供的员工餐饮等，就记入‘应付职工薪酬——职工福利费’；如果是企业本单位职工参加职工技术培训、学习而发生餐饮费用，就应该记入‘应付职工薪酬——职工教育经费’……”

“怎么那么麻烦，不就吃个饭吗？”

“虽然都是吃饭，但是他们的税收政策不一样。比如业务招待费，所得税税前扣除限额有两个坎，一个是发生额的60%，一个是当年营业收入的5‰，采取孰低原则；但如果是业务宣传费，那扣除限额就是当年营业收入的15%，超过扣除限额部分，准予在以后纳税年度结转扣除……”

接着她还耐心地给人家手绘了个图，归纳总结不同情况下餐费的账务与税务处理（如图8-1所示）。

杜云轩一看，哟，还挺专业的，能把吃饭研究得这么透彻。

正如牛顿所说，把简单的事情考虑得很复杂，可以发现新领域；把复杂的现象看得很简单，可以发现新定律。

杜云轩崇尚在简单与复杂之间游刃有余！

毕竟学税法，可不是拿本厚厚的教材去死记硬背，那么多税收政策，你也背不

“怎么，你们齐Par（Partner的缩写，意为合伙人）又为难你了?”曲晓闻言，则关切地问道。

“是啊，不然怎么会被称为‘奇葩’?”女生超级委屈地说道：“你知道吗？前些日子，我大姨给我介绍了个男朋友，我千难万难地从与客户周旋的时间里，挤出一晚上的时间去相亲，结果那天晚上，他突然丢给我一个案子，为了那个案子我连续加班了一个月！等我终于搞定后，再去找人家，结果人家都有对象了。”

“什么案子？让你这么义无反顾。”

“一个银行坏账核销的案子。”

“标的多少?”

“1 000万元。”

“1 000万元？银行坏账核销本来就是走个诉讼流程，以备后续顺利核销，无论你官司打成什么样，银行也不会给你施压，1 000万元的标的，相当于白送你钱了。”曲晓羡慕道。

“可是，我的相亲对象没了。”

“你完全可以不接这个案子去相亲啊，一点骨气都没有，就知道赚钱，活该你单身！你说，你爸妈怎么给你取名叫金蕊珠，为什么不干脆叫金钱珠?”

“有你这么安慰人的吗?”女生打了曲晓一拳。

“那男的很优秀吗？让你这么痛心疾首。”

“还行吧，最主要的是，人家不嫌弃我女律师的身份。你知道，我们女律师谈个恋爱多不容易，人家一听，你是律师，立马就想：将来打离婚官司，自己肯定输啊……”

“确实，女律师不能要！万一离婚，肯定会被你们算计死!”桌上一位叫陈景鹏的男人叫道。

“算计，难道你们学会计的不算计？你们算得比我们精多了！我告诉你们，最近我们法律界有个离婚案子，那会计师好可恶啊！一般的夫妻闹离婚转移婚内财产，顶多就是办几张对方不知道的银行卡，配偶不知道银行卡号，法院也没法查银行流水，或者就是利用修订前的《婚姻法》[①]第24条规定，债权人就婚姻关系存续期间夫妻一方以个人名义所负债务主张权利的，应当按夫妻共同债务处理，然后炮

① 注：《中华人民共和国婚姻法》，因在对话中，所以未用全称。

制好多婚内巨额借款，在借据上写明借钱用来炒股，并且在现实生活中把炒股收益转账还家庭房贷，因此这笔钱就没法举证是个人债务，这样对方离婚，不仅分不到钱，还要承担债务。但是不管怎么样，这样弄，钱的金额终究不会特别大。你在借据上签字，借了别人钱，这件事本身就是有风险的。像3 000万元这样大笔的资金，这些方法都没法用，因为金额实在太大了，可是正是由于你们这些可恶的会计师的存在，3 000万元的财产居然都转移了，而且追都追不回。”

“怎么转移的？”陈景鹏问道。

“你不是会计师吗？还问我？”

“我又不跟这种离婚的人玩。”

“看来你这个会计师水平有限，人家都做完了，你都不知道。”

“我去，我水平有限？阿杜，你知道吗？”

杜云轩抬眸，半晌说道：“加勒比海地区有一个叫多米尼克的国家，只要申请人满18岁，无犯罪记录证明，向这个国家的经济多元化基金捐款10万美金，就能轻松获得这个国家的护照，整个过程只需要3个月。虽然我国不承认双重国籍，但是只要你暂时不在国内主动注销身份证，就可以拥有事实上的‘双重国籍’。拿到多米尼克护照后，用新护照去中国澳门注册银行账号A，同时用自己的身份证再注册另一个账号B，然后找中国澳门的地下钱庄，把国内的资金通过地下钱庄避开外汇管制转移到银行账号B里，全部取现，之后存入银行账号A中，然后声称在中国澳门用于私设的地下赌场赌博，并且全部输光了。这样就算国内的法院或者妻子能够根据身份证等信息查到银行账号B，里面的钱已经全部取走了，用多米尼克护照注册的银行账号A，他们是无论如何也查不到的，而用于赌博的这部分钱款也无法追查下落，并且资金已经在中国澳门，就算对方能查到什么蛛丝马迹，法院也没办法强制执行，这部分钱对方绝对没任何希望追回。”①

“这么详细，杜云轩，这个馊主意该不会是你出的吧？”金蕊珠跳了起来。

“当然不是，我也是最近听说了这件事。”杜云轩连忙解释道。

“听说是一个可恶的会计师帮忙办理的，反正嫁谁都可以，会计师不能嫁！太可怕了！”

“你们律师才可怕呢，一天到晚，撺掇着别人打离婚官司，不就离个婚嘛，好

① 注：杜云轩所述财产转移细节仅作为小说故事叙述内容，因处于灰色地带，不构成本书作者观点。

聚好散不就行了，打什么官司?”陈景鹏回敬道。

“好了好了，律师也好，会计师也罢，本是同根生，相煎何太急!”曲晓打圆场道。

她的意思是，复式借贷记账法起源于意大利，而在16世纪的意大利，那个时候还没有会计师这一职业，而是公证人。比如，画家达·芬奇的父亲皮耶罗·达·芬奇，就是一个有名的公证人。公证人，就是当时为家族财产继承等协议或买卖约定留下记录，以给予承诺和保障的职业。当时的习惯是，所有的约定和合同，都要以文书形式记录下来，每一笔买卖都要记录，以防止纠纷发生。公证人的职责相当于会计师加上律师的职责总和。

所以，公证人其实就是会计师和律师的前身。只是随着社会经济的发展，公证人分为了会计师和律师两个职业，比如有专门打离婚官司的律师，也有专门处理税务纠纷的律师，而会计师又分了好多岗位，什么总账会计、报表会计和往来会计等等，越分越细。

大家正争论着，这时，一个甜美的声音突然传入耳畔：“曲晓，真是你啊！我还以为我看错了。”

众人抬头，一美女出现在大家眼前，白皙的皮肤，大大的眼睛，秀气的鼻子，饱满的嘴唇，再加上一头大波浪卷发，像一幅美丽的油画。

“梁清妍，你怎么在这里?”曲晓站了起来。

“我路过，刚好看见你们了。”

“梁大美女，好久不见！越来越漂亮了。”陈景鹏说道。

“谢谢，大家好久不见!”

“你不是出国了吗？什么时候回来的?”

“刚回来没几天，还是国内好!”梁清妍甜甜地笑着，笑容妩媚娇俏。

小艾跟他们不熟，只能干笑着，看着他们客套寒暄。

“清妍，坐下吧，今天我请客。”曲晓热情地招呼着。

“不了，我还有事，先走一步，改天我请大家吃饭!”梁清妍一边说一边撩了撩头发，眼神似乎有意无意地朝小艾旁边看过来。

小艾顺着她的眼神，转过头来，看了眼杜云轩，却发现一向温文尔雅、风度翩翩的杜云轩，居然面无表情。

梁清妍走后，桌上出现了短暂的寂静。大家都低头吃饭，不说话。

“你们听说没，最近工业园区税务局查得好紧。有一家叫作星海的公司还与税务局人员发生了冲突，把上门的税务人员给打了。”一个叫钟文耀的男人打破沉寂。

“不会吧，敢打税务人员，吃了熊心豹子胆了吗？”

“阿杜，你这方面的消息向来比我们知道得快，到底是不是真的？”钟文耀看着杜云轩问道。

“嗯，我也听说了。”杜云轩抬眸答道，声音有点恹恹的，似乎没有聊天的欲望。

“到底是怎么回事？”钟文耀继续追问道。

“具体情形我也不是特别清楚，据说是税务人员通过数据应用系统发现星海公司有异常，于是就上门实地调查。公司的保安说老板不在，就不让他们进去。而这两个税务人员是不久前通过公务员考试考进税务局的大学生，没什么社会经验，见企业拒绝接受检查，认定该企业肯定‘有鬼’，就不顾保安的拦截，硬闯了进去。于是，双方发生了冲突，最后两名税务人员受了伤。”杜云轩打起了精神，微笑地答道。

接着，桌上的气氛又变得祥和了。

饭毕，大家各自回家。

道别时，一旁的钟文耀看着小艾，捅了捅杜云轩，说道：“老杜，你现在物质文明建设得也差不多了，得抓紧时间进行精神文明建设了！”

“是啊，那丫头，多嫩啊，脸上的胶原蛋白都能掐得出水来。年龄小，身材好，模样还俏，阿杜，有进步！”陈景鹏拍了拍杜云轩的肩膀，赞赏道。

“胡说八道什么？不是跟你说了吗，同事！”杜云轩低头，蹙了蹙眉。

“同事又怎么啦，同事之间就不能谈恋爱了吗？”钟文耀反驳道。

“人家杜老师不吃窝边草，不像你！”旁边一女生挽着钟文耀娇嗔了一句。

“我吃窝边草，怎么啦？”钟文耀转过头来，看着女生说道。

“那你为什么要吃窝边草呢？”女生娇笑道。

“我眼睛近视，我只看得见窝边草，行了吧？”

“那你窝边草那么多，为什么只吃我？”女生得寸进尺。

“因为我眼瞎！”钟文耀故意气她。

“你……”女生开始掐他。

“滚滚滚，你们要‘撒狗粮，秀恩爱’，一边去，没看见我还单着吗？”一旁的陈景鹏开始驱赶他们，接着他继续看着小艾，若有所思地跟杜云轩说道：“阿杜，我觉得她挺漂亮的。”

杜云轩闻言，抬头，直直地看着他，眼神无情绪，却无形中给人一种压力：“所以呢？你想做什么？”

陈景鹏笑道：“随便评价一下而已，那么紧张干嘛？再说，你不追，还不让别人追吗？”

“你离她远点！她就一刚毕业的孩子，经不起你这种情场老手的摧残。”

“我早收心了！”

“切！”杜云轩轻哼了一声。

“你咋就不相信我呢？”陈景鹏叫道。

“信任一旦崩塌，很难重建的——”杜云轩一边朝停车处走去，一边回头说道。

此时，小艾正在跟曲晓道别：“曲晓姐姐，谢谢你的晚餐，其实我还没弄明白你为什么请我们吃饭啊？”

“她高升了，所以我们要宰她一顿。”金蕊珠替曲晓答道。

“恭喜姐姐，我什么时候才能像你这样。”

“我们还羡慕你呢，年轻漂亮。”接着曲晓靠近她耳朵说道：“你没发现你走进包间，男士们的眼光立马就被你吸引住了吗？”

“哪有啊！”

“真的，年轻才是最大的资本①，永远不要低估它的价值。”

正说着，这时，杜云轩向其招了招手，小艾连忙道别：“我该走了！”

“好，有时间再聚！”

路上，小艾问道：“杜老师，真的有企业敢打税务局的人啊？”

“有时候，可能是企业不懂税务，不知道该怎么应对，过于紧张，出现应激反应。”

“那我们到底该怎么应对？”

“努力学习税法，积极了解他们的工作，对自己的账务处理做到心中有数。”

① 注：仅代表小说人物曲晓的个人观点。

“但是，税务局来了，我还是怕啊！”

“我们不惹事，但也不要怕事。人家公务员执行公务，也是在工作，我们应该予以尊重。有问必答，当然，不问不答。”

“要讨好他们吗？”

“我刚说了，是尊重，你刻意讨好他们，本来没什么事，但一看你这贼眉鼠眼的，他反而怀疑你有事。有些企业一看见税务局的人来了，就开始四处找人，拉关系，本来税务局只是来看看，结果他们找关系找了半天，就有事了。理由很简单，你没事，找什么人啊？正确的态度应该是不卑不亢，沉着应对，‘羽扇纶巾，灰飞烟灭’，我们甚至要欢迎他们随时来指导工作，要有这种心胸和气度。税务关系管理是我们会计的一项职责，应对稽查需要很强的沟通能力，我们要学会跟税务局打交道。”

“可是，我发现我沟通能力好差。”

“刚出来都这样，慢慢历练，走向社会跟在学校里不一样。”

“杜老师，如果你有机会重返校园，那么你会怎么做？”

“你是说穿越时光吗？”

“嗯！”

“嗯……第一，成绩不能太差，奖学金能拿就拿，是吧？”

“嗯，奖学金可以改善伙食！”小艾笑。

“第二，学唱10首拿手的歌，培养一些个人才艺。你看我们同事之间经常会吃饭、K歌，这是社交需求。”

“杜老师，你的歌已经唱得很好了。”

“还有很大的进步空间。”

“那我不会唱歌怎么办啊？”

“不会唱，那你就台下拼命地鼓掌吧！第三，要学会一项运动，工作后，你会发现身体健康很重要。”

“这个我知道，我现在都不敢生病。生病要进医院，还要请假扣工资。”

“然后，就是考一两个含金量比较高的证书。”

“嗯，这是必需的。”

“还有就是多看书，让自己在面对挫折时能保持一个平和的心态。”

“看书能让人平和吗？”

“阅读会让人思考，人思考，就会理性，理性让人情绪平稳。”

“噢！”

“最后就是加强对外交流沟通，这个很重要，很多人认为会计跟数字打交道，不需要沟通，大错特错，会计的本质其实就是沟通。”

“会计的本质是沟通？”

“对，会计是一个信息系统，信息就是用来交流沟通的。很多人报表出来了就不管了，我们不但要出报表，还要去传递解释报表，并且让他人接收我们的信息，报表分析的不是数字，报表分析的其实是人。比如今年的收入是1 000万元，你不能只告诉老板，收入是1 000万元就完事了，而是要进一步分析，这些收入是哪些业务员做的。然后，再跟去年比对，这些业务员的业绩是下降了，还是上升了？假设某个业务人员，她的业绩下降了，你就会进一步分析原因，她的业绩为什么下降这么多，是结婚了吗？回家生孩子去了吗？我们通过对数字的分析，最后落实到人的行为上，其实本质是在分析人的行为，管理的本质其实是对人的行为的管理，只有行为发生改变，企业的业绩才会发生改变……”

他们一边开车，一边聊，快到创业园区时，小艾忙喊道：“杜老师，等会儿前面路口，停一下，我去一下睿智软件开发公司。今天胡总回来了，我得赶紧让他签字付款，把我们上个月的服务费还有这次的评估费收回来。”

“他们的钱还没给我们吗？”

“没有，本来上上个星期我做好单据，让他签字付款，结果他出差了。然后，上星期他又出差了，今天他回来了，我得赶紧把这事办了。”

“他们公司就没有其他管事的人了吗？”

“有，他们还有个萧总，但是他好像不待见我，我也不知道哪儿得罪他了。”那时候，楚帆因为子俊说小艾没看上他，加上又遇见她相亲“PS男”（见《小艾上班记3——“混”在财务圈》），心里一直堵着，看见小艾他就莫名地添堵。小艾也觉得他莫名其妙，再加上胡迭跟她说“技术人员就这样，别理他”，然后她就真的不再理他了，看见他就绕道走，于是，楚帆心里就更堵。

“他不待见你，很可能是你没有get到他的诉求。”杜云轩指点道。

“我哪知道他有什么诉求，我要是哪儿做得不好，他完全可以说出来啊！”

“知道我为什么推荐你看《艺术鉴赏》吗？”

“为什么？”

“提高审美能力。知道什么是美吗?”

“什么是美?”

“美是一种平衡，一种愉悦他人的能力。达·芬奇是一个画家，但是他却努力学习了数学，学习数学是如何提炼出自然美背后的秘密，学习数学是如何体现这些秘密本身的规律之美。绘画中，平衡、和谐的比例才会让人觉得美感。他有个好朋友，叫卢卡·帕乔利，这个人你应该知道吧?”

“不就是那个发明复式借贷记账法的作者吗?”

“复式借贷记账法不是他发明的，是他发展起来的，他写了一本书，叫《数学大全》。当时，正当15世纪末印刷术开始普及，于是复式借贷记账法就流传开了。但复式借贷记账法不是他发明的，他只是在已有的基础上优化了。他还写过一本书，叫《神圣比例》，达·芬奇为这套书画了一套插图，这套插图充满艺术性的美感和优雅。帕乔利非常感谢达·芬奇，他在书中写道‘这些插图是由当今凡人中的大师、佛罗伦萨人中的翘楚，我们的列奥纳多·达·芬奇用妙不可言的左手绘制而成的，他精通数学的各个学科。那时，我们在米兰那座非凡的城市里，领着同样的薪俸，一起度过了一段快乐的时光……’”

“那个神圣比例，是不是黄金分割?”

“是的，其实我们会计的工作，也是在找黄金分割点，找账务处理的黄金分割点，找解决方案的黄金分割点。从理性的角度上讲，我们是在平衡各种利益；从感性的角度上讲，我们要平衡各种情绪。理性和感性其实是一个事物的两个方面，就好比我们会计的借和贷。如果你想要的都满足了，你情绪是不是就好起来呢？反之，你就会滋生不满。如果大家都没有坏情绪了，这个方案就差不多达到平衡点了。”

“你的意思是通过理性的方案去解决利益相关者的坏情绪，再通过他们的情绪反馈去判断这个方案合不合理？然后不断地试探、优化，最后达到平衡?”

“对，这就是我们财务管理的目标，相关者利益最大化。”

（注：财务管理目标有：利润最大化、股东财富最大化、企业价值最大化、相关者利益最大化。）

利润最大化，只考虑本期的利润；股东财富最大化只考虑股价，股东的财富；企业价值最大化，不仅考虑股东，还要考虑企业的债权人；相关者利益最大化，不仅仅考虑股东、债权人，还要考虑员工、客户、供应商、政府等等。

这些财务管理目标的优缺点比较如下（见表8-1到表8-4）:

（1）利润最大化

表8-1　利润最大化的管理目标的优缺点

含义	假定企业财务管理以实现利润最大化为目标
衡量	利润＝收入－成本费用
优点	有利于企业资源的合理配置，有利于企业整体经济效益的提高
缺点	①没有考虑利润实现时间和资金时间价值 ②没有考虑风险问题 ③没有反映创造的利润与投入资本之间的关系 ④可能导致企业短期财务决策倾向，影响企业长远发展
【提示】另一种表现方式是每股收益最大化，除了反映创造利润与投入资本之间的关系外，每股收益最大化与利润最大化目标的缺陷基本相同	

（2）股东财富最大化

表8-2　股东财富最大化的管理目标的优缺点

含义	以实现股东财富最大化为目标
衡量	在上市公司，股东财富是由其所拥有的股票数量和股票市场价格两方面决定的。在股票数量一定时，股票价格达到最高，股东财富也就达到最大
优点	①考虑了风险因素 ②在一定程度上能避免企业短期行为 ③对上市公司而言，股东财富最大化目标比较容易量化，便于考核和奖惩
缺点	①通常只适用于上市公司，非上市公司难以应用 ②股价受众多因素影响，股价不能完全准确反映企业财务管理状况 ③它强调的更多的是股东利益，而对其他相关者的利益重视不够

（3）企业价值最大化

表8-3　企业价值最大化的管理目标的优缺点

含义	以实现企业的价值最大化为目标
衡量	企业价值可以理解为企业所有者权益和债权人权益的市场价值，或者是企业所能创造的预计未来现金流量的现值
优点	①考虑了取得报酬的时间，并用时间价值的原理进行了计量 ②考虑了风险与报酬的关系 ③将企业长期、稳定的发展和持续的获利能力放在首位，能克服企业在追求利润上的短期行为 ④用价值代替价格，克服了过多外界市场因素的干扰，有效地规避了企业的短期行为
缺点	①过于理论化，不易操作 ②对于非上市公司而言，只有对企业进行专门的评估才能确定其价值，而在评估企业的资产时，由于受评估标准和评估方式的影响，很难做到客观和准确

（4）相关者利益最大化

表8-4　相关者利益最大化的管理目标的优缺点

观点	股东作为企业的所有者，在企业中拥有最高的权利，并承担着最大的义务和风险，但是债权人、员工、企业经营者、客户、供应商和政府也为企业承担着风险。因此，在确定企业财务管理目标时，不能忽视这些相关利益群体的利益
衡量	相关者利益指标体系：对股东的评价指标可以使用股票市价；对债权人，可以寻求风险最小、利息最大；对工人，可以确保工资福利；对政府，可以考虑社会效益等
优点	①有利于企业长期稳定发展 ②体现了合作共赢的价值理念，有利于实现企业经济效益和社会效益的统一 ③这一目标本身是一个多元化、多层次的目标体系，较好地兼顾了各利益主体的利益 ④体现了前瞻性和现实性的统一
缺点	过于理想化，难以操作

注：更多相关知识点，参见《小艾上班记5——中级财务管理》。

“听起来好难噢!”

“是很难，所以我们都要慢慢学。我们财务人员其实要跟各种人打交道，第一个就是老板，然后就是同事，除此之外，还有税务局、财政局、市场监督管理局、银行等等。这些人的利益诉求点各不相同，脾气性格也各异，有的人身上甚至长满了刺，但是我们不能硬碰硬，更不能以暴制暴，而是要采取非暴力沟通。不管发生什么，先让自己情绪平稳，然后仔细地倾听他人的感受和内心需要，捕捉到他们的诉求点，再满足他们，最后拿回自己想要的。”

“嗯。”小艾点了点头，表示赞同。

到了路口，小艾下了车，来到睿智软件开发有限公司。

一进门，胡迭就喊道：“小艾，你来了。”

“是啊，胡总，你回来了。”

“刚回来，我听说最近税务局查企业查得特别紧啊，我们公司会不会也被查?”

小艾想了想，答道：“只要你们没有得罪人，那被稽查到的概率应该不大。”

“是吗?”

“是的，你知道税务局为什么查你吗?”

“为什么？”

“一般有六大原因。第一个，就是被举报，这是必查案件。被人举报的案例是一定要查的，如果实名举报，那就更得查。不仅要查，还要把查的结果信息反馈给举报人，所以他不想查你都不行。”

“那你的意思是不被举报，就不会被查？”

“在有些税源丰富、企业比较多的地方，很多企业被查，都是因为被举报了。稽查局的人员配置也是有限的，举报的案子都查不过来，我还给你查别的？所以，和气生财！”

“和气生财，我懂，我懂。”

“第二个，就是纳税评估。比如税负率严重低于同行业平均水平，总是零申报，还有那种天天喊亏、常年不倒的企业，这种企业一看就有问题，肯定会被查。只要我们实事求是，税务局一般不会来骚扰企业。更何况，我们现在刚创业不久，算是一家小公司，处于‘养鱼’阶段，被查的概率应该很低。”

“第三个呢？”

“第三个，就是专项检查，比如这次，主要查增值税抵扣，看你抵扣得规范与否，有没有违规操作。这个你放心，就算查到我们，我也不怕。我们的增值税抵扣，都是严格按照规定操作的。第四个，就是协查。”

“什么是协查？”

“协查就是协助调查，你的上游或下游出事了，而你跟他有生意往来，就牵扯进去了。当然，通知你协查不代表你有问题，当然也不代表你没问题，查完后才知道。”

“那你的意思是，我以后还要注意挑选供应商和客户？”

“那是肯定的。第五个，就是随机检查。”

“随机？”

“是啊，就是抓阄，抓到你，就查你了。”

“那你的意思是，万一运气不好，就被抽到了？”

“可以这么说，不过，也不是完全地随机，他在选样本的时候，肯定是有评估、有侧重的，比如那些税负率控制得特别好的企业，这个月3%，下个月还3%，这账做得太完美了，肯定抽到的概率大。最后一个，就是上级交办。”

“上级交办是什么？”

“上面领导交代下来的、必须要查的，不过，你不用担心，一般这种情况都是大案，社会影响特别大，你想上级交办，也没那个资格。所以，我们比较关注的是前三种情况，后面几种基本上可以忽略。”

“你们对税务局的游戏规则还挺有研究啊？”

“那当然，知己知彼，百战不殆！”小艾半开玩笑、半认真地说道，一边说，一边把包里的资料、书和笔，拿了出来。

胡迭一眼瞅见了那朵茉莉花，笑道：“哟，茉莉花！谁送你的？”

楚帆在里间工作，听到这句话，下意识地抬起头来，瞥了一眼那茉莉花，然后低头，继续工作。

“没有人送我，我自己买的。”小艾有点不好意思，于是不耐烦地说道。

“才不信呢，你知道茉莉花代表什么吗？”

“代表什么？”

“忠贞不二，说，是哪个‘忠犬’看上你了？”胡迭嘻嘻地笑道。

“没有的事！”

这时，胡迭的手机响了，他示意道：“我去接个电话，等会再跟你聊‘忠犬’的事！”

“滚，赶紧滚！”小艾没好气地说道。

胡迭出去接电话，小艾就把单据整理好，准备让他签字。等了好一会儿，却不见他回来，于是她拿起手机拨他的电话，居然接通了，不是占线中。

“胡总。”

“不好意思啊，小艾，我有点急事，特别急、特别急，需要马上去处理一下。”

“那你什么时候回来？”

“明天吧，明天我会在公司。”

“那好吧！”小艾无语地挂了电话。

这时，楚帆刚好从里间出来，他略低着头，像是在思考什么，经过她时，像是没有看见她似的，就径直出去了。

小艾看着他那淡漠的背影，白了他一眼，突然想起杜老师说的非暴力沟通，咱不能硬碰硬，更不能以暴制暴，凡事好商量，是吧？于是，她一个激灵，跟了出去。

他走在前面，她跟在后面，他斜着眼，用余光瞟了她一眼，当她不存在，继续往前走。

她犹豫着该怎么跟他搭话。

突然，他驻足，回过头来，说道："你跟着我干嘛？"

要是以前，她必定回过去："这路是你们家的啊？难道就你能走，我就不能走啊？"

现在不一样，她提前给自己做了心理建设，咱要非暴力沟通，不能以暴制暴。

她谦逊地笑了笑，甚至带了点儿谄媚的意味，说道："萧总，我想跟您沟通一下。"

楚帆转过头，继续走路。

"萧总，我想跟您聊聊。"

楚帆不语，继续前行。

"萧总，您鞋带松了。"

楚帆闻言，驻足，低头看自己的鞋带，系得整整齐齐的，根本没有松动的迹象。意识到自己上了当，他回过头，蹙眉道："无聊！"

"那咱聊点'有聊'的？"小艾好脾气地笑道。

"现在没空。"

楚帆继续往前走，根本不看她，小艾纠结着，不知道该怎么开口了，突然她叫道："萧总，您前面路上有狗屎！"

有了前面系鞋带的前车之鉴，萧楚帆根本不理她，保持着自己一贯的目不斜视，继续迈步前行，结果，真的就一脚踩在狗屎上。

"艾娜！"萧楚帆回过头来，厉声喝道，声音中充满了努力克制的愤怒。

小艾很是无辜："我提醒您了，我刚说了前面路上有狗屎。"

楚帆看着自己鞋子上沾到的黄褐色污渍，满是厌恶加愤怒，可是又不知道该怎么办。

小艾环顾四周，指了指前面，说道："那条巷子里，有刷鞋的，我带你去刷一下。"

于是，他跟着她绕到巷子里。

巷子里的老爷爷帮他把鞋细细地清理干净，抬头说道："我这里刷鞋一般是10元钱一双，但你这鞋上面沾了狗屎，所以要15元。"

楚帆掏出皮夹，翻了翻，拿出一张20元，递给他："不用找了！"

从巷子里出来，小艾看着他那张臭脸，泄气了，这人自己完全沟通不了，好像越沟通越糟糕！

杜老师的非暴力沟通也不是万能的，算了，爱咋咋地。

就在她准备转身离去时，天突然要下雨了。

刚刚还阳光灿烂，突然间就乌云密布了，这时她才想起，今天的天气预报是发了全市暴雨黄色预警的。

这天气预报也太精准了，一眨眼的工夫，豆大的暴雨就噼里啪啦地往下打。

而此时他们正走在一条小路上，这条小路比较空旷，没有什么建筑，于是两人一路狂奔。跑了大约2—3分钟后，他们发现一家偏僻的可以躲雨的小咖啡馆，小艾也顾不得什么了，跟着萧楚帆冲了进去。

"两位要点什么？"服务员走过来问道。

"一杯摩卡。"萧楚帆看了眼小艾："一杯热牛奶！"

小艾也没跟他客套，热腾腾的牛奶端上来后，她很快就放弃了思考，一边喝着热饮，一边抖了抖身上的雨水。

萧楚帆眼眸低垂，一声不吭。自己明明是去停车场取车，结果莫名其妙踩了狗屎，然后绕到巷子里刷鞋，接着又淋了一身雨，最后七拐八拐地来到这里喝咖啡。

小艾喝了半杯热牛奶，觉得身体暖和了，然后看了看窗外，这雨好像一时半会儿也停不了。于是，她转过头来对萧楚帆说道："萧总，实在不好意思，让您淋雨了，其实我只是想和您聊聊。"

萧楚帆闻言，抬头，正想说点什么，然而只是看了她一下，却突然把头转到一边，动作甚至大到有些粗鲁，接着硬邦邦地丢过一句话："我们没什么好聊的。"

小艾怔了怔，张大了嘴巴，我到底哪点得罪你了，至于这么无情吗？

但是不管怎么样，钱肯定是得要回来的，难不成，他还想赖账？再说了，如果连这点钱，自己都收不回去，还要让杜老师亲自来收，那自己也太没用了。

作为下属，一不能让领导质疑你的忠诚，二不能让领导质疑你的能力。

她清了清嗓子："我是想跟您说，我们所里的那笔服务费及评估费应该支付了，几个星期前我就跟胡总说了，但是他有点忙，如果你有时间的话，就帮忙支付了吧！"

“既然你一直找的是胡总，那就继续找他好了，我不干预！”楚帆淡淡地答道。

他一边说，一边把整个人都偏了过去，只留给小艾一个侧脸，连一个眼神都没给她。

小艾怔了怔，觉得这人简直不可理喻！

萧楚帆就这样，目光清冷、神色淡漠地看着窗外，浓密的睫毛卷翘中带了点羽翼般的质感，窗外的光线打在他脸上，皮肤显得非常白皙，侧脸的线条漂亮而流畅，整个人显得格外地俊朗。

这性情跟这脸相比，实在不相配，唉，真是可惜了这张脸。

小艾盯着他看了片刻，然后叹了口气，才转头看窗外，雨还在下，什么时候才能停啊？困在这也不是事。

她盯着雨发呆，萧楚帆仍旧没有理她，但间或，她能感受到他瞟过来的目光，然而等她转头看向他时，对方那种若有似无的目光又看向了别处。

咖啡馆的灯光，昏黄，温暖，这个时点，基本没看到人，小艾打量了一下四周，又把目光转回到了萧楚帆身上。这一次，她发现了他的异样，他的脸居然有点红。

她小心翼翼地问道：“萧总，您是不是不舒服？”

萧楚帆疑惑地看了她一眼，没作声，又转过头去了。

小艾想了想，有可能他今天感冒了，身体不舒服，所以才这么怪，刚才又因为自己淋了雨，心情肯定不好。

接着她又想，如果我关心他几句，然后与他冰释前嫌，说不定就把钱给我了。

“萧总，您的脸有点红，不会是感冒发热了吧？”

她不说还好，这么一说，萧楚帆似乎连耳朵都开始泛红了。

面对她的关心，他的态度出奇地恶劣。他看了她一眼，接着飞快地移开了目光，好像看了什么特别讨厌的东西一样。

小艾心一沉，我就这么让你厌恶吗？

“萧总……”

她的话还没说完，就被萧楚帆粗鲁地打断了：“你能不能安静点，别跟我说话？”

于是，小艾彻底死心了，沟通一定是两个人的事，否则，你再努力也没用。对某些人，就是要以暴制暴。

两个人，就这样坐在咖啡馆里，保持绝对的安静，你不理我，我也不理你。萧楚帆的头一直看着窗外，脸上的红色也慢慢地消退了，偶尔斜眼瞟一眼小艾，又立马移开了。

好在暴雨一般来得快，去得也快，外面的雨终于停了，太阳又出来了，天空变得蓝澈明亮。

小艾站了起来，迫不及待地往外走，一秒都不想多待！

然而，就在她准备离开座位的时候，萧楚帆一把拉住了她。

“你坐在这里！”

“我为什么要坐在这里？”她惊讶地反问道。

萧楚帆起身，高大的身躯挡住了她面前的光线，他看了她一眼，又移开了目光，姿态傲慢又霸道。

“我让你坐这里，你就坐这里！”

“你让我坐这里，我就坐这里啊，我为什么要坐在这里？”

“你哪儿那么多为什么？你坐在这里，我马上回来！”

萧楚帆说完，又回头警告似的看了她一眼，然后一个人推开门，大迈步地离开了。

小艾望着他离去的背影目瞪口呆。

我为什么要坐在这里？他到底想干什么？难道就因为他踩了狗屎，心里不爽，就要惩罚我坐在这里？我为什么要听他的？

小艾纠结了半晌，最后想了想，行，我就等两分钟看看，看他到底在搞什么鬼？

好在萧楚帆说话算话，并没有让她等太久，不一会儿，他就行色匆匆地推门而入，手里拿着一件衣服，往她身上一丢。她下意识地伸手接住。

“穿上！”

“啊？”

“我让你把衣服穿上！”

小艾愣了愣，难道他怕我感冒着凉？特地买件衣服给我？接着一看，这衣服实在是太丑了，黑不溜秋的，又大又松，像个垃圾袋一样。

她看了看窗外的艳阳天，其实这天也不冷的。

于是她心平气和地说道：“谢谢你的好意，太阳已经出来了！我不冷。”

“我让你穿上，你就穿上！”

“可是我不冷啊……”

萧楚帆看了她一眼，说道：“你刚才不是要钱吗？你穿上，我就给你钱！”

小艾一怔，你欠债还钱，天经地义，干嘛非得要我罩上一个“垃圾袋”，然后到街上游行示众，才给我钱啊？有你这么损人的吗？

“我不穿！”

士可杀不可辱！

“你不穿，那钱我就不付！”萧楚帆斩钉截铁地说道，一点商量的余地都没有。

小艾开始纠结，这年头，欠钱的都是大爷，讨债的都是孙子，要不，忍了吧！

于是，她咬着嘴唇，盯着他，把那衣服往身上一套。

“把拉链拉上！”

她又看着他，含恨地把拉链拉上。然后，两人才出门。

一路上，小艾很不自在，总觉得周围会有眼光朝自己射过来，好在大家都很忙，也没人盯着她看。

到了停车场，楚帆取了车，打开副驾驶，瞟了她一眼，说道：“上来吧！”

小艾没再跟他杠，径直上了车。

路上，小艾吐了口气，平息一下自己心里的怒气，接着重新心理建设一番，叮嘱自己，记住，一定要非暴力沟通，以暴制暴，你不是对手。

接着她转过头来，微笑道：“萧总，您刚才说付我钱，大概会是什么时候？”

楚帆开着车，正目不斜视地看着前方，闻言，看了她一眼，没有说话。

等到了红灯路口，他拿出手机，说道：“21 800元是吧？”说完，就直接转账到了她的支付宝上。

“你知道我的支付宝？”小艾很是惊讶！

“我还知道你的身份证号呢！”

“想不到，萧总您真是过目不忘啊，只是您这样私对私，我不好记账啊！”

“怎么记账，那是你会计的事情。如果你觉得这样不妥，你就把钱还给我！”

“妥妥妥，这账我会记！您这是为公司垫付，我做其他应付款，到时候，再以报销的形式，从公司账户把钱转给您！”

这个账务处理，小艾挺熟的，公司的钱跟老板的钱要分开核算，它们是不同的会计主体。如果公私不分，就很容易出现账上货币资金为负数。

财务报表上的货币资金为负数，那一定是个大笑话，你见过谁家保险柜里的钱是负数？

到了公寓门口，萧楚帆放下她，转身就开车走了，没有寒暄，没有道别。小艾也见怪不怪，转身径直上楼。

此时，婉晴正在门口等得不耐烦，一见她就叫道："你怎么才回来啊？不是说马上回来吗？我等你好久了！"

"路上有点堵车！"

接着婉晴看了看她，突然大笑："你也太逗了吧，怎么穿得像个乌鸦？"

"你才乌鸦呢。"小艾没好气地说道，接着开门，把那衣服一脱，丢在椅子上，嘴里嘀咕着："真是有病，非得要我穿一件这么丑的衣服！"

"谁要你穿一件这么丑的衣服？"

"一个变态！"

接着，婉晴突然抓住她，盯着她的胸口叫道："想不到你也有事业线，还这么深！你这黑色蕾丝内衣哪买的，好性感！"

小艾闻言，往那镜子前一站，脸刷地一下就红了。这裙子胸口处也不知道是什么布料做的，湿了后，居然这么透，粘在内衣上，都快成透视装了。

自己居然一点意识都没有，就这样在他面前走来走去……天呐！

"你话还没说完呢，是谁让你穿这么一件黑不溜秋的衣服？"

"噢，一个朋友。"

"男的还是女的？"

"女的！"小艾赶紧答道："我衣服湿了，跟她借件衣服，她拿了一件最丑的给我！"

"不会吧，哪个女人会买这么丑的衣服？男的还说得过去，他让你穿一件这么丑的衣服，这样你的身材才不会让人看到啊！你这么丑，也不会有人关注你，哇，用心险恶，老奸巨猾，快说，是不是这样？"

"不是，不是，事情不是这样的……"

唉，小艾捂脸长叹！

晚上，她把公司有关非暴力沟通的培训讲义，拿来翻看。

非暴力沟通有四个核心要素步骤。

（1）区分观察和评论，留意发生的事情。我们此刻观察到什么？不管是否喜欢，只是说出人们所做的事情。要点是，清楚地表达观察结果，不评判、不比较、不评估。

（2）体会和表达感受，例如受伤、害怕、喜悦、开心、气愤等等。

（3）接着说出感受的根源。

（4）最后就是具体的请求。

还举了一个例子：一位母亲对她正处于青春期的儿子说："皓皓，看到你书桌下的两只脏袜子和电视机旁的三只（观察到的事情），我不太高兴（表达感受），因为我看重整洁（感受的根源），你是否愿意将袜子拿到房间或放进洗衣机？（具体的请求）。"

小艾琢磨了半天，如果回到下午的情境，那么我要怎么跟他说，才能get到他的诉求？

首先要描述自己观察到的事情，那我观察到了什么呢？

她观察到的就是：他自负傲慢，不理人！

这到底是观察，还是评论？

应该算评论！

或许自己什么都没观察到，而是不知不觉地陷入了评论！

难怪印度哲学家克里希那穆提说："不带评论的观察是人类智力的最高形式。"

好吧，还是自己智商不够！

第二天，小艾去了趟睿智，顺便把衣服还给萧楚帆。

"谢谢你的衣服！"小艾真诚地感谢道。

萧楚帆瞥了一眼那衣服，淡淡地说道："你要是觉得它没用了，扔掉就是！"

小艾又傻眼了。

不过，她现在观察到的事情很明显了，他让她把衣服扔掉。

她想了想说道："你让我把衣服扔掉，我很难受。"

萧楚帆闻言，敲打键盘的手一停，抬头看着她。

"因为……"因为什么？小艾的脑子飞快地运转，接下来要说感受的根源，那我感受的根源是什么？天呐，这东西太难学了，自己连依葫芦画瓢好像都不会。

"因为我看重我们之间的情谊!"话一出口，她立马就后悔了，自己跟他有什么情谊?

不过已经到了第三步了（感受的根源），还有最后一步（具体的请求）。

"你是否愿意把这衣服收回去?"

"不愿意!"萧楚帆看着她，拒绝得干脆利落!

小艾一愣，绕了半天，绕到最后还是绕回原点，早知道还不如直接扔垃圾桶了，如他所愿!

于是，她不回应了，然后转身离开!

但是，她并没有把衣服扔掉，而是就这样一直放着，衣服虽然丑了点，不过，有时候凉了，往身上一套，还挺方便的。

以致后来，他们在一起后，她还习惯性地把这衣服往身上一套，有时候忘了脱了，就直接穿着去约会，这下他不高兴了。

"为什么又穿这件衣服?"萧楚帆不满地说道。

人家约会都是打扮得花枝招展的，她倒好，随意套这么一件黑不溜秋的衣服就出来了，也太不重视了。想起自己谈恋爱后还特意买了一块镜子，约会前还照了两下，觉得自己挺帅的，才出门，他觉得有点不公平。

小艾看着他那紧蹙的眉头，心里暗爽，哼哼哼，终于承认自己当初的审美有多离谱了吧！于是，她浅笑盈盈地答道："因为这衣服是你买的，所以我很喜欢！怎么，你觉得不好看啊?"

萧楚帆被她噎了一下，然后硬着头皮说道："喜欢也不能总是穿着!"

然后他拉着她去商场，硬是给她买了一堆的衣服，可是有时候感觉凉了，她还是经常习惯性地顺手把这衣服往身上一套!

不好看，但是实用啊!

以至多年后，他们看着这件衣服，还忍不住想笑!

或许这世界上最美的沟通不是技巧与步骤，而是心中有爱!

第 9 章

税务稽查应对

第9章 税务稽查应对

慕容远布置落实了专项检查等相关工作后，底下的人员也一改精神面貌，一个个像打了鸡血似的往前冲。慕容远对此很是满意，欣欣然的，颇有成就感。

他想了一下，这事应该向“一把手”李元思汇报一下，便来到了李元思的办公室。

此时，李元思正和办公室主任关安生围着桌子品茶说话，见慕容远过来，关安生立马站了起来，赶紧斟茶。李元思则微笑道：“正说曹操，曹操就到了，慕容局，你新官上任的三把火，把我们省局雷厉风行的优良作风发挥得淋漓尽致。”

慕容远闻言，愣了愣，下意识地问道：“什么火啊？”

关安生赶紧把茶端到他面前，恭维地说道：“李局长正夸你呢，你的‘四小票’专项检查现在正如火如荼。”

四小票？专项检查？慕容远反应过来了，自己好像犯了点程序错误，虽然“四小票”专项检查是属于自己分管部门的工作，但是毕竟事关全局，自己应该先跟李局长打个招呼，再去执行，而此时工作都已经布置完毕了，才姗姗来迟地汇报，显然有“先斩后奏”之嫌。

李元思见他有点难堪，大度地说道：“慕容局别误会，你这把火烧得好！不愧是从省局下来的，对上级的精神领会得很透彻，工作落实得也很迅速，正好杀杀个别部门拖拉的风气。”

关安生也赶紧附和道：“是啊，慕容局长一上任就风尘仆仆、四处调研，我们办公室的张副主任正亲自执笔写通讯报道呢。”

慕容远不知如何回答，只能浅笑着。虽然李元思表现得不介意，但是慕容远摸不清他的真实态度。来之前，他是打了详细腹稿的，现在却突然觉得没有汇报的必要了。

从李元思办公室出来，慕容远开始反思，觉得自己这件事考虑欠周到，虽然他在省局机关浸润多年，但是接触的都是相对纯粹的税收业务，对人的因素考虑得比较少。其实想想，税法也好，会计也罢，都是些条文政策，又不是什么高科技，能难到哪里去？而最后偏偏又是最难的，明明很简单的一个政策，只是一个小小的知识点，一旦放到特定的情境当中，就会发现不知道该怎么处理了。原因就是，只要有情境，就有人，有人就有风险，因为人是最不可控的。

不一会儿，有人来报，“四小票”专项检查过程中，有税务人员被企业打伤。

慕容远一听，“腾”的一声站了起来：“反了是吧？光天化日之下，竟然敢殴打税务人员，到底还有没有王法了？”

他连忙拿起电话向李元思汇报，李元思表示已经收到消息了，他让慕容远代表市局党组和他本人慰问受伤的税务干部，同时表示已经跟市公安局的领导沟通，让他们尽快惩处打人者。

一时间，税务人员在执法过程中被殴打的消息传开了，基层税务人员日常下企业开始有顾虑，尤其是一些城乡结合地区的小企业，那里有目无王法的保安，还有看家护院的狼狗，对待上门检查的税务人员像对待进村的土匪似的。

市局党组迅速召开了党组织工作会议，首先慕容远作了自我检讨：“税务干部被殴打，作为分管领导，我要负领导责任，是我对本地的治安形势估计不足，没预见到执法的危险，没保障好干部的人身安全……”

接着，大家交流了各自的看法，稽查局局长杨睿明认为要严查这家叫星海的企业，“杀鸡给猴看”！同时要大力加强稽查力度，如果可以的话，稽查局也加入这次专项检查行动。

总会计师苏良才则说道：“企业对我们这样大张旗鼓地进行专项检查本来就有抵触情绪，如果我们还加大力度，恐怕就会更加抵触，现在肯定有很多企业一边幸灾乐祸，一边观望，我觉得我们的决策还是应该更谨慎些。”

“慕容局，你对杨局和苏总的意见怎么看呢？”李元思一脚又把皮球踢给了慕容远。

慕容远自然不希望被釜底抽薪，新官上任三把火，自己一把火都还没烧旺就遭“连夜雨”，于是他回应道：“我赞同杨局的意见，上次我们就已经达成初步意向，让稽查局和征管局联手整顿‘四小票’，想不到出了这事，那就干脆以此为契机打一场漂亮的整治行动。”

李元思听副局长慕容远和二把手稽查局局长杨睿明早已达成了一致协议，眼神闪过一抹寒意，他薄唇翕动道：“大家的意见都非常好，这些涉税违法分子实在是太过嚣张，我们是要好好敲打一下，否则的话，我都无法向南城税务局的两千多名税务干部交代。但是，你们有没有想过，现在市里正在大力宣传惠商、亲商、扶商政策，我们大范围的行动会不会有违市政府的精神？”

杨睿明闻言，眉梢挑了挑，回应道：“亲商的前提是商人不违法，像星海这样的公司，不但对南城市的经济建设没有贡献，还故意扰乱经济秩序，就要狠狠地查。”

“我们不能过于鲁莽！”

“我们也不能良莠不分！”

整个会议突然变成了双方辩论，一个侃侃而谈，一个气定神闲，一个据理力争，一个兵来将挡。

慕容远有点傻眼了，他闻到了硝烟的味道。从分管工作的角度来看，当然是严查，他认同杨睿明的观点，可是从全局来看，李元思说得好像也没错。如果这次专项行动真的过了的话，就会影响市政府的招商引资，得罪了地方政府，以后开展工作可就难了。

更让他揪心的是，这是明显地分成两派啊，那自己该站哪一边呢？

好在两位领导都比较克制，最后各让一步，专项检查工作继续，但是稽查局不全面介入。

东方会计师事务所，杜云轩正在会议室里给前来咨询的企业家讲税务风险防范。

“大家都知道税务是有风险的，也就是缴税是有风险的。当然，我们企业的风险有很多种，比如经营风险、财务风险、市场风险、战略风险、系统风险等等，我们企业家也是敢于承担风险的，高风险、高收益，低风险、低收益，没风险、没收益，这是财务铁则。但是大家要注意，税务风险有点特殊。其他风险，最坏的结果是，公司关门，但是税务风险，最坏的结果可不只是公司关门了，而是人有可能关进去。”

“当然，不是说一件事有风险，这件事就不做了，也不是说你胆子大，敢于承担风险，就不管不顾、猛打猛冲。我们要防范风险，要让风险可控，我们要建立一套税务风险防范体系，从公司的制度流程，一步一步做到有条不紊。而不是说税务局来了，大家就慌了，以前有企业家闹过笑话，听说税务局来查账了，害怕得不得了，一把火把账给烧了。要知道销毁账簿是触犯《刑法》[①]的，《刑法》第162条第2款：‘隐匿或者故意销毁依法应当保存的会计凭证、会计账簿、财务会计报告，情节严重的，处五年以下有期徒刑或者拘役，并处或者单处二万元以上二十万元以下罚金。单位犯前款罪的，对单位判处罚金，并对其直接负责的主管人员和其他直接责任人员，依照前款的规定处罚。’”

“而且，你以为把账簿烧了，这税就不用缴了吗？没有账簿，税务局就核定征收，核定的时候，这个金额就有上下浮动的余地了，它会尽可能往高的数据上核

① 注：《中华人民共和国刑法》，因在对话中，所以简称《刑法》。

定，到时候，你说‘我的收入没这么多’，可是你又没账簿，你怎么举证？还有的企业更搞笑，去税务局备案，说：‘我们公司搬家的时候，把账本弄丢了，要不，你先别查了，等我们找回来再查吧！’”

“应对稽查可不是这么应对的，应对稽查，你首先得知道税务稽查的工作流程，比如他们第一步会干什么，第二步会干什么。比如税务局有选案科，第一步就是选案，他们从内部系统数据选案子，那我们平时纳税申报时，就尽量不要有异常。税务系统一般在提交报表时，会自动评估风险，如果系统提示你哪个地方有风险，你就要重新审核你的报表。”

“第二步，就是检查，税务局有一个科室，叫检查科，其主要任务就是搜集证据。那他们要你提供资料的时候，你就要好好配合，同时要小心，你对你提供的资料心里要有底，因为后面可能会有事情，甚至有可能进入司法程序。我给大家的建议是有限地提供，什么叫有限地提供，就是慢慢提供，不是唱反调、不提供，而是慢慢提供，仔细体会这两个字，‘慢慢’。同时，你提供的东西，一定要记录，不要到时候，自己给了别人什么都不知道。”

“第三步，就是审理。审理科有证据后，就会开始审理你的案子。审理完，你有什么问题，该怎么处罚，该怎么处理，审理科会给出意见。”

“第四步，叫执行，由执行科完成，按照意见处理，比如补税、罚款。”

“所以，我们要知道我们企业现在处于哪一阶段，是第一步吗？被选上了？那你就要想，为什么自己会被选上？是被举报了？为什么会被举报呢？举报信息谁处理？当然是举报中心，举报中心是选案的一个重要来源。”

“有的企业根本不需要进入第三步，第二步，就完结了，为什么呢？因为违法很轻微，简易处理，不需要审理。同时，稽查应对的时候，要结合自身行业的特点去应对。比如，房地产行业，主要查有没有虚增成本，因为土地增值税是房地产的一个大税种，而增值税跟成本紧密相关；建筑公司的发票合规性差一些，那税务局很可能就会重点关注发票的合规性；查增值税时，税务局一般会查视同销售情况，因为很多企业该视同销售没有视同销售等等。总而言之，你平时喜欢出差错的地方，他就喜欢查……”

以下这些情况需要视同销售：

（1）视同销售货物

①将货物交付其他单位或者个人代销；

②销售代销货物；

③设有两个以上机构并实行统一核算的纳税人，将货物从一个机构移送至其他机构用于销售，但相关机构设在同一县（市）的除外；

④将自产、委托加工的货物用于集体福利或者个人消费；

⑤将自产、委托加工或者“购进”的货物作为投资，提供给其他单位或者个体工商户；

⑥将自产、委托加工或者“购进”的货物分配给股东或者投资者；

⑦将自产、委托加工或者“购进”的货物无偿赠送其他单位或者个人。

(2) 视同销售服务、无形资产或不动产

①单位或者个体工商户向其他单位或者个人“无偿”提供服务；

②单位或者个人向其他单位或者个人“无偿”转让无形资产或者不动产。

【注意】用于“公益事业”或者以“社会公众”为对象的除外。

“最后，就是税务关系管理，如何跟税务局人员沟通，我给大家的建议是，不卑不亢，沉着应对。再说，你们也是有身份的人，那么害怕干什么呢？当然，在沟通环节，我们还是要注意说话的技巧，有问必答，不问不答！别乱说话！”

这时，台下有人提问：“税务局来查我们，我们要不要请他们吃饭啊？”

杜云轩一愣，接着眼底闪过一抹笑意：“这叫问题吗？你们都是企业家，人情世故应该比我懂啊！”

“那我们请了，他们会吃吗？”

“他们吃不吃是人家的事，你请不请是你的事！当然，他们有规定，不允许吃饭，他们很可能会拒绝你，但是请不请是你的诚意啊，你可以说‘来都来了，我们一起吃个工作餐吧’。或者说‘我们订了个工作餐，凉菜都已经上桌了，我们赶紧吃完，回来再查’。做人要真诚，你心里怎么想的，你就怎么做，你要是真想请人吃饭，那就真诚地邀约，别弄得假惺惺就行！”

杜云轩一边回答，一边摇头，这些人可能是被吓傻了，连请客吃饭的基本礼仪都忘了！

小艾一大早冲进办公室，就忙着开增值税发票，开票最烦的就是找税收编码。

税收分类编码共19位。

（例如：105020000000000000 家具及配件）

一、第一层：1位（比如“1”代表货物）

二、第二层：2—3位（比如“05”代表木制品、家具类产品）

三、第三层：4—5位（比如“02”代表家具及配件）

前1位数1—6列示如下：

1000000000000000000：货物；

2000000000000000000：劳务；

3000000000000000000：服务；

4000000000000000000：无形资产；

5000000000000000000：不动产；

6000000000000000000：未发生销售行为的不征税项目。

货物：1000000000000000000

101：农、林、牧、渔业类产品；

102：矿产品；

103：食品、饮料、烟、酒类产品；

104：纺织、服装、皮革类产品；

105：木制品、家具类产品；

106：纸、印刷品、软件、文教、工艺品类产品；

107：石油、化工、医药产品；

108：金属及非金属制品；

109：机械、设备类产品；

110：电力、热力、水、燃气类产品。

劳务：2000000000000000000

201：加工劳务；

202：修理修配劳务；

203：油气田企业为生产原油、天然气提供的生产性劳务；

204：矿产资源开采、挖掘、切割、破碎、分拣、洗选等劳务。

销售服务：3000000000000000000

301：交通运输服务；

302：邮政服务；

303：电信服务；

304：现代服务；

305：建筑服务；

306：金融服务；

307：生活服务。

无形资产：4000000000000000000

401：技术；

402：商标；

403：著作权；

404：商誉；

405：自然资源使用权；

406：其他权益性无形资产。

不动产：5000000000000000000

501：建筑物；

502：构筑物；

503：其他不动产。

未发生销售行为的不征税项目：6000000000000000000

601：预付卡销售和充值；

602：销售自行开发的房地产项目预收款；

603：已申报缴纳营业税未开票补开票。

“大师，这个纳税人是销售水果的，可是水果的品种好多，苹果、梨子、葡萄、香蕉等等，我可以只选其中一个编码吗？”小艾看了看旁边的慕白，问道。

“不行！”慕白头也不抬地答道。

于是，小艾就在那一个一个地选，苹果一个编码、梨一个编码，葡萄、香蕉、菠萝、荔枝……各一个编码。她一边选，一边嘀咕着：“你没事买那么多水果干嘛，你就不能一次只买一种吗？”

“大师，这个儿童游泳圈的编码怎么找啊？”

“自己搜关键词！”

“可是我搜不到！”

“那就智能编码，系统匹配。”

“好像也不行啊！”

“那就按用途、按材料继续搜。”

“我按材质橡胶搜可以搜到其他橡胶制品，按用途玩具搜可以搜到其他玩具，那我选哪个？”

“选择最适合的那个。”

“哪个才是最适合的啊？”

“根据企业的经营范围和主要产品服务做辅助判断！”

“噢，如果我不清楚公司销售的商品是用来做什么的，以及材料是什么，怎么办？”

“看产品说明书、服务合同，或者咨询企业的生产及销售部门的员工，以及上网查询。”

“噢！”

后来，她东逛西逛，终于找到了一个智能匹配网站——诺诺智能，非常精准（如图9-1所示）。

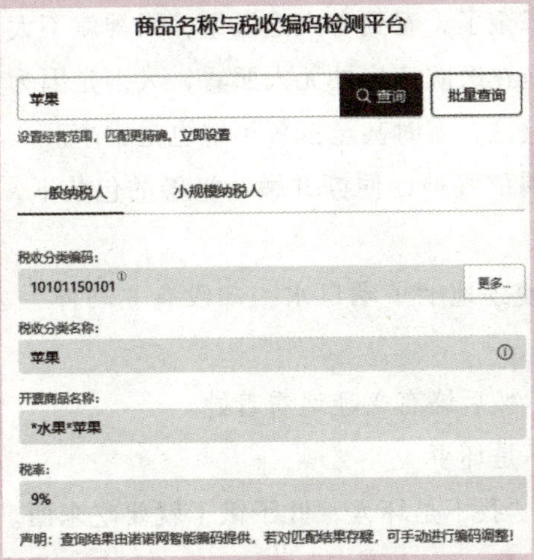

图9-1　智能匹配

① 注：这是系统查询出来的，输入后系统会自动补零。

小艾忙得不可开交，这时桌面的电话又响了。

“小艾，你去楼下给我买个果篮，听说老沈心脏有点不好，住院了，等会儿我和你代表部门去看望一下他。”杜云轩在电话里说道。

“好！”

小艾看着桌面上一堆单据，扶额长叹！

等小艾在写字楼旁边的水果店把果篮买好后，杜云轩就下来了，然后两人开车去医院。

到了医院，他们看望了总审计师老沈，寒暄了几句，就出来了。

小艾以为可以回去了，可是没想到杜云轩继续坐电梯上了住院部四楼。

“杜老师，我们还要看望什么人吗？”小艾疑惑地问道。

“嗯，我想起有个朋友也住院了，顺道去看看。”杜云轩微笑地答道。

他们来到405病房，这是一间单人病房，但是里面已有人在探望。他们便坐在外面走廊不远处的椅子上等待。

小艾饥肠辘辘，想起早餐还没吃呢，便从包里拿出一个汉堡。

“没吃早饭啊？”杜云轩见状，抬手看了看手表，快11点了。

“早上一进办公室就忙，忘了。”小艾讪笑道。

在走廊对面的椅子上，有一个小女孩，一直盯着她看，刚开始可能是因为好奇，这会儿可能是肚子饿了，看到有人吃汉堡，眼神就不太一样了。

六七岁的孩子，坐在医院病房外无人照看，大多是因为父母生病住院了，而且病得不轻，没人顾得上她，有时甚至三餐不继也是常事。

小艾看着她那饥渴的眼神，便撕开嫩鸡汉堡的包装纸，掰了一半递过去：“要不要？”

小女孩盯着汉堡使劲地咽了咽口水，却没有立马伸手去接，而是把头转了过去，眼睛看向别处。

杜云轩见状，笑，然后饶有兴趣地看着她。

有戒心和羞耻心不是坏事。

小艾则继续说道：“我不是坏人，肚子饿了就要吃东西。”

小女孩不理她。

“噢，你不要是吧？你不要，那我吃了。”

小女孩闻言小艾要开吃了，立马又重新看过来，然后抿了抿嘴说道：“我还没洗手呢!”

“没关系，吃完再洗!”

“可是……可是，你也还没洗手呢!”

杜云轩闻言，不禁笑了出来。

小艾愣了一下，讪笑道：“不干不净，吃了不生毛病，懂吗?”

不领情就算了，居然还嫌弃自己没洗手，小艾看了看自己的手，收回，然后在那半个汉堡上狠狠地咬了一口，自顾自地吃了起来。

小女孩有点委屈，看了看她，又低头看着自己的手指：“……是医生说的，吃东西之前一定要洗手。你没洗手，你也不能吃!”

小艾不理她，继续吃。

突然小女孩指着走廊那一头说道：“你看，苏医生来了，是他说，吃东西之前一定要洗手!”

小艾顺着她指的方向看去，一个熟悉的身影出现在远处，一刹那间嘴里的汉堡把她噎得半死。一边噎，她一边快速地往左一拐，走进了另一条过道，也幸亏这医院建得四通八达的，到处都是拐角处。

杜云轩见状，愣了愣，顺势跟了过去，惊讶道：“怎么?你也怕医生啊?”

“嗯!”小艾一边喝水，一边点头：“我从小就害怕两种人，一个是医生，一个是老师。”

“是吗?那你还整天杜老师长，杜老师短的。难不成你很怕我?”杜云轩略带点责备地说道。

“有点，我怕我工作做得不好，你会批评我，你批评我，我会很难受。”

尽管小艾的理由天衣无缝，可是又怎么能逃得掉杜云轩明察秋毫。

他那静水微澜的黑眸划过一抹浅淡的笑意，半晌，他问道：“你认识那医生?”

小艾不语。

“难不成前任?”杜云轩笑了出来。

小艾有点尴尬地低了低头。

杜云轩继续笑，拍了拍她的肩膀说道：“做不成恋人，还可以做朋友啊，干嘛像老鼠见了猫一样?”

“朋友?那是不可能的事!”小艾坚定地说道。

“那是敌人?”杜云轩调侃道。

“敌人倒不至于，算陌生人吧！”小艾眼眸垂了垂，淡淡地答道。

爱情不就是这样吗？从陌生人慢慢到亲密无间，然后又从亲密无间慢慢变回到陌生人。

这时，对面过道传来小女孩清脆的告状声：“苏医生，有个姐姐她不洗手就吃汉堡，我说你来了，她就赶紧躲起来了。”

“是吗？”苏一宸闻言，下意识地四处望了望，没发现什么，接着笑道：“你比她棒！吃东西之前一定要洗手，养成好习惯，才不会生病。”

小艾瘪了瘪嘴，心道，难不成这医院住院的病人都是因为吃东西没洗手进来的？

杜云轩看了看小艾，说道：“你有些习惯确实不好，比如上班踩着点，搞得现在才想起吃早饭。当然，也是我管理不力，对这些小事总是习惯睁只眼闭只眼。这样，从明天开始，9点上班，你8点50之前到，否则我算你迟到。”

小艾一听，有点急了，迟到一次，半小时以内要扣半天工资，超过半小时，扣全天工资。

她眼眸一转，赶紧力挽狂澜：“杜老师，你知道失恋教会了我什么吗？”

“教会你什么？”杜云轩好奇地问道。

“失恋的那些日子，我简直痛不欲生，每天不吃不喝不睡，后来竟然连下床的力气都好像没有了。最后，让我挺过来的是我看到一个观念，很受震动。”

“什么观念？”

“大意是这样的：当你被坏心情、坏习惯、坏氛围、坏事物、坏环境包围时，你最应该做的，不是与它们对抗，而是应该把新的和好的东西引入你的生命中，慢慢把坏东西稀释掉。最终，你的生命就会被好的、新鲜的、有趣的、充满活力的东西占据，你的生命会变得越来越美好。”

“是吗？”

“是啊，比如有人喜欢吃甜品，每天要喝2大杯奶茶。在你看来，这个习惯很不好，如果你强制性地命令她，以后不许喝奶茶，她会很痛苦，很不适应，甚至有些人还会因此抑郁。”

“你的意思是，我让你少睡10分钟，你会抑郁？”杜云轩蹙了蹙眉。

“不是，我的意思是不要对抗，慢慢来。比如，如果我把要求改成：她爱喝啥喝啥，同时，我给她介绍更多其他好喝的饮品，比如普洱茶、红茶等等，她出于好奇心，尝了一下，发现这些饮品也不错，时间长了，她就慢慢地减少对奶茶的依赖了。”

杜云轩想了想，好像也挺有道理的，与其与固有事务对抗，不如用新的事务去淡化它，去稀释它，最终让固有事务消失得无影无踪。

对抗需要消耗意志力，不是每个人都铁骨铮铮，自己失恋的那些日子也是意志力消沉。

再说，人的注意力都是有限的，如果你把90%的注意力都放在对抗负面的事务上，那放在正面事务上的注意力就只有10%了。生命还是应该浪费在美好的事物上。自己的注意力也是有限的，总不能天天盯着她有没有迟到吧？

“那你准备怎么稀释掉这个坏习惯呢？”杜云轩问道。

“让我想想，给我一点时间，我会争取在一个星期内切换过来。”

小艾想的是，你突然给我这么一个要求，万一我明天早上没适应过来，那半天工资岂不是没了？一个星期，好歹我能缓冲一下，时间就是金钱！

“行！我给你宽限一个星期。”杜云轩想了想答道。

病房里的人还没有出来，他们继续等待着。

医院墙上的电视正在播放抗日神剧，电视里那日本头目蠢得要死，中国军人则英勇无比！杜云轩边看边点评道：“在战争中，最重要的能力其实是忠诚，你看他们两个匍匐前进，在确保自己安全的同时，还要确保同伴的安全。如果其中一个人牺牲了，那么另一个人存活下来的可能性也大大降低了。他们把自己的生命托付给对方，这才是让人震撼的！”

“嗯，我父亲也经常跟我说忠诚是所有技能中最重要的技能。如果把其他所有技能看成一个仓库，那忠诚就是一个运输通道，只有通过忠诚，才能将他们运往价值所在地。忠诚是连接技能和价值的枢纽。”（如图9-2所示）

“你父亲很聪明！”杜云轩夸赞道。

“他就是老古董！”

“不要这么说你父亲，要知道，经由时间历练出来的经验才是最宝贵的。”杜云轩温润地说道，他脸上挂着淡淡的笑意，眼眸中似乎多了几分光泽。

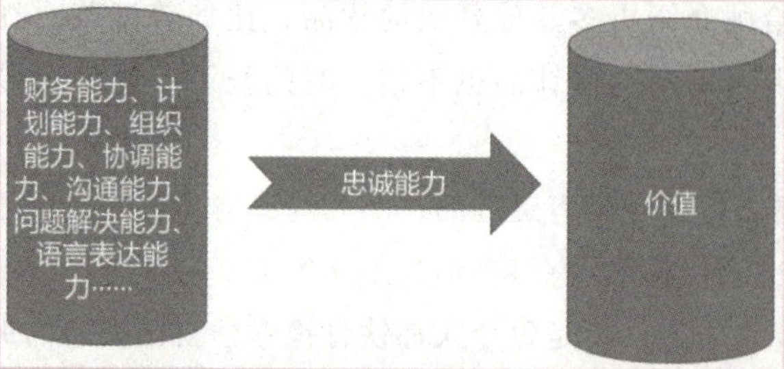

图9-2 忠诚是连接技能和价值的枢纽

小艾看着他脸上的笑容，心想，看来杜老师对忠诚这种品质也是情有独钟的。领导都喜欢下属忠诚，国王都喜欢大臣们忠诚，老板都喜欢员工忠诚，丈夫都喜欢妻子忠诚，当然，妻子也希望丈夫忠诚。

忠诚是一种能力，也许更是一种需求。

每个人都希望他人对自己忠诚，当然，也要问问自己，你是否值得他人对你忠诚。权利和义务永远是对等的。

病房里的门终于开了，慕容远开始道别："小欧，以后碰到类似情况，不要硬拼，首先要保护好自己！"

"谢谢慕局关心，我会吸取教训的。" 欧俊楠答道。

"那我们先走了，你好好休息！"

"好的，慕局、陈局，你们慢走！"

慕容远从里面走了出来，然后对分局局长陈智敏说道："陈局，小欧这种敬业的精神可嘉，但这种行为绝对不能鼓励，更不能提倡！我们是税务干部，不是警察，执法过程中首先要学会保护自己，不能猛打猛冲，回去以后要对干部进行教育，绝对不能让此类事情再次发生！"

"慕局，您说的是，我回去以后，一定会加强对他们的教育和培训！"

杜云轩看着慕容远的背影走远，眼眸微眯，脸上没有太多表情，小艾则突然缓过神来，那人我好像见过，他是谁啊？看起来好像来头不小！

接着他们走进病房。

"杜老师，你怎么来了？" 欧俊楠惊喜道。

"我们所的老沈住院了，我代表部门看望一下他，结果发现你也在这里，就过来了。”接着杜云轩转头对小艾说道：“小艾，你帮我去楼下买个果篮！”

“不用，杜老师你不用那么客气！”

而此时，小艾已经转身下楼了。不一会儿，她就提了个大果篮进来了。

欧俊楠曾上过杜云轩的课，后来考公务员进了税务局，再后来，杜云轩在税务局处理税收相关事宜，他们又见面了。

杜云轩一边跟欧俊楠叙旧，一边闲聊，在聊天的过程中，也慢慢了解到这次冲突的过程。

最先开始是欧俊楠在数据应用系统中发现工业园区有家叫星海的有限公司存在异常，于是他和另一女同事苏瑾瑶就亲自到企业实地调查。他们到了这家年出口数额上千万元的企业，却发生了很多让人匪夷所思的事情。

首先，到了公司门口，保安拦住他们，不让进。

他们说是税务局的，并出示证件，保安却说老板不在，拒绝他们进去检查。

欧俊楠大为惊讶，一般来说，不管企业如何憎恨税务部门，但是他们都不敢拒绝接受检查，所以，欧俊楠认为他们肯定“有鬼”，于是不顾保安的拦截，直接闯了进去。

他们走进去一看，居然无人上班，生产车间悄无声息，房门紧锁，从窗外望去，里面的设备随意摆放，物品杂乱，像个大杂物间，上面还积了厚厚的尘土。

这样的公司，还出口外销？该不会是骗税的吧？

于是，他们直接去了财务室，里面有几个办公的人员，这些人看到他们后很是愕然。他们要求企业解释并提供相应的财务资料，财务人员支支吾吾，很是惶恐。

紧接着，来了几个管理人员，满脸笑容，极力讨好，不断辩解，并且热情地拉他们去总经理办公室谈，而几个财务人员趁机悄悄地用东西遮掩办公台上一堆没来得及收好的账本。

欧俊楠一眼就看出了他们的伎俩，转身回去翻阅那些财务资料，结果全是两套账，还有好多假凭证、假发票。

他们要求查封这些资料，星海公司的人慌了，到处打电话求助。不一会儿，来了一个“光头佬”，长得凶神恶煞、满脸横肉，后面还跟着一帮五大三粗的壮汉。

这个“光头佬”把欧俊楠拉到一旁，要求私了，还把一个厚厚的信封塞到他手上。欧俊楠把信封挡了回去，坚持要求公事公办。

“光头佬”见来软的不行，就来硬的，让几个壮汉围住他俩儿，并让其他人搬走那些财务资料。

欧俊楠见状，忙打电话到单位求援，同时阻止他们转移违法证据。“光头佬”见他叫人过来，怕事情败露，强行把他们往外推，拉扯之中，“光头佬”打了欧俊楠几拳，那些小混子见老大出手了，也纷纷动手，拳头像雨点般落了下来，打得欧俊楠鼻青脸肿。混乱中，苏瑾瑶也被推倒，双手擦伤。

小艾听着欧俊楠的描述，大为惊讶，天下无奇不有，居然还有这样应对税务稽查的！不但是“税盲”，还是“法盲”。

回来的路上，小艾笑道：“我觉得这些人胆子好大噢！”

杜云轩则若有所思地说道：“恐怕不是胆子大那么简单。”

“那是什么？”

“有三个明显的疑点：（1）谁给他们的胆子，仅仅是无知无畏吗？（2）一个无业务的公司可以存活这么久，凭什么？（3）国家的税是那么好骗的吗？那么多流程，那么多窗口，那么多手续，一般人能骗到吗？除非里应外合。”

“那对我们有影响吗？”

“当然有，‘城门失火，殃及池鱼’，本来专项检查只是税务部门的日常工作，年年都有，没有什么稀奇的，今年可能会有点不一样了，会比往年查得严一些。”

“那我们应该怎么应对？”

“把日常工作做好，跟老板好好沟通，违法的事情不要碰，税务局来了，好好配合，剩下的，尽人事、听天命！”

第10章

真正的纳税筹划

第10章
真正的纳税筹划

刚回到所里，还没进办公室，英华公司的老总刘兆峰老远就叫道：“杜老师，我正要找您呢！”

杜云轩回头，浅笑道：“刘总，什么风把你吹来了？”一边说，他一边很绅士地做了个“请”的动作。

“台风啊！”刘兆峰一边回答，一边尾随着杜云轩进了会议室。小艾忙帮忙给他们倒水。

“是吗？找我有急事？”

“是这样的，我公司现在缺1 000万元的增值税专用发票，怎么办？”

此话一出，杜云轩明媚的双眸闪过一丝暗光，但是嘴角的笑容却依旧浅淡迷人。

他生气了，只是不动声色，控制得很好。

旁人或许看不出来，但是小艾跟在他身边，时间长了，凭本能就能觉察到，大神生气了！

于是，她睁着眼睛看着他，而他亦回眸，看了她一眼，接着又转过头去，淡淡地对刘兆峰说道：“你给我2 000万元，我帮你搞定！”

“怎么搞定？”

“我去税务局缴税，缴完后，剩下的归我。”

“这……这……杜老师，您就别跟我开玩笑了，我现在正急着呢。”

“我没跟你开玩笑，你说你缺1 000万元的增值税专用发票，你凭什么说你缺1 000万元的增值税专用发票，你为什么缺的不是1 100万元，抑或800万元？”

“如果我有1 000万元的增值税专用发票，我就不用缴税了，我增值税不用缴了，同时成本也上来了，那企业所得税也不用缴了。”

“你凭什么不缴税？税是保证我们整个国家运行的财政的基本来源，你呼吸着这个国家的空气，你使用着这个国家的公共资源，你是纳税人，你凭什么不缴税？”

一向温文尔雅的杜云轩，说话突然变得咄咄逼人起来，刘兆峰有点傻了。

静默了一瞬，刘兆峰讪笑道：“你说的这些大道理，我懂。只是，杜老师，好歹我也是你的客户，我是来找你解决问题的。”

“我们合理合法地去降低税负，这是没有问题的，但是你一分钱的税都不想缴，这标准太高了，这样的客户我一般都不收。公司到了一定规模，风险管理就越来越重要。我见过规模比你还大的企业，由于税的问题，整个公司垮掉了，辛辛苦苦几十年，‘一夜回到解放前’，我不希望我的客户出现这种情况。”

“杜老师……”

“我问你一个问题，财富是0，安全是1，你说1重要，还是0重要？”

“杜老师，我知道你想说1重要，可是如果没有0，只有一个1也没用啊。”

“我没有说1重要，也没说0不重要，做事情要分阶段。企业在刚刚创业的时候，只有一个1，没有0，那个时候我们的目的是增加0，想办法增加0，所以在创业阶段赚取第一桶金的时候，所有的企业或多或少都会有问题。但是随着0的增加，0越来越多的时候，0的重要性就开始下降，1的重要性就开始上升，因为有0没1，最后结果也是0。我呢，也不想跟你讨论这种人生问题，但是我还是要说一句，碰什么都不要去碰增值税专用发票，曾经因此而死过很多人。当然，我们现在已经废除死刑了，你要玩，也玩不死，最重也就是判个无期吧！”

“这么严重？”

“当然，做事情先看后果，然后再看自己能否承担，再决定做不做。税收的法律责任有两类：一类是行政责任，一类是刑事责任。行政责任一般就是罚款，或者取消资质，比如你有进出口资质、会计从业资格等，但是如果违反了相关税收法律，这些资质就有可能被取消，比如违反税务登记制度、违反账簿管理制度、违反发票管理制度、违反税收征管制度，这些一般都是以行政责任处理。”

“第二类就是刑事责任，有逃避缴纳税款罪，也就是我们通常说的偷税，还有抗税罪，税务局来了，连门都不让人进，我相信这个抗税罪你不会去犯，没那么蠢。然后就是虚开增值税专用发票罪、伪造或出售伪造增值税专用发票罪，最后是骗取出口退税罪。这3个罪都跟增值税专用发票相关，所以，增值税专用发票是红线，不能碰。对跟增值税专用发票相关的逃税罪判刑很重，一不小心就是无期啊，像偷税漏税这种，判刑顶多就是7年。”

“杜老师，7年也挺多的！”刘兆峰开始头顶冒汗。

“而且还可以‘买罪’。”

“什么意思？”

“就是你还可以花钱‘买罪’，不用判刑。允许花钱‘买罪’，这跟美国的法律一样，经济的案子就用钱说话，不拿命说话，这是逻辑，但是有条件。”

“什么条件？”

“第一个条件，在最近的5年以内，你被税务行政处罚的时候，处罚没有超过两次。第二个条件，5年以内被刑事处罚是第一次。只要满足这两个条件，你就可以花钱‘买罪’。

“所以，只要你不碰增值税专用发票，其他的你想怎么玩都行，顶多抓进去后，再‘买罪’出来就是，就当体验人生嘛。你说是吧？”①

“这……这……杜老师，我不懂这些，让您见笑了，今天听您的话，真是让我受益匪浅！”

“那当然，我在外面给人讲这些，一个小时收费1万元呢。”

“我知道，我知道，改天我请你喝酒。”

“酒我就不喝了，看在这么多年的情分上，你不要给我出难题就行了。”

市税务局党组织会议决定稽查局暂时不全面介入，因此专项检查的工作还是由征管局主导，但是稽查局可以部分参与。因此，杨睿明与慕容远协商联手策划更有针对性的专项稽查，先由征管局核对数据异常的企业并实地核查，发现确实有嫌疑的企业，再交稽查局查处，必要时联合公安局经侦支队，共同行动，打它个措手不及。

杨睿明是军人出身，对军事方面的战略战术颇有研究，因此分管稽查局后对如何组织实施稽查专项行动可以说是触类旁通。

紧接着，他们组织人马，兵分四路，一路人马直接去星海有限公司调查其骗税情况；二路人马到银行冻结星海公司资金账号；三路人马传讯星海公司法人代表；四路人马协助公安局捉拿打人的凶手。

结果，一路人马到达星海公司后，发现里面人去楼空，财务室一片狼藉，账本、凭证已经被销毁或转移，公司除了一看门的老头，再也看不到第二个人。

老头看着他们战战兢兢地说道：“我是新来的，才来几天，我什么都不知道。”

二路人马到银行冻结了星海公司所有的银行账户，可惜意义不大，因为里面的

① 注：此处是小说人物杜云轩戏谑客户的说辞，不代表本书作者观点。

钱都提取完了。

三路人马按照营业执照和税务登记证的相关资料找到了法人代表，可惜又是一老头。一审问，老头腿直发软，说话直哆嗦，他是附近村里的农民，星海公司每年给他两百元钱，借他身份证用了几次。

稽查人员火冒三丈，训斥道："你怎么能把身份证随便给别人用呢？你知不知道，别人拿着你的身份证在犯法啊？"

老头闻言，大声哭喊："冤枉，大人，我以后再也不借给别人用了！"

稽查人员无奈，只能打道回府。

好在第四路人马还有点收获，公安局根据调查，把部分打人的保安抓住了，同时查清了带头打人的"光头佬"叫王德运。

这个王德运以前是个地痞流氓，后来不知怎么突然发迹了，做起了外贸生意。

公安局根据保安的招供，去王德运经常出入的地方搜查，可惜不见其踪影。

自从小艾在医院跟杜云轩闲聊过后，她突然明白了杜云轩最想要的是什么。杜云轩最想要的是忠诚。在杜云轩的心目中，忠诚胜于能力，能力欠缺点，没什么，他有耐心慢慢培养。所以，在他手下做事，人品最重要，有时候调皮，犯点小错，只要跟人品无关，就无伤大雅。当然大错是不能犯的，犯大错，那就意味着你是扶不上墙的烂泥，没人有那闲工夫理你的。

其实在工作中，领会上司意图的重要性高于一切。明白了上司的意图，你就找到了解决问题的捷径。最倒霉的是那些既没有领会上司意图，又努力工作的人，他们工作得越努力，离目的地越远。这就叫南辕北辙。

从另一个角度上来讲，上司其实是我们的客户，客户就是上帝，我们当然应该尽所能地为其提供优质服务，尤其是当你遇到了一个优质客户。

于是到了晚上，小艾调整好闹钟，尽量在早上8:45赶到办公室，然后去茶水间打杯水，有意无意地在杜云轩面前晃一下，意思就是我来了，我没有食言。当然，她也想过，要不要8:30之前赶到办公室？接着一想，不行，太早了，再说，万一杜老师又提出新的要求，怎么办？还让不让人活？

做什么事情都不要太过，差不多就行了。

为客户提供财税服务，税自然是一道绕不过去的坎。

每个老板都想要更多的增值服务，除了把账做好，你还要想办法让他们少缴点税。

老板想要的很简单，提高收入，降低税负。

他们动不动就说："我们公司的税负怎么上个月这么多，这个月还是这么多，怎么就没降低呢？你就不能给我做个税收筹划什么的？"

对此，小艾总是一筹莫展。

杜云轩则笑道："公司的税负其实跟我们会计做账没什么关系。"

"是吗？"小艾也很困惑。

"当然，你知道税是什么产生的吗？也就是公司为什么要缴税？"

"因为税法规定要缴啊！"

"你这个答案是表面的，没看到事物的本质，公司之所以要缴税，是因为公司有交易活动，有交易才有税，是交易产生了税，交易不同，税就不同。"

这么高度浓缩的经验之谈，小艾自然一时有点反应不过来。

杜云轩则继续解释道："交易方式不同，那税就不同，比如卖房子送空调，这是一种交易方式，卖房子要交增值税、城建税、教育费附加、土地增值税（根据房子的增值情况，房子卖得价格越高，增值额越高，土地增值税也就越高）等。同时，税法规定赠送要视同销售，也就是说送空调等同于卖空调，虽然没收钱，但是要缴税。卖空调还要缴纳增值税、城建税和教育费附加等。

"而把空调装在房子里面再卖又是一种交易方式，反正安装是空调厂家的事，不用我们多做什么。由于空调我们并没有送给客户，而是增加了我们房子的成本，所以也就不需要缴纳送空调应缴纳的一系列的税。同时房子的成本增加了，房子的增值额和增值率下降了，土地增值税也就下降了。这两种交易方式不同，税就不同。只要交易方式定了，那税就定了，会计再神通广大，也改变不了。

"交易地点不同，税也不同。假设我现在要拓展高端培训业务，我可以在南城做培训，就是交易地点在南城，我也可以选择在中国香港做培训，也就是把交易地点换成中国香港，比如在中国香港成立一家公司，然后我们内地的学员都飞到中国香港去。听的内容都一样，产品一样，交易方式一样，但是因为交易地点不一样，所以我的税就不一样。在内地做交易，遵循中国内地税法，去中国香港做交易，遵循中国香港的税法。两个税法有差异，缴税肯定有差异。

"所以真正的纳税筹划不是对税进行筹划，而是对交易的筹划，条条大道通罗马，我选择一条最近的路，税负最低的路。

“再比如，增值税一般纳税人采购原材料的交易（我们不关注具体交易的细节，仅仅说采购的材料运输问题）。这一交易，至少存在两种方式：一是一笔交易方式，二是两笔交易方式。一笔交易方式就是与供应商签订一份合同，要求供应商送货到家。两笔交易方式就是需要签订两份合同，一份与厂家签订购货合同，一份与运输公司签订运输合同。两笔交易方式中我们支付的全部款项是相同的，但这两笔交易的情况下，我们的税一样吗？可能有人说采购不需要缴税，没有税的问题，其实不然，前面我们讲过应纳增值税额等于销项税额减进项税额，也就是进项税额越大，我们缴纳的增值税越低。

“采购交易涉及的进项税额不一样，也就导致我们最终缴纳的增值税金额不一样。一笔交易的情况下，供应商给我们开全部价款的进项增值税专用发票，抵扣13%；而两笔交易的情况下，我们将获得两张专用发票，一张抵扣13%，一张最多抵扣9%，自然两笔交易的情况下进项税额不同。当然，第一种交易的形式对我们更有利，税负最低。”

“如果实际中供应商不同意这么做交易，没有选择，怎么办？”小艾问道。

“是可能存在这样的问题，但这也不代表我们就不进行规划了。是你没要求，还是要求了，客户不同意？即便不同意，我们也至少清楚这事我们想做没做到，这与不做规划完全不同。对于采购金额比较大的企业，税收成本的降低金额足够财务人员的工资支出了。

“税是由交易产生的，书面合同就是交易规定，它固定了交易的方式，固定了交易的地点，要做税务规划，首先就是要做交易规划，合同签订了，税就定了，所以缴多少税跟怎么做账其实没有什么关系。”

原来，纳税筹划的本质其实是对交易的筹划，跟做账没关系，小艾醍醐灌顶了。

“可是，为什么老师不告诉我们这些呢？”

“学校的老师有很多没在这个行业干过，是纯粹的理论派，他们有可能不知道，还有就是，有些知道的，也不见得告诉你！”①

“为什么？”

“如果普及了，人人都知道了，市面上的‘大师’还怎么混啊？纳税筹划的本

① 注：仅代表小说人物杜云轩的个人观点（下同）。

质其实是对交易的筹划，企业对交易可熟了，他们只是对税法不熟悉，但是没有关系，税法在税务局网站上都有，多搜集、多查看就行了，又不用背诵。他们完全可以自己摸索定制方案。倒是我们，要加强业务的学习，如果不懂业务知识，你就不知道人家是做什么的，也不知道人家是怎么做的，你怎么筹划？”

“那学校的教育是为了什么？”

“教育这个问题太大了，我也不知道是为了什么。有这么一个观点，就是社会是一个系统，这个系统由大大小小的组织构成。于是，整个系统相对于‘蜂王’来说，需要的是更多的‘工蜂’，‘工蜂’的数量要比‘蜂王’的数量高出好几个量级，这样的配方才是健康的，对整个系统的效率提升才有帮助。”

“照你这么说，教育的失败跟失败的教育也没啥关系，即便教育成功，也改变不了系统的需求啊。”

“可以这么说，毕竟‘蜂王’是少数，不可能人人称王。不过，现在的组织越来越多，而且越来越细化，那对‘蜂王’的需求也开始增加了。你不用做大组织的‘蜂王’，但你可以在你擅长的细分领域称王啊！”杜云轩调侃道。

“不，我还是想做一只讨人喜欢的工蜂，为你服务！”

“是吗？”杜云轩眼睛一亮。

“嗯！”小艾真诚地点了点头。

“那就赶紧干活去吧，勤劳的小蜜蜂！”

第二天，小艾很早就到公司了。

她发现跟杜云轩闲聊，学到的东西，比自己看书、工作、瞎琢磨有用多了。

叫醒你的从来都不是闹钟，而是梦想！

所谓无利不起早！

当然，有收益必然要伴随成本的付出，收入与成本永远是匹配的，等价交换是基本原则。

所以，她特地跑到十里香包子铺买了两份早餐，十里香的灌汤包特别好吃，买早餐时排队总是排得很长，比狗不理包子还火。

虽然，这包子铺离她住的地方很近，但是因为以前总是起不来，所以总是吃不到，现在好了，6点就起床，洗漱完毕，买完包子，到达公司，才8点刚过！

杜云轩一进办公室，就看见了她，惊讶道："哟，你这么早啊？"

"是呀，杜老师，你吃早餐了吗？"

"还没呢。"杜云轩摇了摇自己刚从楼下星巴克买来的咖啡。

"我这有超级好吃的包子，我保证你吃了第一个，绝对想吃第二个，如果你不想吃第二个……"

"如果我不想吃第二个，那么会怎么样？"

"我可以跟你赌100元钱。"

"是吗？那我尝一个！"杜云轩伸手拿了一个。

小艾睁着眼睛，看他的反应。

"嗯，不错，你赢了，这包子好吃，哪买的？"接着，他真的拿起了第二个。

"十里香包子铺，可火了。"

"那得排很长的队吧？"

"是啊，排得像龙一样。"

"原来你起这么早，是包子的诱惑啊！"

"杜老师，你喜欢吃，我明天还给你买！"

"不用了，这样，你给我一个地址，我们明天一起去那儿吃，吃完，刚好直接去市工业园。"

"去市工业园做什么啊？"

"市工业园扩建工程奠基，市政府组织了声势浩大的动工仪式，我顺便带你去见见世面。"

第二天，市工业园，彩旗飘飘，热闹非凡，当地的党政领导和商界名流都来了，当然，也包括小艾这种"打酱油"、看热闹的。

杜云轩跟人在寒暄，小艾跟随，总感觉有点别扭，因为寒暄之人一边跟杜云轩说话，一边把目光若有似无地落在她身上，偶尔还会开两句玩笑。

小艾环顾四周，突然看见了曲晓，于是跟杜云轩说："你看，曲晓姐姐也在。"

"她肯定在，她现在是睿德税务师事务所的顶梁柱。"杜云轩笑道。

"她去了睿德税务师事务所啊？"

"是啊，本来我想把她挖到我们事务所，结果没成功。"

"为什么呀？"

“睿德税务师事务所给她的薪资待遇比我们的好，我自然也不好意思再游说了。”

“我想过去跟她打个招呼，可以吗？”

“可以，但是别到处乱跑，等会儿活动要是结束了，我找不到你的话，我就有可能把你丢这儿了。”

“不会的，我会找你的，不会让你找我。”

“那你去吧！”杜云轩摆了摆手说道。

小艾刚走，一个年轻男人便走了过来，寒暄道：“哟，杜老师，好久不见。”

“老杨，好久不见！”

“美女怎么走了，我刚想过来认识一下。”

“你还缺美女吗？”杜云轩抬头示意了一下，一美女正朝他们走来。

“杨总，好久不见。”

“美女，好久不见。”

“前几次去你公司，你都不在。”

“最近出差比较多……”

正寒暄着，又一美女过来打招呼。

“杨总，我是地方电视台的，最近一直想约你做个专题采访，你都不在……”

话还没说完，又一美女朝他走来：“子瑜，你怎么走那么快？一转眼，我就看不到你了。”

杨子瑜费了九牛二虎之力，才把她们哄走。

杜云轩靠在车边，笑着直摇头。

“你这什么表情？”杨子瑜不满地问道。

“兄弟，换辆车吧，我保证你会少很多事！”

“杜老师，你这是侮辱我的个人魅力！再说，卡宴而已，又不是什么顶级车，照你这么说，我要是开我大哥的座驾来，岂不是更危险？”

“好吧，是你的个人魅力，我承认！”杜云轩拍了拍他的肩膀笑着说道。

此次动工仪式，市政府邀请各部门主要领导出席，税务局自然也不例外，但由于税收方案拿不出来，局长李元思怕尴尬，于是让慕容远代为参加。

上周四，税务局临时接到市政府通知，说市长荣成业要在税务局召开工作现场会，财政局、经贸局、税务局、工业园管理委员会的一把手都来参加。税务局对此毫无准备，一时乱了阵脚。

会上，荣成业说："你们看，我们周边的其他城市都在创造条件，积极地扩大招商引资，大有后来者居上之势。我们更不能落于人后，要想尽办法继续保持优势……比如说，在税收方面，能不能制定一些政策，让落户于我们工业园的企业三免三减半，从盈利年度起，前三年免征企业所得税，后三年减半征收企业所得税，这样可以吸引更多的投资商……"

局长李元思对此很是为难，答道："荣市长，我们会不遗余力地支持您的招商大计，在纳税服务、税收管理等各方面，我们都会竭尽所能做到您说的'亲商''惠商'……但是，企业的税收减免和优惠政策是国家制定的，我们没有权力修改。另外，我们市工业园还没拿到国家批文，按规定不能享受这种优惠……"

"我知道你们有困难，如果没困难，我还会这么劳师动众地来这里开现场会吗？政策都是人制定的，也是人执行的，就不能人性化点儿吗？"

大家闻言，都不吱声。

市长继续说道："你们养过鱼吗？养鱼刚开始时，要不断地投放鱼饲料，不会有收成，等鱼大了，再捕捞。还有种果树，也是一样，为了让果树日后有更好的收成，头几年虽然也能开花结果，果农却愿意主动放弃，不就是为了日后枝繁叶茂，结果更多更大吗？"

荣市长的比喻形象生动，听起来很有道理，可是税收关系到国计民生，不是你想收就收，想减就减的。

"荣市长，您说得很有道理，地方要大力发展经济，我们绝对鼎力支持，但是税收政策相对比较复杂，我们会认真贯彻您的指示，尽快拿出一个解决方案。"李元思明知道减免是不可能的，但是为了不让市长在众目睽睽之下下不来台，只好先用缓兵之计，应承下来。

临走时，荣成业说道："李局长，我听有的同志反映，你们最近在搞什么专项检查？工业园里的企业现在人人自危，投诉电话都打到市长热线上去了，这样的检查不利于地方经济的发展，要慎重啊！"

"是是是，您说得是，我们以后一定注意。"李元思毕恭毕敬地点头道。

荣成业说这话的时候，目光似有若无地落在慕容远身上。慕容远静默不言，他终于明白荣市长为什么要亲自带队来税务局开现场会，原来是有企业把状告到他那里去了。

工业园会议厅台上，市长荣成业正在致辞："……工业园扩建是为了进一步深化'筑巢引凤'工程，引入更多像盛远集团这样的大企业，让整个南城市工业腾飞……"

慕容远听到盛远集团几个字，蹙了蹙眉，接着他特地留意了一下盛远集团的董事长程安晏。

市长发完言后，接着就是民营企业家代表发言，轮到程安宴时，慕容远打起了十二分的精神。

然而，程安宴的演讲稿里大部分都是套话，没有什么实质内容，临结束时，他却突然宣布了一个特大新闻：盛远集团将追加投资，建一个服装商贸城，在商贸城周边再建一条商业步行街和一个文化广场，积极推动"旧城改造"！全力打造一个服装专业市场，发展南城优势产业！

这个好消息让很多领导欢欣鼓舞，都站起鼓掌，全场掌声雷鸣。

慕容远抬起头，眼眸微眯，一双如墨的眸子，沉沉地锁着发言者。

一般来说，骗税企业如惊弓之鸟，他们自己也知道骗税风险巨大，随时都会东窗事发，所以，不会抛头露面，而是夹紧尾巴做人，更不会大张旗鼓地把资金投入实业，而是随时做好潜逃的准备。

而盛远集团，怎么看都不像骗税企业，反而像有雄心、有抱负的实力民营企业。

是不是树大招风，招人嫉妒，所以被举报呢？

慕容远一边思考，一边又抬头望了望。接着他环顾四周，却发现了曲晓和小艾。

此时，小艾正在跟曲晓高兴地说着话。

"我们杜老师特别希望你能来我们事务所，他说你可厉害了！"

"你真是你们杜老师的好帮手，他说什么，你就信什么！"

"我们杜老师从来不说谎，我也希望你能来我们事务所！"

"是吗？那我要是去你们事务所，我让你给我当助理，你愿意吗？"

"愿意啊，我以后就追随你！"

“不会吧，你也太容易当叛徒了吧！这么快就把你们杜老师给踹了，我要告诉他！”

“曲晓姐姐，不行……”小艾有点着急了。

然而不知什么时候，杜云轩却已经站在了她们身后，笑道：“只能说明你魅力大，人家都说，同性相斥，异性才相吸，你居然连小丫头都能吸引过去！”

“小艾，看见没？你们杜老师有意见喽！”

慕容远看着他们有说有笑，有点微微失神，接着转身离去。

活动结束后，大家都各自散去。

奠基仪式完毕，工地上还摆放了一些财神，小艾看见财神，就虔诚地拜了拜。

南方有拜财神的习惯，很多公司后堂都有财神供奉，而且每个月的香火钱都会入账。小艾每次记账的时候，都是：

借：管理费用——咨询费

　贷：库存现金/银行存款。

当你想发财的时候，就向财神爷咨询咨询。[①]

杜云轩见状，笑道：“这财迷，看见财神就拜。”

小艾回头道：“杜老师，你不拜吗？”

“拜，拜，财神肯定要拜，我们会计对金钱一定要虔诚。”

“那你还说我？”小艾嘟囔道。

随后，他们又路遇一孔庙，小艾看见孔子，又赶紧上前去鞠躬。

杜云轩问道：“没想到你对孔子也这么虔诚！”

“当然，孔子是我们会计的祖师爷，杜老师，你不拜吗？”

杜云轩闻言，怔了一下，接着点头道：“对，说得对，祖师爷是要拜一下，尊师重道！”

突然，小艾灵机一动，转身，朝杜云轩鞠了一躬。

杜云轩吓了一跳：“你干嘛对我也行礼啊？”

小艾抬头，眼睛湛湛发亮，她真诚地说道：“谢谢你，杜老师，你教了我好多

① 注：仅代表小说人物小艾的个人观点。

东西，在祖师爷面前，我想跟你说声谢谢！”

杜云轩闻言，愣了愣，乌黑的瞳仁里，仿佛蕴藏着熠熠光泽，接着他温柔道：“你这样说让我惭愧，我好像也没教你什么，倒是你给我做了很多杂事。”

杜云轩觉得自己好像并没有刻意教她什么，可是潜移默化中又确实教了她很多，而且都是秘方，因为那些东西是你在教材中永远也找不到的。

好东西永远是在不经意中得来的。

人这辈子，最大的运气不是你多聪明，多漂亮，而是你会遇到什么人。这个世界上怀才不遇、红颜薄命的人多得是。

人有三次投胎，第一次是父母。他们除了提供你成长必需的物质基础，还会教你什么是爱情，什么是婚姻，什么是情绪，爱情、婚姻和情绪塑造这些东西学校根本不教，也教不来，完全靠父母言传身教。大部分人以后的爱情、婚姻和情绪模式都会沿袭父母，这就是原生家庭的力量。以前只是心理医生、心理咨询师等相关专业的人会关注这个问题，而现在大众也开始警醒了，各种有关原生家庭的电视剧也开始慢慢流行，像《安家》《都挺好》等电视，都很火。不过，遗憾的是，剧中只知道揭露矛盾，换句话说，我们看到的都是反面教材，却没有正面体验，没有人告诉你此种情境下，正面的情绪反应应该是什么。情绪学习最主要还是靠模仿，就像你从来没有尝过冰淇淋的味道，你绝不会想着吃冰淇淋。你从来都没有见过正确的反应方式，没有体验过那种美好，你永远不会有正确的情绪反应。反面体验太多了，会让很多人更加痛恨原生家庭，进一步激化矛盾。

人的第二次投胎，是拜师。“一日为师，终身为父”，不管是在校求学，还是初入职场，如果在这个过程中，有人发自内心地栽培过你，那真的是好比再生父母，因为他们教会你如何生存，如何捕食。等到有一天你成长了，成为上司领导的时候，你也会去栽培他人，反哺之恩，社会如此传承。

在过去，都是有拜师礼的。比如，你如果想学木工，就会去找当地一个很有名的木工师傅，请求他收你为徒。然后，就会举行拜师礼。首先拜祖师，木工的祖师爷是鲁班；接着，行拜师礼，一般是师父、师母坐上座，学徒行三叩首之礼，然后跪献红包；最后，师父训话，弟子听着。

而现在年代不一样，对这些礼节自然嗤之以鼻。

但是礼轻情意重，生活有时还是要有点儿仪式感。

如果站在财务的角度来分析，这也叫等价交换。初学者，没有钱，没有资历，没有资源，于是通过拜师仪式、听话服从和忠诚等方式为对方提供情绪价值，通过勤奋努力去提供劳务价值，然后用情绪价值、劳务价值去交换知识、经验和资源。

而传统文化通过礼节把这种模式固定下来，让交换体面、无尴尬地自然达成，一切都顺理成章，让后辈们能顺利地走向社会，让各种知识、手艺能够顺利地得到传承。

可惜，现代社会把这个礼节废除了。于是，想送个红包以表谢意，都不知道怎么送，而且有贿赂之嫌，送多少也没有标准。要是有礼节在，这些都是有章可循的，而且光明磊落，大大方方，喜事一桩，然后再来个拜师宴，满堂欢喜。

从现代的学习观来看，学习是为了追求持久的积极变化而努力的过程。学习的效果体现在学习者思维模式和行为模式的改变上。

而有效地改变学习者的内在，分为两个环节——信息获取和转化，无论听讲还是看书，将其转化成学习者自己的部分才真正属于学习者。

学校教育的最大弊端是只做输入，不帮助学生做转化。

转化的重心在于深度理解和野蛮关联。

所谓深度理解，就是透过知识的表层看到其更深层次的内在框架和模型，比如学习者只有理解了“鸡兔同笼问题”背后的数学模型才能够一通百通地解决这一大类别的问题。

所谓野蛮关联，就是把理论模型与不同的情境进行关联。从理论到应用的最大障碍并不是我们理解理论，而是遇到具体的情境的时候没有能力提取合适的理论框架。只有在学习的时候把所学的理论与可能的情境进行野蛮关联，才能提高理论用于未来实践的可能性。

如何有效地促进学习者思维和行为方式发生有效的改变呢？古老的师徒制在这方面有得天独厚的优势，因为隐性知识的学习，需要潜移默化。

以前很多人做官，在官场上也是有自己的师父的。比如，李鸿章的师父是曾国藩。一个产品的竞争力，一个人的竞争力，往往是在做这个产品的过程当中，教你做人的过程当中，加入了某些一般人不会知道的、带有一点秘方似的那种东西。这个秘方似的东西又不是简单地能一下子加进去的，它是长期形成的一种习惯，这就是密授。密授有两个层面，一方面是教会你怎么做，另一方面是你要用眼睛去看，一次两次学到心里头去。这些东西师傅不一定直接教你，而是通过言传、身教等多个渠道全方位、全息地展示给你。

在课堂上，老师只能按教材教学，而隐性知识只能通过我们的身体来感知和模仿，这个过程需要和风细雨、潜移默化，而非轰轰烈烈、煞有介事的正式学习。

刚走出校门的小艾，自然不知道这些学习的原理，但是她却无意中做了正确的决策，不知不觉地跟在他人身后，带着崇拜和敬仰的心情，勤勤恳恳地做自己力所能及的事情，并感恩那些教给自己知识、经验的领导前辈。

当然，人还有第三次投胎，就是恋爱、婚姻。恋爱的时候，我们会互为对方父母，有时候我们在爱人面前，像个孩子，享受被爱；而有时候，我们又会把对方当宝贝一样爱，一样疼；有时候，我们像两个孩子一样玩耍、吵架，过家家；有时候，我们又像两个大人一样，一本正经地解决问题。恋爱是大自然让我们练习，怎样为人父母。等到结婚后有孩子的时候，我们才开始真正地为人父母。

人第一次投胎没有选择权，但是第二次、第三次投胎却有一定的选择权。选择你崇拜敬仰的人去追随，那是信仰！

人不要去抱怨“千里马常有，而伯乐不常有”，而是要自己做自己的伯乐！

第11章

应交税费分录大全

第11章 应交税费分录大全

慕容远从奠基仪式回来，就把自己关在办公室发呆。他矗立窗前，抬头远眺，满目青山，似岛屿般一簇簇、一抹抹地悬浮着。朦胧的远山，笼罩着一层轻纱，影影绰绰，在缥缈的云烟中，忽远忽近，若即若离，就像是几抹淡墨，抹在蓝色的天边。

这时，办公室副主任张晓进来汇报她向省局报道“四小票”专项检查的相关情况。慕容远听完后，指着桌上的调研文章《关于南城市税务中介的现状与感悟》，说道：“这篇文章写得不错，可以通过内部刊物发表，让大家都读一读。”

张晓讪笑道：“这篇文章，李局读过了，他说写得太负面了，而且有夸大之嫌，发表的话，怕影响不好。”

慕容远闻言，静默了一瞬，既然李元思不同意，自己也就不好说什么了，于是应和道：“嗯，确实，宣传还是应该以正面为主，李局想得比我们深远。”

接着，他顿了顿，继续说道：“我刚来，对这个睿德税务师事务所也不太了解，听说他们的所长辛安民以前也是我们税务局的？”

“是啊，他以前还是我的科长呢，那时税务师事务所与税务机关脱钩改制，很多人都想进来，他却要出去。”张晓笑道。

“你对睿德税务师事务所很熟？”

“还行。”

“那他们所是不是有一个叫曲晓的员工？”

“你说曲晓啊，她前不久正式进了睿德税务师事务所，以前她只是在那儿挂靠。”

“你认识她？”

“认识啊，以前她经常来我们这儿办税。我跟她刚好同名不同姓，而且挺聊得来的。她业务很熟，注册会计师、税务师都考过了。”

“这样啊。”慕容远应和地点了点头。

“慕局，你认识她啊？”张晓小心翼翼地问道。

“以前见过……算是认识吧。”慕容远含混地应和着，接着继续问道：“她现在还经常来办税吗?”

“现在慢慢地少了，可能是升职了，不让她亲自跑了吧？也可能是因为忙，我听说她马上要结婚了，正筹备婚礼呢。”

“是吗……”慕容远闻言，一副若有所思的样子。接着，他意识到自己有点失态，马上笑着说道：“那我们得恭喜她。”

说者无心，听者有意，张晓听出了点弦外之音，于是，继续八卦，透露消息道：“那肯定了，婚期就是这个月25号，地点在丽思卡尔顿酒店。”

这些日子，小艾一直在反思。

税务为什么难？它到底难在哪里？

它难在一个大综合，税务集会计、经济、法律、经营、管理、沟通等能力于一体，仅仅凭借会计知识或者背几个税收政策，根本解决不了现实中的问题。

税务极具实务性，法律有不规范之处，而实务更不规范，企业有企业的小算盘，征收人有征收人的大盘算。他们彼此在博弈。

有的会计感叹，要是没有税务局就好了。

但是，如果真的没有税务局，那么很多会计都会下岗。正因为有税务局，正因为企业需要应对税务局，正因为它们之间有博弈，会计这个岗位才存在。如果不需要应对税务局，那么这账做得对不对，规不规范，又有什么关系呢？反正公司现在又没有上市，又不需要对外公布财务信息，老板一人说了算，就算公司全是流水账，老板都没意见，你有什么意见？

正因为有博弈的存在，所以才催生了很多与会计相关的岗位和服务。

一个优秀的税务会计，他应该知道纳税义务是怎么产生的，知道企业的经济业务如何决定纳税义务，知道怎样通过改变交易从而左右纳税义务，知道如何从产业链的角度思考问题。

他还应该知道税务机关的权限，知道税务人员的权限，知道自己的权限，因为权利和义务是匹配的。

他能判定某个当地的政策是否合法，税务人员对自己的某项要求是否合法，而不是税务人员说什么就是什么，他有自己的判断能力。

他能判断在实务中哪些操作是正确的，哪些操作是错误的，知道什么时候按正确的操作进行，什么时候可以变通处理，并对各种操作进行利弊分析和风险权衡。

他知道怎样维护企业的合法权益，同时也知道怎样在税务风险中“自保”。

经这么一盘点，小艾明白自己还差得远，也许这辈子都做不到游刃有余，毕竟上天赐给每个人的才干和资源都是不一样的。

不过，没关系，能力强的做高端的服务，解决大问题，能力弱的从事低端岗位，解决小问题，毕竟再小的问题也需要人解决，事情总得有人去做。

这跟巴菲特投资一样，明白自己的能力圈很重要，人贵有自知之明。

（注：能力圈是沃伦·巴菲特在他的老师本杰明·格雷厄姆的理论体系基础之上对价值投资理论做出的进一步扩展。投资者应该在自己的能力圈范围之内寻找投资机会，而不应觊觎能力圈之外的投机机会）

不一会儿，欧阳毓打电话过来：“小艾，我已经去税务局报到了。”

“真的吗？领导，以后要是遇见了，得网开一面呀！”

“应该遇不到，我被分到了一个很偏的分局，唉，这也算是美中不足吧。”

“羡慕你啊，做了公务员，以后旱涝保收。”

“那是，我也觉得公务员这职业比较适合我，收入稳定，工资不高但也不低，最主要的是工作压力不大，对头发比较友好，另外就是活得体面。我们领导第一天就跟我说：‘小欧啊，我们这份工作虽然不能让你大富大贵，但是胜在稳定，活得有尊严。你看我们检查的那些企业，那些CFO，看起来年薪百万，光鲜亮丽，但是，一不小心就被老板骂得狗血喷头，老板一旦不喜欢你，立马就把你扫地出门。’”

“可是，我听说公务员也是钩心斗角的。”

“你那是官场小说看多了，其实，在单位里，上级对下级还是比较客气的。不过，缺乏激励机制，不像企业那样能发年终奖，升职空间也比较小，因为这税务系统的人真的是太多了，当然，也不会随便裁员，不会因为你过了35岁，就把你踢出去，这种安全感是别的工作给不了的。像我这种不是‘特别上进’，只想做好分内事的人，还挺适合的。”

小艾想了想，确实，如果把安全感放在第一位，那公务员确实是一个首选，当然每个人心中的价值顺序是不一样的。公务员的人生线条是这样的，刚进去的时候是高点，身份地位、待遇比同龄人好，到中年时会出现迷茫和困惑，你看别人都是“总”了，自己却一直升不上去，很多人又从体制内辞职下海了。如果熬过这段时间，到了老年时，则又可以享受退休红利了。

“你这样说，我也想考公务员了，就怕考不上。”小艾羡慕道。

“我也是运气好，笔试成绩刚刚过，没想到面试成绩倒不错。要知道，这两年我所有的时间都在考这个，哪里开考我就考哪里，总算上天垂怜！不过，你还是别考了，我怕你待不住，我这个地方真的很偏僻，我好想念市区的繁华。”

“那你什么时候来市区？我请你吃饭，庆祝你如愿以偿！”

“我明天就去市区，不过，不能陪你吃饭了，因为老欧要过来！”

“哇，咱爸又来了，你好幸福啊！”

“是啊，这个世界上老欧对我才是真爱！”

老欧是欧阳毓的父亲，这几年跟人合伙做生意赚了不少钱。老欧年轻时穷怕了，老了有钱了，也舍不得花，他就这么一个宝贝闺女，那些合伙人有钱了就养小三、包二奶啥的，他从不理会这些，钱没处花就拼命地往他闺女身上砸！

这让小艾、婉晴总是羡慕不已！

老欧这次来南城谈个项目，顺便看看自己的宝贝闺女。这些年他也长见识了，知道了几个名牌，每次一来，就带着欧阳毓到购物中心，挥霍一番，女孩要富养嘛！

老欧个子很高，但是长得不行。不过，欧阳毓很会挑，个头像爸爸，五官却像妈妈，要知道，欧阳妈妈年轻时可是个大美人。因此，欧阳毓打小就生得好，一笑一颦，眼角眉梢，全是勾人的妩媚。

她挽着父亲的胳膊，开心地走在大街上，引来无数人侧目。再加上她没大没小，平时在家里总是“老欧、老欧”地叫着，出来了，一时也忘了改，于是听见的人唏嘘一片。

她在商场不停地试衣服，每每从试衣间出来，就在父亲面前转圈，然后叫道：“老欧，你说这件好不好看？”

老欧看着女儿亭亭玉立，脸上笑得像朵花，老婆也许是别人家的好看，但是孩子绝对是自己的好看，而且越看越好看，那些大明星都得往边儿站。于是，他眼眸眯成了一条缝，一脸宠溺道：“好看，真好看！”

商场的服务员也赶紧跟着奉承道："好看，您穿这件衣服真的很好看！"

大家都是见过大风大浪的，这种老配少实在是太正常了。

接着服务员立马推荐道："我们这里最近来了一些新款的包包，都挺不错的，刚好配你的衣服。"

于是，老欧对欧阳毓说道："要不，再买个包，给你配着？"

"好啊！"欧阳毓高兴地答道。接着，她突然感觉肚子有点不舒服，可能是刚才喝了点冷饮，算算日子，这几天不应该喝的，唉，又忘了忌口了。于是她对老欧说道："我先去趟洗手间，你在这等我！"

说完，她就往洗手间跑。

"你能找着路不？"老欧叫住她。

"能，我都这么大了，还把我当小孩呢？"

老欧想了想："是啊，一眨眼就长大了，都大姑娘了，再过两年，说不定就被哪个毛头小伙子给骗走了。"

一时间，鼻子居然有点酸酸的。他把手机放到她手上："拿着手机，等会儿找不着路了就给我打电话。"

"嗯。"欧阳毓抿着嘴答道，心里却嘟囔着："笑话，找不着路？其他地方不熟，这商场我还不熟？"

她拿过手机，转身就朝洗手间跑去，结果一不小心，跟人撞了个满怀。

欧阳毓个子不矮，穿上高跟鞋更是让很多男人望尘莫及，而对方却偏偏像堵墙一样，杵在那里，那感觉就像她硬生生地朝他扑过去一样。

一时间，她满脸通红，连忙起身，结果地面又滑，差点摔倒。好在对方眼疾手快，揽住了她的腰。

"小心！"低沉的男声，像羽毛一样划过她的耳畔。

欧阳毓抬眸，看见了他，乌黑的头发，高挺的鼻梁，俊美的五官，还有那墨色的瞳仁，仿佛一口深潭，把倒映在里面的一切都吸了进去。

那一瞬间，她的心突然怦怦直跳。接着，她立马缓过神来，骂自己："跳……跳什么跳？只有我让别人的心怦怦直跳，岂能别人让我的心怦怦直跳？"

她后退了一步，礼貌地说道："谢谢！"

慕容远没说什么，只是微微点了点头。

欧阳毓不再看他，然后侧身从他身边穿过。

回到店里，老欧拿着一个包，老远就冲着她扬手道："我们买这个好不好？"

"好！"欧阳毓像小时候一样，高兴地说道。

老欧脸上也笑得像朵花。

看着父亲古铜色的脸上，布满了喜悦，饱经风霜的额头上，却是一道道深深的皱纹，欧阳毓有点心疼，她伸手挽过父亲的胳膊，真切地说道："只要你买的，我都喜欢！"

那深情的模样，却引来骂声一片，那些店员们一个个脸上堆满了笑容，嘴里却都在小声地骂道："不要脸的小妖精，简直是祸国殃民！"

"这么丑的糟老头，也下得去口？"

慕容远刚好也走到这里，见此情景，不禁蹙了蹙眉头。

周日，朝阳冉冉升起，天空一片浅蓝，很浅很浅。

小艾将手伸向天空，阳光朗润，似吻似抚，温暖熨帖。

她一边走，一边思考，欧阳毓选择了公务员，那自己该如何选择呢？

人生到底是应该长远规划呢？还是相机选择（走一步看一步）？

经济学家Savage曾提出过这样一对概念——"小世界"和"大世界"。在小世界中，我们可以提前列出所有的可能性，并在此基础上进行计划。比如打扑克，就是一个小世界，我们可以列出所有的牌型，并且大概知道每种牌型出现的概率；下棋也是这样，因此可以进行计算和计划。在小世界中，我们做事情要三思而后行(Look before you leap)！

而在大世界中，我们可以列出很多未来的可能性，但是我们却无法列出所有的可能性，因为我们不知道在这个世界上，是否还有超出我们理解和想象的事物存在。大世界的例子在现实中数不胜数，高考、考研、谈恋爱甚至职业选择。在做决策时我们可以列出很多可能，但是我们不敢保证我们没有忽视什么，而且我们也发现，很多时候，事情总是不按照我们想象中任何一种可能发展。所以Savage说，在大世界中，我们要逢山开路，遇水搭桥（Cross that bridge when you come to it)！

但是大世界是由很多小世界组成的，比如人生是一个大世界，但是在这个过程中，也有很多小世界，比如会计考证，初级、中级、注会这些考试在某种意义上自己是可以计划、控制的。

一句话，控制我们能够控制的，接受我们不能控制的，该随缘的时候还是要随缘。

不过，看问题的时候，我们要学会大小世界逐级切换。比如学税法，这是一个体系，我们可以列出很多税种，比如增值税、企业所得税、个人所得税等等，增值税又可以进一步细分，它分为小规模纳税人和一般纳税人，然后各有不同的规定，这就是往下走。如果往上走，那就是："税法"属于财税知识，于是把财务会计统一起来了，财与税是不分家的，财税知识又属于财经知识，而财经知识又属于商业社会知识。我们在这个商业社会中生存，需要这些知识，因此商业社会知识属于生存知识。而生存和繁衍是人类永恒的主题，它们俩加起来又构成了我们的人生。

世界越小越能控制，比如今天我们只学一个税法知识点，这是可以控制的。世界越大越难以控制，比如人生，我们不知道要学多少个知识点才够，简直学无止境。而且人生这本书，到底有哪些知识点也不确定，并且每个人人生中的知识点也各不相同，它不像"税法"教材，大家拿到手上都是一样的。

不知道从什么时候开始，小艾的口味变了，变得越来越爱读小说，越来越不务正业了。她的阅读经历三个阶段：第一个阶段，喜欢读虚构类作品，比如小说故事，目的是消遣、好玩；第二个阶段，出于生存的压力，开始读非虚构类作品，主要是为了寻找答案，不管是专业的，还是非专业的，不管是工作方面的，还是恋爱、婚姻的，或是其他；第三个阶段，她又回到了虚构类作品，因为她发现，社会学、经济学、心理学等学科，虽然已经相当成熟，但是依然不能像自然科学那样明明白白地揭示人生的规律，可见人生的复杂。而这个世界的运行是有规律的，这个规律的存在是客观的，并且不以你的意志为转移，你知道也好，你不知道也罢，你相信也好，不相信也罢，反正它就在那里。

而高质量的小说类作品，它并不直接告诉你，你只要做好以下这几步，你的人生就会成功。它只是在给你细细地讲一个故事，就算这故事是编的，但是绝大部分编得符合逻辑，遵循规律，而且它还描绘了很多变量细节。细节是魔鬼，你可以看到人生的起伏，通过人物故事的发展，慢慢地感受事情发展的真正规律，而这些规律又会逐渐组建你的“三观”，形成你的潜意识，改变你今后的决策，指导你的行为。小到你今天吃什么，大到事业的发展、配偶的选择，而这些最终会决定你健康与否、贫穷与否和幸福与否。

卡尔·荣格说：“当你的潜意识没有进入你的意识的时候，那就是你的命运。”我们很多下意识的选择都来自潜意识，而潜意识的优化是那些工具书做不到的。我们经常会说，名著对我们的影响是潜移默化的，讲的就是这个意思。

非小说类作品的作用是直接的，它把观点都整理好了，就像一个工具，你直接拿去就可以用；小说类作品的作用是间接的，它需要你去体会，需要你自己去揣摩，需要你去切换角度看问题，如果我是他或她，会怎么做呢？从而培养自己的思考能力，自己总结规律，得出观点，做出人生选择。

而且这个时代，知识更新实在是太快了。经济学、社会学、心理学、人类学等等各学科的知识，总是不断地被推翻，后浪推前浪，前浪死在沙滩上。不管是名人还是教授，他的观点都有可能是错的，因此现象的描述就变得重要了。只要忠实地记录各种故事，那我们就可以随时总结出规律，一个故事在不同时候去看，你得到的东西都不一样。比如《红楼梦》，十几岁在课堂上学，二十几岁自己去读，三十几岁去品，四十岁、五十岁再去回顾，得出的结论是不一样的。故事还是那个故事，但是道理已不是那个道理。

所以，我们对孩子的教育也是从故事开始，而不是直接给结论。因为论断性的东西，会造成偏知偏见，而故事永留心中，孩子们在成长的过程中，自己可以随时总结规律。

自己总结出来的才属于自己，而且还可以防止别有用心的人，为了某种利益，故意给我们洗脑，比如那些炮制畅销书的、捞钱的、收“智商税”的和搞流量的。

总结多了，你就会有独立思考和判断的能力，有了独立思考和判断的能力，我们再去读工具书、网文、公众号文章，就能取精华弃糟粕！

街角的书店，咖啡的香气悠悠地飘荡，阳光从窗口安静地洒进来，又是平静充实的一天。

现在的书店，经营多样化，改书吧了，不仅可以卖书、借书，还可以卖咖啡。

小艾先是翻了几本文艺作品，然后再静静地研究税法中与增值税相关的会计明细科目。我国目前有18个税种，光增值税涉及的会计明细科目，就足以把她搞疯了。不过，知识得慢慢学，急也急不来。好在有范围，就18个税种嘛，毕竟数量有限。一点一滴地学，一边学习，一边实践，慢慢体会，10年过后，就算不能成为财税专家，至少也能应付日常工作，为老板或他人提供财税服务。

人性有一个弱点，那就是高估1年的价值，而低估10年、20年的价值。

有一次，小艾问杜云轩："为什么你买基金就赚，我买基金就亏呢，哪怕我跟你买的是同一只基金。"

杜云轩笑："因为你总是在买进卖出，持有时间太短，要知道手续费挺贵的，买进1.5个点，又卖出1.5个点，你一年能赚几个点啊？基金一涨，你就拼命地加筹码，然后猛然一跌，你害怕全部亏了，于是又'割肉'了。其实，买基金就是要和时间做朋友，当然买股票也是一样。有学者统计过一个数据，就是1925—2002年美国77年股票交易历史中，如果1925年投资1美元在大公司股票上，到2002年是1 775美元；在这77年中，包含多次股灾，最后依然有1 775美元的收益，翻了1 775倍，平均每年收益率是12.2%；但是，如果独立地看每一年，有23年是亏本的，亏本幅度最大的一年是年平均收益率-43.34%，而在盈利年份中，最赚钱的是年平均收益率53.99%。这77年中，你任选一年开始投资，30%的概率会亏钱，70%的概率会赚钱。如果你连续投资5年，亏本的概率则降到10%，亏损幅度最大的一次是年平均收益率-12%，赚钱幅度最大的一次年平均收益率是24%；如果你连续投资10年，则亏损的概率是3%，亏损幅度最大的一次是年平均收益率-0.9%，赚钱幅度最大的一次年平均收益率是20%，波动越来越小；如果你连续投资20年，则平均下来没有亏损，赚钱幅度最小的一次年平均收益率是3.1%，幅度最大的一次是年平均收益率17.7%（见表11-1）。

表11-1　　美国77年（1925—2002年）股票交易历史回顾

任选一年投资	30%的概率会亏钱
	亏本幅度最大的一年是年平均收益率-43.34%，最赚钱的一年是年平均收益率53.99%
任选连续投资5年	10%的概率会亏钱
	亏损幅度最大的一次是年平均收益率-12%，赚钱幅度最大的一次年平均收益率是24%
任选连续投资10年	3%的概率会亏钱
	亏损幅度最大的一次是年平均收益率-0.9%，赚钱幅度最大的一次年平均收益率是20%
任选连续投资20年	平均下来没有亏损
	赚钱幅度最小的一次年平均收益率是3.1%，幅度最大的一次是年平均收益率17.7%

“根据这些数据，我们可以得出一个结论，如果你仅仅进行一年的投资，那么亏的概率是30%；如果连续做5年的投资，那么亏的概率是10%；如果做10年的投资，那么亏的概率是3%；如果做20年的投资，则不会有亏损；那如果像你这样，只做1个月或3个月，甚至几天，我想亏的概率就应该和抛硬币差不多吧。中国国情或许略有不同，但是，有些客观规律还是存在的，时间是个好东西，它可以平滑风险，可以治愈伤痛，同时还可以带来复利，实现收益的增长。”

后来，小艾慢慢地懂了，凡事不要太着急，越着急越容易亏，悠着点。但是知易行难，特别是年轻的时候，可能是荷尔蒙分泌旺盛，就是很着急，很躁动，恨不得立马成为财税“达人”。然而有些过程不可以忽略，就算你把CPA教材全部背下来，也不见得你就真的懂了，10年才能磨一剑，财税知识要融入骨子里，需要时间。

比如“应交税费——应交增值税”这个二级科目，它核算各行各业的增值税，你花5年时间，也不见得真正理解。当然，这里说的理解，不是指理性的理解，而是感觉，融入骨子里的那种感觉。

什么叫融入骨子里的感觉？就是有时候，报表上的数字一拿到手上，你的心莫名地就咯噔了一下，这个数字怎么回事？进项税额，有点不正常！

你的心会跳！

就像你曾经深深地爱过一个人，后来分开了，突然有一天，你走在大街上，看到一个相似的背影，你的心突然剧烈地跳了一下，这就叫融入骨子里。

"应交税费"是一级科目，"应交税费——应交增值税"这是二级科目，"应交税费——应交增值税（进项税额）"，这就涉及三级明细了。

不管花多少年才能真正学会，首先还是要把"应交税费"科目所有的一级明细、二级明细、三级明细科目，结合税法、纳税申报实务，全部整理出来（见表11-2）。

表11-2　"应交税费"科目所有的一级明细、二级明细、三级明细科目

（1）通过"税金及附加"进入利润表的税种	借：税金及附加 贷：应交税费——应交消费税 应交税费——应交资源税 应交税费——应交环境保护税 应交税费——应交城市维护建设税 应交税费——应交土地增值税 应交税费——应交房产税 应交税费——应交城镇土地使用税 应交税费——应交车船税 应交税费——应交出口关税 应交税费——应交教育费附加 应交税费——应交地方教育费附加 应交税费——文化事业建设费
（2）通过"管理费用"科目进入利润表	借：管理费用 贷：应交税费——应交矿产资源补偿费 ——应交保险保障基金 ——应交残疾人保障金
（3）企业所得税	借：所得税费用/以前年度损益调整 递延所得税资产 贷：应交税费——应交企业所得税 递延所得税负债 或相反分录
（4）个人所得税	借：应付职工薪酬/应付股利/其他应收款 贷：应交税费——应交个人所得税
（5）进口关税	借：材料采购/在途物资/原材料/库存商品/在建工程/固定资产等 贷：应交税费——应交进口关税
（6）烟叶税	借：材料采购/在途物资/原材料 贷：应交税费——应交烟叶税

续表

(7) 不需要通过“应交税费”这个科目核算，因为不需要预计缴纳的税金，所以不在“应交税费”科目核算	①印花税的核算 借：税金及附加 　贷：银行存款 ②耕地占用税的核算 借：在建工程/无形资产 　贷：银行存款 ③车辆购置税的核算 借：固定资产 　贷：银行存款 ④契税的核算 借：固定资产/无形资产 　贷：银行存款

最后，就是增值税了，我们常见的账务处理有：

（1）进货：

借：原材料/库存商品/固定资产/管理费用等

　　应交税费——应交增值税（进项税额）

　贷：应付账款/银行存款等

（2）销货：

借：银行存款/应收账款等

　贷：主营业务收入

　　　应交税费——应交增值税（销项税额）

增值税是我国的重中之重，因此核算其实特别复杂，涉及的二级明细科目、三级明细科目特别多，会计分录核算也比较复杂，以下是增值税明细科目核算总结图（如图11-1所示）。

当然，刚开始的时候，哪怕总结好了，也有很多是不能真正理解的，这正常。如果你看两页纸，几分钟或者几个小时，就能像财税专家一样，把中国各行各业有关增值税的经济业务核算清楚，显然不现实。

因此，学习财税在实践中最好的方法就是不断地总结，每天学一点，不在意从哪个地方开始。这跟考证不一样，考证的时候，我们可以从第一章开始背到最后一章，但是实践是以问题为中心的。因此，18个税种，我们可以以任何一个税种中的其中任何一个知识点开始学习，同时还要反复温习，反复做笔记。只有融入骨子里，才能生巧，而融入骨子里，需要时间。时间跨度有可能是终其一生，因为不管是税法还是会计准则，它们一直都在更新中。

这跟投资一样，心态很重要，越急越焦虑，越焦虑越亏。

急躁、焦虑、贪婪是赌徒的心理，不是投资的心态。

刚刚还艳阳天，现在却开始淅淅沥沥地下起雨来。南方的天气就像娃娃的脸，想哭就哭，想笑就笑，有时候还一边哭一边笑，一点预兆都没有。小艾站在楼下，看着门外的雨懊恼着。

书吧的柜台边，萧楚帆正在还书。服务员热情又客套地让他签字："先生，您在这个地方签个字。"

"嗯。"萧楚帆接过笔，行云流水地草书着。

写完后，他准备推门而出，跟小艾擦肩而过时，说了一句："让一让！"

小艾转过身来，怔了一下，接着赶紧往旁边让了让。

萧楚帆继续往前走，突然回头问道："你没带伞？"

小艾有些意外他会这么问，然后点了点头。

"站这儿等一下。" 萧楚帆说完，就直接出了门，快步地踏入了雨幕中。

不一会儿，萧楚帆开车过来，他摇下车窗，从里面递出一把黑伞。

小艾愣了几秒钟，接着左右看了看，确认这把伞是给自己的，于是走下台阶，接过伞。车里还有人，副驾驶上坐着一个年轻的姑娘，正妩媚娇俏地朝她笑。

萧楚帆摇上车窗，扬长而去。

路上，萧楚璇问道："哥，那个女孩是不是就是你手机照片上的那个女孩啊？"

萧楚帆没有回答。

"你既然都给她送伞了，为什么不干脆直接送人家回家呢？"

萧楚帆不搭理她。

"她名花有主啦？还是她不喜欢你啊？"

萧楚帆闻言，眉心跳了跳，接着语气清冷道："再胡说八道，我直接把你扔出去！"

萧楚璇闻言，瘪了瘪嘴，不吭声了，心里狂骂："活该人家不喜欢你，谁要看上你，谁就是傻子！"

“辛总，你要不要跟李局打声招呼，让他‘悠着’点，放大伙一条生路？”申叔说道。

“我已经跟李局通过气了，可是这次的事真的是闹得太大了，搞得整个税务局都下不来台，他也没有办法，不得不站在税务干部这一边。要不，程总，你去找找关系，让市政府出面压一压？这样查下去实在不是办法，总有一天要查到我们头上来。”

程安宴沉默不语。

会议室里，一刘姓老板正在和杜云轩谈事。

随来的助理是个小女孩，坐在外面休息处等待，小艾给她倒了杯水。

小女孩笑着说了声“谢谢”，接着悄悄地问道：“我们公司现在没有出纳，而我准备学财务，能否申请这个岗位？”

小艾抬眉浅笑道：“这个你得问你们老板。”

“噢，那我想问一下做财务有没有风险。”

“当然有。”

“如果我做出纳的话，是不是不能把钱弄丢了？”

“那肯定了。”

“那假如我被人拿着枪指着脑袋，让我把公司的钱全部都转给他，我转还是不转？”

小艾闻言，“扑哧”一声笑了出来，接着反问道：“你转还是不转？”

“为保命，我肯定转，只是这样违法不？”

“不算违法！”小艾答道。

“噢，那我就放心了。”

“只是你实现不了。”小艾忍着笑补充道。

“什么意思？”

“因为企业有内控，出纳转账需要走流程，走网银也要审批，一般是出纳发起，财务经理审批，所以，歹徒光抓你一个出纳没用，钱还是转不出去。”

“那他如果把我和财务经理一起抓了呢？”

“那也不行，既然都抓了两个人了，那钱肯定不是小数目。对于大额资金转账，银行有规定，需要客户经理跟财务经理确认，如果客户经理发现苗头不对，银行有权拒绝付款。”

“那财务经理为了活命，配合歹徒把银行骗了，然后把钱转了呢？”

“这个有可能，但是转账是有转账记录的，到哪了，银行立马就可以查出来，而且分分钟就可以冻结，因此结局就是钱还没取出来，歹徒就有可能被抓了。”

“那出纳这个岗位其实还是挺安全的？”

“是的，基本没有生命危险，只是有职业风险，比如你粗心大意把数字搞错了，造成了损失，有可能公司要你承担相应的责任。”

“可是，给我上课的会计老师说，当年她做出纳的时候，公司出纳取钱都会配一个男同事陪着，以防被抢。”

“那应该是很久以前吧，比如八九十年代，那个时候没有网络，没有网银，公司需要大量取现，但是现在不一样了，现在正规公司都实现了零现金支付。”

“她还跟我们说，她老公就是这么找到的，所以要我们好好学财务。”

“哈哈！”

小艾闻言，忍不住大笑了出来，接着安抚她道：“此一时彼一时，以前福利待遇是很好，国家不仅给配工作，还配房子，当然也配老公。现在不一样，国家什么都不给我们配了，你想要工作自己找，想要房子自己买，想要老公，也得靠自己。”

不一会儿，刘老板出来了，小丫头屁颠屁颠地跟着走了。

小艾看着她离去的背影，叹了口气：“希望公司给你一个满意的工作，还希望公司给你配个如意郎君，真是想得美！如果天底下有这么好的公司，那么我也想去！”

下班了，办公室已经没有人了，小艾也准备收拾桌子走人，这时，QQ上婉晴突然发来消息：“你喜欢的某星，拍吻戏一直用替身，然而碰到某人的时候，一切原则都没有了。”

小艾回复道：“不会吧？”

“不信，你仔细看。”

接着婉晴发了两个视频过来，小艾点开了，然后仔细地寻找差异点，却不知道身后有人在靠近。等她意识到时，赶紧手忙脚乱地找右下角的显示桌面，可是奇怪的是，居然连点了三下才点到它。

她抬了抬头，有点尴尬，同时懊悔着，手怎么那么贱，也不分场合，这种亲吻视频应该回家再点开呀。

杜云轩不紧不慢地走到她旁边，面色泰然，并无异样，接着把几张发票单据放到她桌子上，说道："你把云熙公司这个月的管理费用明细发我看一下。"

"好！"

小艾拿起鼠标找"我的电脑"。

咦，"我的电脑"呢？

可能是太紧张了！

桌面上满满的，各种图标都有，可是却没看到"我的电脑"，难道做贼心虚到视而不见的地步了吗？

杜云轩静静地看着她盯着电脑屏幕发懵，半晌，他伸手，在键盘上按了一下"window+E"，"我的电脑"立马跳了出来，自动打开了。

小艾缓过神来，赶紧把明细表发给他。

"杜老师……"

"嗯？"

"那个，我……"小艾想解释什么，却发现根本没法解释。

杜云轩仍面带微笑，瞟了一眼她桌上的书，家常道："怎么还没下班？还在用功啊！"

这下小艾简直无地自容了，硬着头皮搭腔道："嗯，'金融法律制度'这一章实在是太难了。"她开始没话找话："杜老师，你有什么好的学习方法吗？"

"嗯，学习金融法律制度，首先要具备一些基本的金融常识，比如发行股票，其实就是我们会计资产负债表（见表12-1）右下角的股权融资，发行债券，就是我们资产负债表右上角的债务融资。"

表12-1　**资产负债表结构**

资产	负债
	所有者权益

"噢！"

"目前我国的市场有发行市场，也叫一级市场、初级市场，是新证券发行的市场（如图12-1所示）。流通市场，也称交易市场，即二级市场、次级市场，是已经发行、处在流通中的证券的买卖市场。通常，首次公开募股（IPO）就是在一级市场，也就是首次将证券出售给投资者的市场进行的，在企业IPO之前的VC（风投）、PE（私募）也称为一级市场投资。IPO后，投资者就能在二级市场买卖股票了。目前，我国的交易所市场有上海证券交易所和深圳证券交易所。

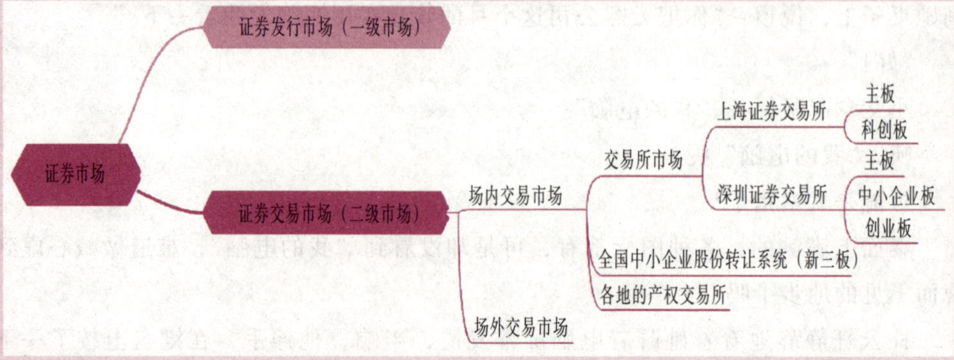

图12-1 证券市场的分类

“因此，证券法的学习思路就是，维护资本市场诚信，保护中小股东利益。站在我们财务的角度来说，一级市场是公司与投资者之间的买卖关系，二级市场就是投资者跟投资者之间的买卖关系（如图12-2所示）。”

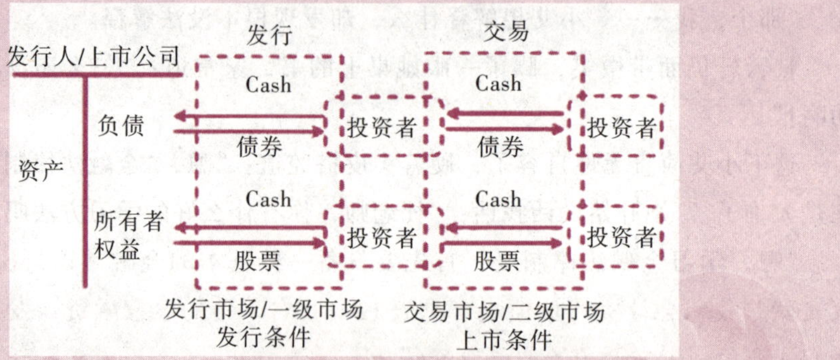

图12-2 一级市场和二级市场包含的关系

杜云轩三两句话，就把金融法律制度的本质说出来了。

“噢，我知道了，你跟我说过，资产负债表右边是资金的来源，左边是资金的去向，一来一去，肯定相等，不然钱到哪里去呢？这就是我们的会计恒等式：资产=负债+所有者权益。”

“是的，但如果再换个角度看问题，比如站在金融的角度来看问题，那资产负债表右边是什么？右边就是筹资，也就是圈钱。左边是什么？左边是投资，也就是花钱，拿到钱后，就要花出去（见表12-2）。比如，购买固定资产、扩建厂房和生产线，这其实就是投资。所以，我们才说，会花钱的人才会赚钱，就是这个意思。”

表12-2 企业资产负债表（从金融角度看）

花钱	圈钱
资产： 存货 固定资产 无形资产	负债： 长期借款 应付债券
	所有者权益： 实收资本（股本）：发行股份（股票）

会计恒等式：资产=负债+所有者权益

“噢，我们会计说‘花钱’是这个意思啊？”

“对啊，不然你以为呢，买衣服？买包包？那是消费！消费是要进费用的，不能进资产。资产是什么，资产是你拥有或控制的，能在未来带来经济利益流入的资源，它是资源，我们要购买资源。所以，高端会计要做的事情，就是圈钱，花钱，然后圈更多的钱，再把它花掉，这样不断地滚雪球，越滚越大。当然，人家不会白给你钱，等价交换是必需的。不管老板（股东），还是银行、债券市场、其他资本市场，人家给你钱，你给人家什么呢？”

“给他利益。”

“还有呢？”

“给他权利？”

“对，所以，资产负债表右上角，也叫债权，债权人的权益，右下角，也叫股权，股东的权益。所以资产=权益，钱与权的交换，也就是等价交换（见表12-3）。”

表12-3 企业资产负债表的另一种表达方式

资产	债权
	股权

资产=权益

小艾恍然大悟，懂了，人家都说得这么露骨了，再不懂，就真的蠢到家了。

会计是做什么的？会计是卖权益的。

突然好讨厌教材，真的好讨厌教材，为什么写得那么含蓄委婉，让人猜不着，又摸不透？

不过话又说回来，凡事有利有弊。

如果写得形象生动，读者又会觉得啰嗦浅显。如果写得难懂晦涩，读者就会看不懂，但是看不懂是你水平有问题，跟写教材的人有什么关系？

再说了，没有门槛的东西，那岂不是人人都能进？如果一样东西人人都会，那就没有价值了。稀缺才是最有价值的，这是经济学规律。

“这个股票、债券，我还有点感觉，可是这存托凭证是什么呀？”小艾问道。

“中级经济法”教材对存托凭证的定义是这样的：存托凭证是指在一国证券市场流通的代表外国公司有价证券的可转让凭证，由存托人签发，以境外证券为基础在境内发行，代表境外基础证券权益的证券。

小艾看不懂，完全不知所云。

杜云轩笑了笑说道：“要联系实际，具备一些经济背景知识，我们平时在财经报纸、杂志经常会看到CDR、ADR，存托凭证就是DR，Depository Receipts，中国存托凭证就是CDR（Chinese Depository Receipts，CDR），美国存托凭证就是ADR（American Depository Receipts，ADR），欧洲存托凭证就是EDR（European Depository Receipts，EDR），全球存托凭证就是GDR（Global Depository Receipts，GDR）。它也是一种证券类型，比如阿里巴巴的存托凭证（如图12-3所示）。”

阿里巴巴 BABA.N(存托凭证)	
DR代码	BABA.N
上市日期	2014-09-19
证券类型	存托凭证
每份面值	0.000025美元
基础证券代码	BABA.N
DR数量(份)	2,529,364,189
ISIN	US01609W1027

图12-3　阿里巴巴的存托凭证

“在理解CDR（中国存托凭证）之前，我们先了解ADR（美国存托凭证）。”

“为什么呀？”

“因为我们有很多游戏规则都是借鉴过来的。美国有规定，在美国上市的企业的注册地址必须是美国，但是我国很多知名公司比如网易、阿里巴巴的注册地址都在开曼群岛，因此他们的注册地址不符合美国规定，只能换一种方式上市，这就是ADR。”

“为什么他们都注册在开曼群岛呢？”①

“一个是为了避税，另一个是为了融资。避税主要是避企业所得税和个人所得税。比如你有一家公司，从事国际贸易业务，客户向你支付货款，你再向供应商拿货，向他们支付货款。一进一出之后，就产生了毛利。当然，实际利润肯定比毛利再少一点，因为要缴企业所得税。

“企业所得税=应纳税所得额×税率，因此，降低企业所得税，要从应纳税所得额和税率两方面入手。如果不改变纳税主体，也就是税率不变，那就需要关注如何降低公司的应纳税所得额。方法就是多做成本费用，减少所得，以此降低税费。

“只要你在中国，这个税率就不可能随意改变。如果你想改变，就得换个地方，换个税率低点的地方，于是有了离岸公司。”

“什么是离岸公司？”

“离岸公司是泛指在离岸法区内依据其离岸公司法规范成立的有限责任公司或股份有限公司。当地政府对这类公司没有任何税收，只收取少量的年度管理费，同时，所有的国际大银行都承认这类公司，为其设立银行账号及财务运作提供方便。因而，这类公司具有高度的保密性、减免税务负担、无外汇管制三大特点。常见的离岸属地比如维京群岛（BVI）、开曼等，当地法律规定，不允许这类型公司在注册地当地经营，同时规定对注册地以外的经营零税率。这些都是真正的离岸公司。

“还有一些金融中心，比如中国香港、新加坡，甚至美国，是允许公司在本地经营的，并且有较低的税率，或者有免税政策，比如中国香港的企业利得税是16.5%，如果能证明收入与中国香港无关，可以免税。美国也是，有些最著名的免税州大家应该听过，特拉华州、内华达州和南达科他州等等。但是并没有法律明确定义，有一种类型的公司零税率，这与离岸公司有明显不同。但是这些地区，通常也被称为离岸金融中心，所以提到离岸公司，在中国香港注册的公司也会被放进去。离岸公司属地和在岸公司属地如图12-4所示。

① 注：有关注册地避税仅作为小说剧情推演内容，不代表本书作者观点和税筹建议（后续叙述参看此条注释）。

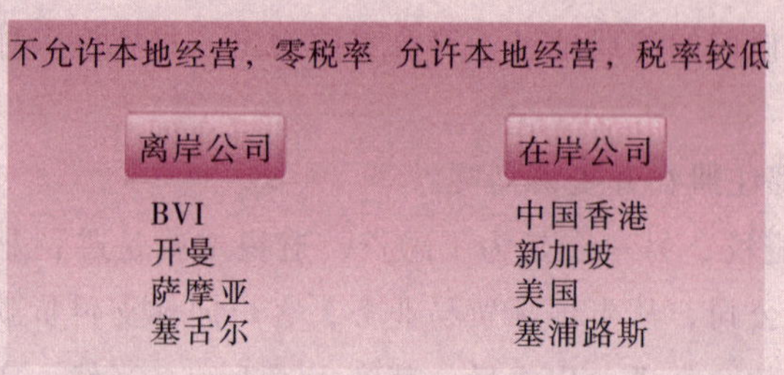

图12-4　离岸公司属地和在岸公司属地

“还有一些属地，离岸和在岸相结合，比如毛里求斯，有本地经营公司，也有离岸公司，从公司类型上有区分，有对应的法律规定。

“另外还有一点，如果你的生意进出都是人民币结算，那么离岸公司或者注册低税率的海外公司，帮不上你什么，因为海外公司的账户用的都是外币。

“注册了低税率的离岸公司之后，部分交易用离岸公司作为交易主体，也就是收客户的款，这样这部分收入就可以适用低税率了。要注意的是，实际操作中，遇到一些客户只用离岸公司收款，是非常不健康的。在CRS这样全球透明的新世界，一个贸易公司，只进款，没有付款，没成本，离岸公司变成了一个纯粹的钱袋子，你很难和银行解释。所以，交易链条应当完整（如图12-5所示）。

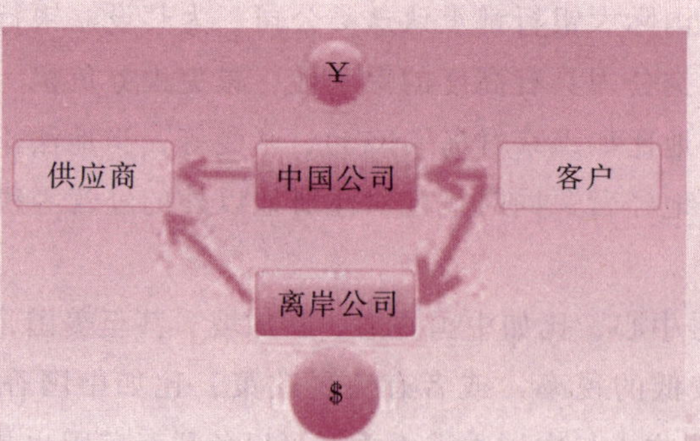

图12-5　国家贸易交易基本流程图（一）

注：CRS：Common Reporting Standard，《通用报告准则》，指全球范围的涉税金融账户信息自动交换，也就是全球版本的FATCA。

FATCA：Foreign Account Tax Compliance Act，《海外金融账户纳税法案》，是美国国会2010年通过的一个法案，该法案要求海外美国籍公民及为海外美国籍公民提供金融服务的银行定期向美国税务部门提供美国籍公民的海外账户情况，以降低这些公民的避税空间。

“还可以转移定价，转移利润，就是把离岸公司作为自己中国公司的交易方，代替直接用中国公司和客户交易（如图12-6所示）。假设，本来中国公司给客户的售价是100元，现在改为给离岸公司的售价是90元，离岸公司再按100元卖给客户，这样10元的利润就留在了离岸公司账户里。

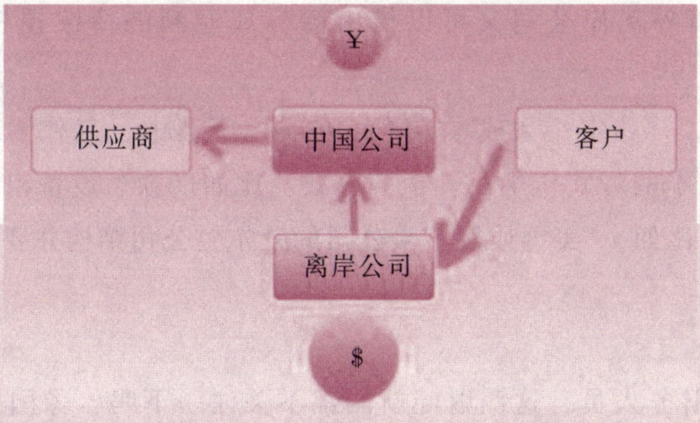

图12-6　国家贸易交易基本流程图（二）

“还有就是，将公司的知识产权比如商标，转为由离岸公司持有，这样企业的专利、商标等成本，需要从中国公司支付到离岸公司（如图12-7所示）。”

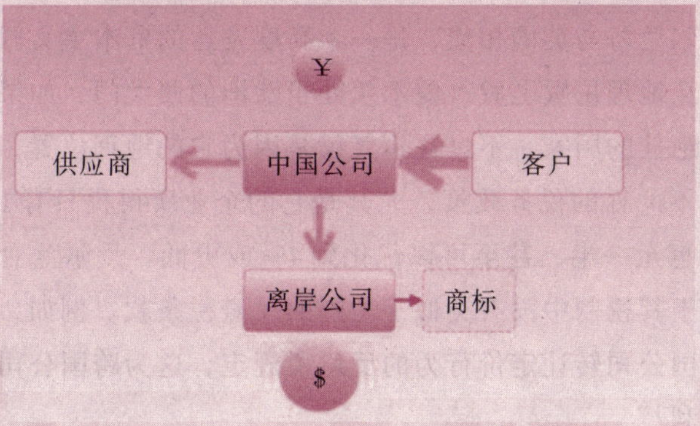

图12-7　国家贸易交易基本流程图（三）

“我知道了，这样中国公司支付了品牌费、商标费，多计成本费用，进一步减少了国内应纳税所得额。”

支付海外公司商标费：

借：管理费用

　贷：银行存款

“还可以对这些品牌和专利进行保护，要知道，一家缺乏知识产权的公司是没有存在感的，也是没有未来的，因此，企业必须对知识产权进行全面的保护。通过设立离岸公司，将知识产权从中国公司分离出来转入境外离岸公司，一方面可以保护商标、专利这些知识产权不受到商业市场的剧烈变动影响，比如恶意并购、母公司破产或是母公司债权人债权的主张等影响，另一方面，该境外离岸公司又可以借由商标或专利的持续授权，来有效地掌控母公司。

“降低税率、转移定价和成本分摊，在实际经营中，三种情况会结合，也可以从这三种最基本的方式衍生出其他的方式，比如借款、设备租赁等等。具体操作，会更复杂。比如，‘美国质疑苹果公司的爱尔兰公司结构并要求补税’的新闻看过吧？”

“没看过。”

“作为一个财务人员，这些财经新闻都不关注一下吗？像国外的很多大牌公司，均在爱尔兰注册公司或落地成立研发机构。”

“为什么呀？”

“爱尔兰位于欧洲西部爱尔兰岛的中南部，西濒大西洋，东北与英国的北爱尔兰接壤，东隔爱尔兰海与英国相望，是一个高度发达的资本主义国家，有着‘欧洲小虎’的美誉。从地理位置上看，爱尔兰处于欧洲的西大门，如果你的企业想进军欧洲，爱尔兰是绝佳的国家，不过这不仅仅是因为它的地理位置，主要是爱尔兰和其他欧洲国家有不一样的税务政策，尤其是它的企业所得税只有12.5%，如果投入到研发还可以优惠至一半，甚至可以优化到4%或更低。爱尔兰对高科技公司有吸引力的地方还在于其税制中没有类似于美国的反避税条款。例如，爱尔兰的税收制度中没有针对跨国公司转让定价行为的反避税规定，这为跨国公司的跨国避税行为提供了一定的便利。”

“爱尔兰为什么要这么设置税制呢？”

“爱尔兰在20世纪的经济崛起依赖于国际贸易，如今爱尔兰每年经济增长的三分之一依赖于跨国公司，爱尔兰政府深知这一点。‘避税天堂’是爱尔兰聪明的选择。据统计，爱尔兰对这些转移利润的税率仅为4%。所以，爱尔兰毫无疑问是跨国公司的避税天堂。资本就是这样，注定只会流向人们喜欢的地方。谁会喜欢高风险、高税率的政府呢？”

“苹果公司是怎么操作的呢？”

“具体细节比较复杂，因为各国法律不一致，大体结构是这样的：首先在爱尔兰设立两家子公司（一家是实体销售公司，一家是国际运营公司），然后再去荷兰的阿姆斯特丹‘过一圈’。同时苹果将知识产权从总部美国加州的库比蒂诺转移至爱尔兰与卢森堡，而荷兰阿姆斯特丹又充当了‘兜转渠道’。苹果最终将资金从这些地区转移回爱尔兰，汇入真正的避税天堂。”

小艾想了想，似乎明白了点什么，知识产权从美国公司转入爱尔兰公司，那美国公司岂不是每年都要给爱尔兰公司知识产权费，意味着利润会回到爱尔兰？

“苹果都这么有钱了，为什么还想尽办法避税？”

“企业发展到一定阶段，税是当头的一把剑，运用好了，可以让企业快速发展。科技公司，每年投入的研发费用占营收的比例很高，但如果你的企业所在国缴纳的税赋很重，那么你的企业怎么会比其他公司发展得更快呢？”

“噢，于是，他们使用各种各样的金融工具和交易方式来支配自己的财富，结局就是富裕的人会更加富裕，有钱的公司会变得更加有钱。”

“没办法，人家就是比你聪明。另一个就是融资，比如我们互联网行业典型的VIE结构。”①

“什么是VIE？”

“VIE是Variable Interest Entities的首字母缩写，可变利益实体。VIE结构就是，第一步，企业（指中国境内的经营实体）的创始股东在境外设立一个离岸公司，比如在维京群岛（BVI）或是开曼群岛。第二步，这个离岸公司与VC、PE及其他的股东，再共同成立一个公司（通常是在开曼），作为上市的主体。第三步，上市主体公司再在BVI或者是在中国香港全资设立离岸公司。第四步，中国香港的离岸公司再在内地设立一个或多个全资子公司WFOE（Wholly Foreign Owned Enterprise，中文名称叫‘外商投资企业/外商独资企业’）。第五步，该WFOE与国内运营业务的实体签订一系列协议，以达到完全控制国内实体企业之目的（如图12-8所示）。

① 注：VIE结构虽处于灰色地带，但它在早期却培育了我国的互联网巨头，使我国在互联网世界拥有话语权，以免受制于人。本书仅在小说故事中客观地陈述了这一事实（后续叙述参看此条注释）。

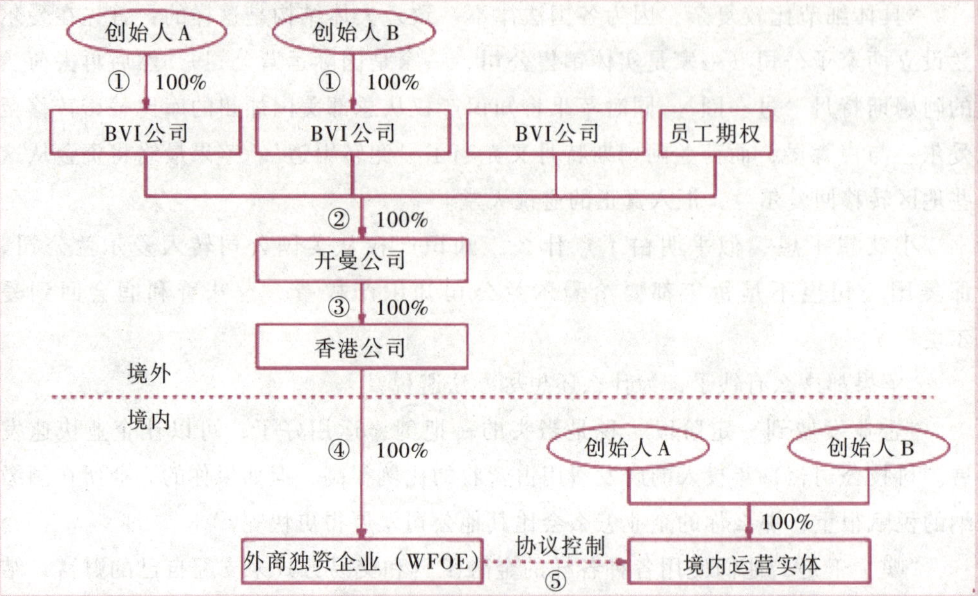

图12-8 VIE结构的“五步走”

“其中签订的协议主要包括：

“（1）贷款协议：即WFOE贷款给内资经营实体的股东，股东将资金注入企业发展业务。

“（2）股权质押协议：内资企业的股东将其持有的实体企业的股权完全质押给WFOE。

“（3）独家顾问服务协议：通过该协议实现利润转移，协议规定由WFOE向经营实体企业提供排他性的知识产权及技术顾问服务，而实体公司向WFOE支付的费用额为全年的净利润。

“（4）资产运营控制协议：通过该协议，由WFOE实质控制经营实体的资产和运营。

“（5）认股权协议：当法律政策允许外资进入实体公司所在的领域时，WFOE可以提出收购实体公司的股权，成为法定的控股股东。

“（6）投票权协议：通过该协议，WFOE可以实际控制经营实体董事会的决策或直接向董事会派送成员。

“通过这一系列的控制协议，内资经营实体实质上已经等同于WFOE的‘全资子公司’。目前大家熟悉的互联网信息服务巨头及电子商务巨头如新浪、网易、搜狐、百度、腾讯、阿里等大批企业均采用这一模式在境外上市。”

“WFOE为什么要通过协议控制国内实体？而不是直接控股？”

“WFOE是外商投资企业，它‘hold’不住国内的互联网企业。”

“为什么？”

“互联网中的很多项目，比如互联网出版服务、经营网络文化服务、互联网视听节目服务等，外商投资企业是禁止进入的，电子商务市场业务、增值电信服务业务、销售通信类产品、教育、医疗等等，是限制投资类项目。即使有些行业允许外资进入了，但外商投资时涉及商务部、外管局、行业主管机关的多重审批，不仅通过难度大，而且耗时很久。上市公司控股境内实体时，涉及境内利益出境的时候，外汇管制也会很麻烦。如果上市公司直接控股境内实体，境内实体再做资产重组、业务变更、股权变动或者有其他大动作，就会直接影响上市公司，而且还涉及披露等一大堆烦琐的程序性要求。”

“所有的一切，都是为了绕开国内政府的监管？”

“当然，如果不绕开监管，国外的资金就进不来，因为这些项目不允许国外资金投资。”

“国家限制国外资金进入互联网行业，是不是间接保护了中国的互联网企业？”

“是的，如今的互联网生态是20年前从未想过的。美国的互联网最初只是大公司的赚钱工具，走向全世界，那是因为利益的诱惑，是在资本推动下完成的。但现在不一样，它成了美国操纵世界的重要手段。中国互联网很多年，都不温不火，如今的盛况绝对不是最初计划的，只是没想到‘圈地自萌’，却成功打造了完全独立的生态体系。”

“历史的演化如同生物的进化，很多东西都是自下而上的。”

“是的，看问题可以自上而下，但是做事情绝对是自下而上。你只有做完了，才知道最终的结果是什么。现在对于很多国家来说，互联网就是美国的东西，自己国家早期如果没有培育出自身的互联网巨头，被美国占领市场后就会任人宰割，彻底失去保卫自身网络安全的能力。”

“这么严重啊？”

“当然，如果没有属于自己的网络生态与平台，那么现在，在全球的互联网世界就没有话语权。一个国家在互联网方面受制于人，就会失去网络主权。目前，除了美中两国拥有完整的互联网体系，像欧洲国家以及日本、韩国等国都拥有一部分网络平台与软件应用，但在整体上还需要依赖美国互联网才能满足需求。事实上，只有美国、中国拥有互联网，而其他国家只是接入了美国互联网而已。”

“那其他国家岂不是要给美国交很多真金白银?”

“交钱其实还是次要的，更重要的是各国官方都需要借助Facebook、YouTube等平台进行宣传，这就等于是美国企业在事实上控制了全球的舆论导向。”

“既然政府的监管如此重要，那么VIE结构绕开了政府监管，政府为什么不把他们一举歼灭?”

“VIE绕开了监管，可是VIE在中国互联网史上也是功不可没。互联网企业的发展有一个特点，前期主要是烧钱，后期才能盈利。尤其在2000年左右那段互联网泡沫时期，对这样的企业，国内的银行是不待见的。看不见盈利，又提供不了担保，银行是不肯承担这种风险的。但互联网企业的发展又需要钱，不然就无法生存，会因资金链断裂而倒闭，怎么办?国内融不到钱，那就只好转向国外了。巧的是，还真有一些外资看好国内的互联网企业，希望入股。于是，双方经过讨价还价，终于达成了投资协议。但是问题出现了，比如：1999年，新浪筹划海外上市。当年9月底，时任信息产业部部长吴基传，在一次讲话中认定互联网内容服务(ICP，Internet Content Provider)为电信增值服务，根据中国的政策法规，这一领域不允许外资进入!不允许外资进入，融资就会泡汤，企业也会因为资金枯竭而倒闭，怎么办?”

“于是，他们创造了VIE结构?”

“对，你不得不佩服当时人们的创造力!新浪很快便提交了一份重组方案，将原有的ICP业务、资产从原母体‘四通利方’剥离出来，成立全新的纯内资公司。剥离后，两家纯内资的公司不参与上市，仅把‘四通利方’拿去上市。但是，‘四通利方’和这两家公司签订了软件技术服务、顾问服务、股权质押等一系列控制协议。这就是大名鼎鼎的VIE，俗称新浪架构，或者叫协议控制(如图12-9所示)。”

“根据该架构，投资人并不持有企业的股份，只是通过一系列协议实现对企业的控制和利益转移。从国内的法律来看，外资并没有成为企业的股东，所以并不构成‘对限制或禁止外商投资领域的投资’行为，并不违反中国的法律。而从拟上市的美国的法律来看，这种架构，能够将国内企业的利润并入在国外上市企业的报表(会专门在国外设立上市主体公司，全资持有与国内企业有协议控制关系的外商投资企业)，也是符合美国法律的。

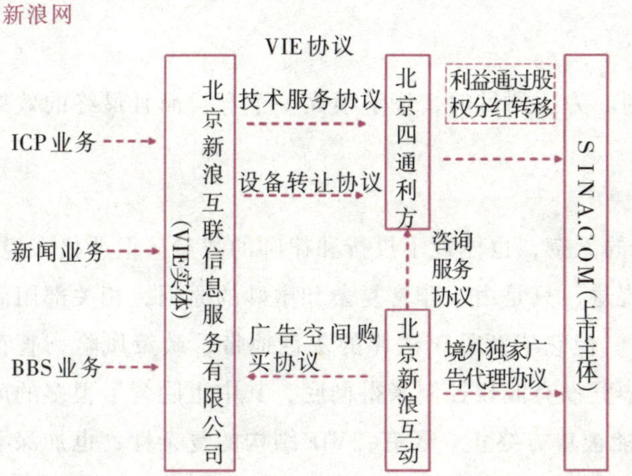

提示：

· 上述虚线箭头的指向为利益的流向

· 北京四通利方（WFOE）为利润转移枢纽

· 上市主体通过一系列VIE协议成为境内公司的资产控制人和实际受益人，并间接吸收境内主体的利益

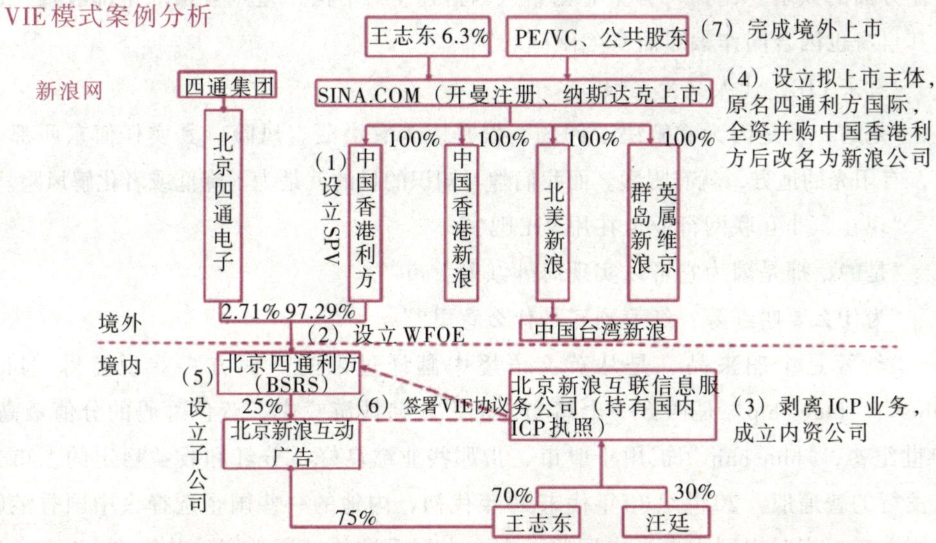

图12-9 新浪架构（协议控制）

“这样，一个跨越中美的资本链条就形成了。使用此模式，国内的企业能够顺利融资；而国外的投资人，也能间接实现对国内限制或禁止领域企业的投资，并能实现海外的上市。而国家呢，也发展了互联网经济。这是一个多赢的局面。

“正因为VIE实现了多赢，所以自它被发明出来，就一直被后来需要融资和海外上市的互联网企业所沿用，但初期仅限于互联网企业。”

“VIE其实是曲线救国？”

“其实也是不得已而为之。”

“教材中似乎提都没提过?”

“这就是理论与现实的区别。为达到目的，绕了很大一个弯，而且最终的效果也不是很彻底。”

“为什么?”

“VIE体现了企业和投资人的无奈，也体现了投行和律师的智慧。但严格来说，VIE是对我国现行法律的一种规避，只是由于非常复杂和微妙的原因，相关部门尚没有出面明确确认它的违法性。但它毕竟处于法律的灰色地带，政策风险一直存在。另外，VIE的协议控制，毕竟没有股权控制来得彻底，其中也隐含了很多的风险。已经产生的VIE架构有可能被单方终止。还有，VIE结构的复杂性，也加深了其他方面的风险。比如，有企业创始人因搭建VIE结构，差点被谋取全部股权，甚至其自身也因合同诈骗罪而身陷囹圄。”

“看来VIE，让人又爱又恨。”

“是的，爱是因为它解决了问题，恨是因为它潜藏着风险。其实任何东西都一样，有阳光的地方，就有阴影。而我们学习知识的目的就是为了降低或者化解风险。”

“现在，非互联网行业也在用VIE吧?”

“是的，那是因为它可以实现海外红筹上市。”

“为什么要叫红筹?红筹到底是什么意思?”

“红筹是个舶来品，是从英文语境中翻译过来的。西方喜欢说蓝筹‘blue chips’，‘blue chip’是西方一个赌场词汇，在赌博游戏中，蓝色筹码的分值最高。20世纪初，‘blue chip’被用于股市，指那些业绩良好、分红和收益稳定的上市公司发行的普通股。20世纪80年代末90年代初，内地的一些国企选择去中国香港联交所上市。当时中国香港尚未回归，有个中国香港的经济学家称其为‘red chips’，其实很好理解，‘red’象征我们国家，都是国企，也很贴切。这跟中概股的名称得来类似，都是海外对中国境外上市公司的专有名词，赋予了某种特别的内涵。”

“那VIE海外红筹上市也是为了绕开法律监管?”

“是的，最初是商务部出了一个《关于外国投资者并购境内企业的规定》[①]，堵死了海外红筹上市的路，这个文件，业内也叫‘10号文’。”

---

① 注:《商务部关于外国投资者并购境内企业的规定》，因在对话中，所以简写了。

"商务部为什么要堵死海外红筹上市的路?"

"文件出台的背景,已无从查考了,据说并不是针对红筹。但不管其出台动机为何,其结果却是,几乎堵死了国内民企海外红筹上市的通路。然后有聪明人发现,VIE作为一种协议控制的方式,并没有取得目标企业的股权,不属于并购,所以可以不适用《关于外国投资者并购境内企业的规定》,自然也就可以不经过商务部等部门的审批了。这就进一步扩大了VIE的使用范围。目前此文件已经废止,但是这个文件却促进了VIE结构的流行。"

"我突然发现,实践中,很多事情其实最后都在变通。"

"当然,痛则不通,通则不痛。做事情要外圆内方,'10号文'一出来,业内人士便发明了各种各样的变通方法,力图既不违法,又能达到目的。当时,有很多企业家为突破'10号文'的限制,甚至采取了变更国籍的做法,因为在变更身份之后,股东直接就是外国人,完全不受'10号文'的限制。"

"看来,那些拟上市公司的企业家有时候变更国籍,也是有不得已的苦衷!"

"是的,我们不了解实际内幕时,对他人行为不要妄加指责。"

"但是,我还是没弄明白CDR是什么意思。"

"CDR就是为了让我国优质企业回归A股的一种金融工具,A股IPO有两个硬性标准:一个是盈利指标要求,A股IPO规定在主板和中小板上市的企业,其净利润需在最近3个会计年度为正数,且累计超过人民币3 000万元。还有就是不允许特殊的股权结构(VIE构架),同股同权的企业才能在A股上市。以上两个要求导致BATJ(百度、阿里巴巴、腾讯、京东)、微博、携程、爱奇艺等优质A股互联网企业不能在中国上市,而跑去美股进行IPO。"

在主板和中小板上市的公司首次公开发行股票的条件见表12-4 。

表12-4　在主板和中小板上市的公司首次公开发行股票的条件

主体资格	存续时间满3年	①股份有限公司应自成立后,持续经营时间在3年以上 ②有限责任公司按原账面净资产值折股整体变更为股份有限公司的,持续经营时间可以从有限责任公司成立之日起计算,并达3年以上 【提示】有限责任公司变更为股份有限公司时,折合的实收股本总额不得高于有限责任公司的净资产额 ③经国务院批准,可以不受上述时间的限制
	最近3年稳定	发行人最近3年内主营业务和董事、高级管理人员没有发生重大变化,实际控制人没有发生变更
	资本充足,生产经营合规,股权清晰,运行规范	

续表

发行人的财务状况良好	利润	最近3个会计年度净利润均为正数且累计超过人民币3 000万元 【提示】净利润以扣除非经常性损益前后较低者为计算依据
	经营	(1)最近3个会计年度经营活动产生的现金流量净额累计超过人民币5 000万元 (2)最近3个会计年度营业收入累计超过人民币3亿元 (二选一)
	股本	发行"前"股本总额不少于人民币3 000万元
	资产	最近一期期末无形资产(扣除土地使用权、水面养殖权和采矿权等后)占净资产的比例不高于20%
	亏损	最近一期期末不存在未弥补亏损
发行人应当具有持续盈利能力,不得有下列影响持续盈利能力的情形	①发行人的经营模式、产品或服务的品种结构已经或者将发生重大变化,并对发行人的持续盈利能力构成重大不利影响 ②发行人的行业地位或发行人所处行业的经营环境已经或者将发生重大变化,并对发行人的持续盈利能力构成重大不利影响 ③发行人最近1个会计年度的营业收入或净利润对关联方或者存在重大不确定性的客户存在重大依赖 ④发行人最近1个会计年度的净利润主要来自合并财务报表范围以外的投资收益 ⑤发行人在用的商标、专利、专有技术以及特许经营权等重要资产或技术的取得或者使用存在重大不利变化的风险	
发行人存在下列情形之一的,构成首次发行股票并上市的法定障碍	①最近36个月内未经法定机关核准,擅自公开或者变相公开发行过证券 【提示】有关违法行为虽然发生在36个月前,但目前仍处于持续状态 ②最近36个月内违反工商、税收、土地、环保、海关以及其他法律、行政法规,受到行政处罚,且情节严重 ③最近36个月内曾向中国证监会提出发行申请,但报送的发行申请文件有虚假记载、误导性陈述或重大遗漏;或者不符合发行条件以欺骗手段骗取发行核准;或者以不正当手段干扰中国证监会及其发行审核委员会审核工作;或者伪造、变造发行人或其董事、监事、高级管理人员的签字、盖章 ④本次报送的发行申请文件有虚假记载、误导性陈述或者重大遗漏	

注：更多相关知识点，请参阅《小艾上班记8——中级经济法》第4章。

“现在政府希望他们回来，李克强总理在2018年政府工作报告中明确提出‘支持优质创新型企业上市融资’。深交所总经理王建军说：‘腾讯没有在深交所上市，我们一直在反思自己的制度问题，将对‘独角兽’企业在深交所上市开设绿色通道。真诚地邀请新经济企业能够留在境内，也真心地欢迎新经济企业来深交所。’上交所公开表示：已经形成一套服务‘新蓝筹’企业的全周期服务方案，搭建了专业服务体系，积极支持一批新一代的BAT企业（BAT，B指百度，A指阿里巴巴，T指腾讯，是中国三大互联网公司首字的缩写）成长。”

“BAT没有在A股上市，让我少赚了好多钱，唉！他们在A股的话，我肯定会买BAT，让我错过了互联网发展最黄金的10年。只是，他们愿意回来吗？”

“当然，A股那么多钱，干嘛不回来？特别是A股牛市的时候，他们发现，这么一个垃圾公司居然估值这么高，我这么好的企业，都没有这么高的估值，凭什么？”

“所以，他们都想回来！”

“是的，百度李彦宏说：‘只要政策允许，希望尽早回来。’腾讯马化腾说：‘条件成熟，会考虑回A股上市。’京东刘强东说：‘只要制度允许，我们非常愿意回到A股。’”

“那太好了！”

“海外上市企业回归A股的途径主要有两种，一种是以‘360’为例拆除VIE结构，另一种则是CDR。”

“拆VIE？”

“是的，你怎么建的，那你就怎么拆掉。”

“那得多麻烦！”

“当然，钱不是那么好赚的！怕麻烦的人赚不到钱！另一种就是CDR。CDR不需要高科技创新公司拆解VIE结构，避免了拆除VIE架构所带来的股权结构问题和拆开重建的代价问题，也不违背目前法律，比较容易操作，更加具备实操性。”

“那怎么操作？”

“先由有资格开展海外业务的银行境外部门，使用美元在美股市场购入中概股正股；接着，将中概股的正股存管在银行指定部门；然后，由银行境内部分，根据其持有的中概股正股数量，发行对应的存托凭证，每一张存托凭证对应一定份额的中概股正股；最后，由中国境内投资者用人民币购买或交易存托凭证，通过存托凭证间接地持有已经在海外发行的中概股（如图12-10所示）。”

图12-10　CDR操作示意图

“那我是不是也可以购买CDR（中国存托凭证）？”

“当然可以！”

“那购买CDR与购买股票有什么区别？”

“一般我们购买股票后，就会成为股东，有权出席股东（大）会并有表决权，享有资产收益、参与重大决策和选择管理者等权利；而CDR的持有人没有投票权（投票权由托管银行掌控），即不参与决策，只享受投资收益、承担投资损失。”

“我一个小股民，还参加股东大会？谁给我报销路费，算了吧！那拆VIE，如何拆？”

“这个比较复杂，搭建就不容易，拆掉就更难，需要精英团队运作，至少需要下列人员（如图12-11所示）。”

图12-11　拆VIE需要的专业人员

“拆的过程，会涉及大量税务问题，是吧？”

“当然，你做每一个跟经济相关的动作，都可能碰触到‘税法’，那自然要按

‘税法’缴税或者补税。”

小艾感叹着理论跟实践中的区别，现实中，每个公司都在运作的问题，教材中提都没提一下。教材中只有一条条的规定，不管是财务、税务，还是金融。

教材的学习更多的是基于已知的学习，实践中更多的是基于未知的学习。教材可以让你系统地学习，但是往往最有价值的知识，还来不及形成体系，等到形成体系进入教材的时候，它已经不值钱了。所以教材的作用更多的是让我们了解基本概念，为未来的学习做好准备。

自我是多重的，环境是多变的，社会是多元的，在实践中我们需要更多的是探索式的学习。实践中的问题，没有标准答案，甚至没有绝对的对错，只能一步一步地往前探索，一步一步地往前试错，就像哥伦布发现新大陆一样！

哥伦布为什么可以发现新大陆？因为他犯了好几个错：

（1）他数学太差了，他把地球周长算错了，他算出来的地球周长只有地球实际周长的1/8。

（2）他的目标也是错的，他要到印度，但实际上他到了美洲，但是他还自以为到了印度。

目标是错的，假设也是错的，动机也谈不上多高尚，但是正因为他犯了这几个错误，所以他才有勇气去探索。要是他知道，印度那么远，也没有遍地的黄金，而且最后自己到达的地方是只有一片荒原的美洲，他肯定不会去了。

所以，探索式学习，要的不是你的认知有多正确，而是你不害怕犯错，你有勇气去探索。你觉得这件事，哪怕是错了，也是有意义的，这或许才是真正的学习。

小艾觉得杜云轩教给了她很多，而人与人之间是遵循价值互换的，可是自己现在真的是一无所有，不知道该拿什么换，那就先记账上吧，有借必有贷，借贷必相等。等日后，自己在工作中尽量逮住机会偿还，比如工作更加努力，态度更加友好，服务更加周到。

杜云轩自然没想过要她偿还什么，他只是随便跟她聊聊天，说说话而已。跟她说话，不觉得累，反而觉得很放松，很舒适，再说人有时候是有倾吐欲望的，所以从某种意义上来说，相当于她为他提供了情绪价值。

人的很多行为都是无意识的，比如好感这件事就是下意识的，你会对某些人有好感，愿意走近他或她，而对另一些人无感。

感官这东西在我们人生中占据了很重要的地位，甚至跟我们命运相关的很多决策都是在它们的操作下不知不觉地进行着。

比如嗅觉，大家如果不感冒，就可能感觉不到它的重要性；等感冒的时候，鼻子堵得难受，不能正常呼吸时，才知道，这鼻子简直要人命，特别是鼻炎患者，简直是苦不堪言，有时甚至觉得生不如死。

其实，不感冒的时候，鼻子的嗅觉也在发挥它的作用。比如，嗅觉能够将那些散播在空气中的携带基因的荷尔蒙捕捉到。

你可能会觉得这是天方夜谭，可是科学家们却在不断地研究它。人类是从动物逐渐进化过来的，要想在进化中取得胜利，那繁衍肯定是必不可少的。而繁衍最核心的关键就是，要实现基因最优配对，从而确保后代在未来的生活中尽可能地减少患病的可能性。因此，不管是动物还是人，都逐渐进化出了一种寻找配偶的本能。

比如，科学家们在实验过程中发现，女性更偏爱闻那些与自身免疫系统差异较大的男性的T恤衫，那是因为父亲、母亲两人的免疫系统间的差别越大，他们的子女就越有可能拥有比父母双方都强大的防御疾病的免疫系统。

再比如，相亲的时候，对方各方面条件都不错，可是你就是不来电，很有可能就是你的鼻子和大脑在小声地告诉你：别选他/她，你们的免疫系统不是很匹配，如果你们结合，那么共同孕育的后代不是那么理想。

还有香水的应用，人们喜欢的香水味道，一般都是那些能够凸显自身免疫系统荷尔蒙的味道，而那些达不到如此效果的香水味道，我们会觉得非常难闻。于是，便有了“闻香识女人”之说，当然，闻香也可以识男人！

这种本能与规律不但适用于寻找配偶，也同样适用于寻找朋友，毕竟配偶都是先从朋友开始的。在工作中，跟你喜欢的人合作，和跟你讨厌的人合作，效果完全不一样。同理，结婚一定要有爱情，至少也要有好感，原因就在于此。如果双方彼此讨厌，那么遇到问题的时候，都会推卸责任；对方生病或出事了，也不会心甘情愿地付出；平时一点小事不愉快，内心也会斤斤计较！

所以，我们要跟自己喜欢的人一起工作，跟自己喜欢的人一起生活，至少跟你合作的人，你要做到不讨厌！这样合作成功的概率才会增大！

当然，配偶的选择条件比朋友的选择条件会更苛刻，因为它不仅要考虑有没有好感，还要考虑更多其他的东西。

因为人不仅有本能，有感性，有情绪，还有理性，还要面对各种社会规范。

杜云轩并没有意识到自己的这种潜意识，他只知道，职场有职场的游戏规则，该保持距离的则要保持距离，该关心的，哪怕自己再厌恶，也要说几句场面话。

“下班了，就早点回去吧！”他温润地说道。

“好。”

小艾欢快地应承道，她心情特别愉悦，一方面觉得自己今天学了好多东西，另一方面，她暗暗庆幸，杜老师好像没有发现自己刚才在看那“不雅”视频。自己手真贱，这种视频应该回家再点开，办公室毕竟是公众场合，随时都可能有人突然闯进来，自己居然想都没想，就顺手点开了，也幸亏自己反应快，在他还没走近时就关掉了。

接着，她礼貌地寒暄道：“杜老师，您今天不需要加班了吧？”

“我还有个文件要处理一下。”

“那……”小艾有点语塞，领导要加班，自己先走，好像有点不合适。

“有什么我能做的吗？”

杜云轩闻言，笑道：“没有了，你早点回去吧！”

“好，那杜老师，再见！”

“再见！”杜云轩一边应答，一边往自己办公室走去，走了两步，突然回头道：“下次看视频的时候，有人进来了，鼠标一下子又点不到‘显示桌面’，直接按‘window+D’！”

小艾闻言，当场石化，刚才见杜云轩神色如常，一点反应都没有，还以为他没看到呢。

她脸有点微微泛红，笑着应答道：“好，我以后会注意的！”

回家后，赶紧试了一下“window+D”，果然桌面立显，接着又试了一下“window+E”，“我的电脑”立马就打开了。从此以后，这两个快捷键，她再也忘不了了，因为实在是太好用了。

第13章
各行业税负预警

第13章 各行业税负预警

晚上，回到家里，杜云轩靠在沙发上看书——尤金·奥凯利写的《追逐日光》，尤金·奥凯利1972年进入KPMG（毕马威：国际四大会计师事务所之一），担任助理会计师；经过30多年的努力，最后担任KPMG的CEO和董事长，然而好景不长，2005年5月底，他被确诊脑部患有多形性胶质母细胞瘤，在2005年9月10日辞世。

这本书写的就是他生命中最后三个月的反思，面对突然的死亡宣判，尤金开始思考死亡的意义，反思生命的内涵，他选择运用专业的素质和商人的思维，把人生最后的时光变成让自己有所收获、给别人带来美好体验的最美妙的记忆。

他先辞去了工作，然后放弃了化疗，选择让自己意识清楚地追求目标——追逐日光，让余生成为人生最美好的时刻，活在当下，学会体悟周围世界的美好。过去，他都是生活在并不存在的想象世界里，感到筋疲力尽、心力交瘁。

尤金·奥凯利说："在我的职业生涯中，明确的目标、专注和执行力总是非常关键的。"

杜云轩对此也非常认可，然而在这三者当中，最难的是目标的确定。人活着的目标是什么？追求名望，追求金钱，追求成功，还是追求幸福？

好像幸福这个指标更具有综合性！

英国作家欧文就说过："人类一切努力的目的在于获得幸福。"

柏拉图也说："人类一切活动的持续不变的目标就是幸福。"

亚里士多德也说："人的行为的终极目的是幸福。"

我们做任何事情，最后都是为了得到幸福。

那幸福是什么？

柏拉图认为幸福是一种最好意义上的成功，亚里士多德认为幸福是人生的圆满。

在杜云轩看来，哲学家说话太高深，说了等于没说。

每个人对幸福的理解是不一样的。

有人说："幸福就是手里有一杯咖啡，眼前有一片美景。"

有人说："幸福就是我中了500万元！"

有人说："幸福就是，读着爱情小说，看到那些甜得不行的、像小姑娘细腻的情话一般的句子时，你心里想到的那个人。"

这样看来，幸福就不是一句话能说清的，不同的人、不同的性别，在不同的阶段、不同的情境下，最后得出的结论是不一样的。

因此，幸福其实是一个多元函数，有着多种变量。

想着想着，杜云轩立马用他那优秀的财务人思维，写下了属于他的幸福函数，Y（幸福）=W1（金钱）+W2（健康）+W3（爱情）+W4（权力）+…+Wn（学历）。

Y是因变量，金钱、健康、爱情、权力这些都是自变量X，W（weight）是权重，在每个人心目当中，同一个变量他所赋予的权重不一样。有的人特别爱钱，那金钱的权重占比就高一些，有的人特别爱权，那权力的权重占比就高一些。

如果再往下分析，那就是每一个变量又受多个因素影响，比如健康水平，它就跟你的作息时间、饮食规律，你的基因、年龄、当地的医疗水平都有关，因此，健康又是一个多元函数。

Y（健康）=W1（作息）+W2（饮食）+W3（基因）+…+Wn（年龄）

而每一个因素又受很多个因素影响，比如饮食，吃什么，怎么吃，这也是个大学问啦！

因此，幸福是什么？幸福就是一个函数综合体，一层一层地往下剥洋葱，会衍生出无数个函数。

如果有人告诉你，做好以下几步，你就会获得幸福，不要相信啦，幸福包含的影响因素太多，数量和层级都是无穷的、立体的，没有疆界的。这也是为什么几千年来，没有哪个哲学家，或者哪个伟人，真正弄明白幸福是什么。

但是，幸福的脉络又是清晰的，我们每个人每天都在这一系列因素的驱动下，上演着一幕幕的悲欢离合，并形成了纷繁复杂、变化万千的社会。

胡适有一句经典语录："怕什么真理无穷，进一寸有一寸的欢喜。"

放在这里也适用，怕什么幸福无穷，能有一点是一点。

那怎样去寻找幸福呢？很简单，看着图（如图13-1所示），一层一层地细化，看自己能够改变哪个因素，改变自己能改变的，接受自己不能改变的。

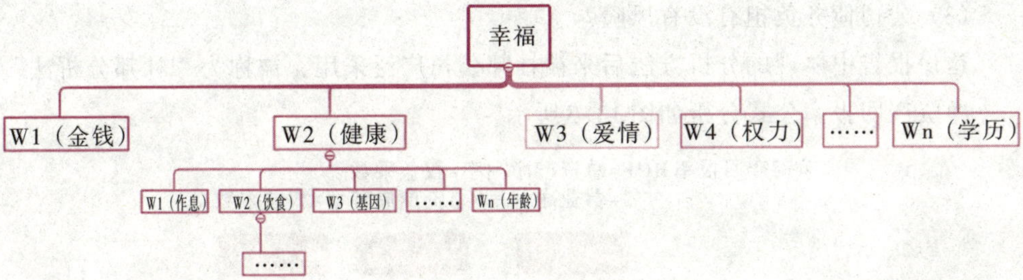

图13-1 幸福函数图

再一细看，这不就是杜邦分析法吗（如图13-2所示）？

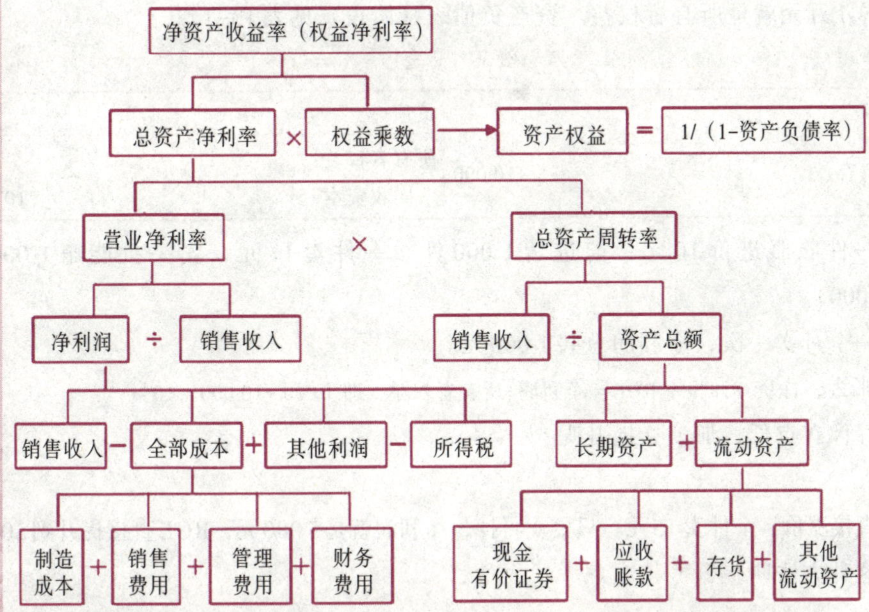

图13-2 杜邦分析法

1912年，杜邦公司的销售人员法兰克·布朗，在一份向公司管理层阐述公司运营效率的报告中写道："要分析用公司自己的钱赚取的利润率"，并将这个比率拆解，以解释三个问题：

（1）公司业务有没有盈利？

（2）公司资产使用效率如何？

（3）公司债务负担有没有风险？

这份报告中体现的分析方法后来被杜邦公司广泛采用，被称为“杜邦分析法”。

净资产回报率公式分析如图13-3所示。

净资产回报率ROE=总资产净利率×权益乘数

=营业净利率×总资产周转率×权益乘数

盈利能力　营运能力　偿债能力

图13-3　净资产回报率公式分析图

假设你工作之余，想去摆地摊，投资1万元，卖衣服。

这1万元就是所有者权益。资产负债表（简表）见表13-1。

表13-1　资产负债表（简表）　单位：元

资产：		负债	
银行存款	10 000	所有者权益：	
		实收资本	10 000

一件衣服进价10元，能进货1 000件。一件卖11元，卖一批能赚1 000元（1×1 000）。

一个月卖一次，净利润总共1 000元。

那么，净资产回报率ROE = 净利润÷所有者权益，即1 000 ÷10 000 = 10%

好像有点低，那怎么提升呢？

方法一：涨价

直接涨价，一件卖15元。只要卖得掉，净利润就是5 000元，ROE直接提升到50%。

这种方法叫提升销售净利率，俗称涨价。

方法二：多卖几批

第一批卖完了，有钱了，再进下一批，再卖、再进……

如果一个月卖掉五批（每批1 000件），净利润还是5 000元，ROE也能提升到50%。

这种方法叫提升总资产周转率。

方法三：借钱生财

借钱来投资。你去找你妈再借4万元，那么一次性能进5 000件，5 000元利润一步到位。

注意！借的4万元不能算所有者权益，只能算负债，找你妈借的，一般是无息负债。

所有者权益还是1万元。ROE又提升到50%。

这种方法叫提升权益乘数，俗称加杠杆。

使用杜邦分析法最主要的思路就是把回报率ROE（你的目标）一层层分解，直到反映出最根本的问题为止。当然，如果你把回报率ROE这个目标换成其他的目标，也同样适用。

所以说，法兰克·布朗这个家伙还是挺牛的，不过自己也不差，刚刚自己不也无意识地对幸福进行拆解了吗？殊途同归！

不过，人生不仅需要才干，也需要机遇。如果自己当年在杜邦公司，那么说不定也能像法兰克·布朗一样人生开挂，迎娶白富美——杜邦公司创始人的孙女，爱情事业双丰收！毕竟自己还姓杜，同门中人，老本家。

正当杜云轩自娱自乐时，手机突然响了！

杜云轩瞟了一眼手机上的名字，没有接，手机响了很长时间，停了。过了一会儿，手机铃声再次响起，杜云轩拿起手机，按了接听键。

梁清妍温柔缱绻的声音缓缓传来："云轩，明天是曲晓的婚礼，你会去吧？"

"嗯！"

"那我们一起吧！"

"我明天还要先去办点事，可能会晚点到，你先去吧！"

"云轩，我回国后，你好像一直在躲着我，为什么？"

杜云轩顿了一会儿，答道："既然我们已经分手了，那就应该彻底点！"

"可是，你以前不是这样的啊，你跟我说，就算分手，也还是朋友，而且这些年我们不是一直在联系吗？"

"以前是我不甘心，太过偏执！"

"云轩，你知道，当初分手并不是我本意……"

"不管怎么样，事情都已经过去了。"

"可是，我觉得我们还是可以做朋友的。"

"你真的觉得这样好吗？"杜云轩语气有点嘲讽。

“……”梁清妍静默了一会，挂了电话。

杜云轩把书本盖在眼睛上，然后在沙发上闭目养神。

书中有些句子却在他脑海里翻滚。

“我具备了快速调整人生航向的能力，有时候经常能在瞬间就掉转船头。”

“如果我想摆脱整日郁郁寡欢的境地，如果我想迎接阳光，那么我必须要快速、有效地做出调整。虽然这是我人生第一次经历这样的巨变，但我要出色地闯过这一关。”

“简而言之，我就是要延续原来的思维方式，继续原来的计划，保持我原来做人的本色，也就是还要做好一个会计、一个商界高管和一个首席执行官。”

尤金·奥凯利确实是一个出色的会计，很多人认为会计是死板的，其实会计是最灵活的。会计有八大原则，其中有一个原则，叫谨慎性。很多人对此的理解是错的，认为谨慎性就是胆小怕事，这是大错特错。

其实谨慎性是你要有非常敏锐的察觉能力，能提前预估风险，具备预判的能力。比如，对仓库的存货，出于谨慎性原则，你会计提存货跌价准备，还有对固定资产、无形资产，计提减值准备，这些都体现了谨慎性原则。为什么？因为你察觉它们有风险，有减值迹象，你提前就做好了准备。当别人还在拼命地买进的时候，你已经开始瞅准机会卖出了。这一点在商场上尤其重要，因为商务运营瞬息万变，你必须具备很强的风险察觉能力，然后快速变通，调整航向。

什么叫谨慎性原则？打开初级、中级或注会教材，你会看到：

谨慎性原则要求企业对交易或者事项进行会计确认、计量和报告应当保持应有的谨慎，不应高估资产或者收益，不应低估负债或者费用。

举例：

（1）存货跌价准备的计提；

（2）固定资产加速折旧法；

（3）因或有事项确认预计负债：如企业对售出商品可能发生的保修义务确认预计负债，对可能承担的环保责任确认预计负债等。

【例题·多选题】下列会计核算中，符合会计信息质量的谨慎性要求的有（　　）。

A.固定资产采用加速折旧法计提折旧

B.设置秘密准备

C.应收账款计提坏账准备

D.对存货计提跌价准备

【答案】ACD

【解析】谨慎性原则的运用不允许企业设置秘密准备。

谨慎性原则是要我们有着优秀的风险察觉能力，而不是去搞小金库。

尤金·奥凯利开始把工作中的原则用于生活，面对死亡这样的人生巨变，照样能沉着应对。杜云轩想想自己，唉，失个恋，却沉沦了很久，自己所有的专业素养，在生活中却没能体现。

这个世界上，没有人知道明日的世事变迁，不管是工作还是生活，人都应该具备调整航向的能力。

不过，尤金·奥凯利也有失误之处，太过执着于自己的工作，没有谨慎地察觉自己身体的异样，没能好好照顾自己，没有平衡好工作与生活。要知道，平衡是我们会计人士的核心导向，资产负债表的原理就是左右两边要平衡，好在最后，他幡然醒悟，去追逐日光，去体悟生活的美好。

工作固然不可或缺，但是生活也很重要，因为你永远不知道，这个世界上到底有多少你未曾体验过的惊喜！

窗外，月光如流水一般泻在树叶和花朵上，仿佛笼着轻纱的梦。

小艾继续忙碌自己手头上的事，会计其实相当于企业医生，不但要给企业出具各种体检表（比如财务报表、纳税申报表、管理报表等），还要进行分析排查，看企业到底有没有问题。

因此，她把企业应该缴纳的税算出来之后，还会看这个税合不合理，有没有异常。

她逐一浏览数字，就像医生拿着听诊器一样，慢慢细查。突然，她眉头蹙了蹙。这是一家零售企业，一般纳税人，去年实现销售额大约1 000万元，应交增值税44万元多一点，期初无留抵税额，今年已经实现销售额1 200万元了，应交增值税还不到30万元。

她手里有一张各行业增值税、企业所得税税负率表，如图13-4所示。

她拿起计算器一算，去年增值税税负率=4.4%，今年的增值税税负率=2.49%。

零售业的增值税税负率一般在2.5%左右，虽然这两年都接近这个数据，但是波动有点大。

因此，她又算了一下，税负变动率=（2.49%-4.4%）÷4.4%=-43.41%。

她初步判断此企业，可能觉得去年缴税缴多了，因此进行了人为的调节，可能存在少计收入或虚抵进项、应转出未转出进项税额等问题，隐藏了大量的税务风险。

很多企业可能注意到了税负率预警值，但是却忽视了税负率波动预警值，波动预警值一般在-30%~30%之间，当然不同行业会有所不同。原则上，每个月、每年都不应该有太大的波动。如果波动太大，就很容易引起税务局的关注。如果有时确实由于企业业务流程等原因造成了波动，那么会计账务处理时，也应该学会平移。

在企业里做会计，跟在学校里做会计不一样。学校里做会计，是什么就做什么，有什么就说什么，比如：仓库库存盘点，盘亏了，于是我们就做会计分录：

借：待处理财产损溢

  贷：库存商品

这是教材中的经典分录，不管你是在哪个大学学会计，老师都是这么教你的。

但是，你要知道，会计是一门语言，一门商业语言。上班了，走上社会了，说话就要谨慎，该说则说，不该说就要闭嘴，说话时要考虑对方的反应。

如果把学校比喻成娘家，那走向社会就好比去了婆家。跟妈妈说话，有什么就说什么，有时候还要任性一下："本来就是这样嘛，不这样说，那怎样说啊？"这就是财务会计思维，也叫内账。但是跟婆婆说话，就不一样了，你在说之前，得想一下，我婆婆听到这句话会怎么想？这就是税务会计思维，也叫外账。所以，外账并不是要你去做假账，而是说话的时候，会更委婉，处理事情的时候会更周全，会去预判他人的反应。

因此，跟税务局说话，就像你跟你婆婆说话一样，你在说的时候，就得想一下，我这笔分录做下去，它会怎么想呢？

税务局看到这笔分录，会怎么想呢？我告诉你它会怎么想。这个企业盘亏了？账实不相符？账面有库存，而实际库存没有，那库里的商品哪去了呢？是不是被老板偷偷卖了，进了私人账户呢？嗯，明天我得去企业看看，到底怎么回事！

所以，会计说话一定要谨慎，尽量周全。你与其要税务局帮你来看看是怎么回

各行业增值税、企业所得税税负率表

- 增值税
  - 一般纳税人
    - 税负率：当期应纳增值税/当期应税销售收入
    - 当期增值税：本期销项税额-本期进项额+进项税额转出-上期留抵税额+出口退税+简易征收增值税+出口抵减内销产品应纳税额
      - 【注】对于免抵退税企业来说，出口抵减内销产品应纳税额也应该包含在当期增值税中
  - 小规模纳税人
    - 税负率：当期应纳增值税/当期应税销售收入=3%
  - 各行业增值税税负率
    - （1）农副产品加工　3.5%
    - （2）食品饮料　4.5%
    - （3）纺织品（化纤）　2.25%
    - （4）纺织服装、皮革羽毛　2.91%
    - （5）造纸及造纸品业　5 %
    - （6）建材产品　4.98%
    - （7）化工产品　3.35%
    - （8）医药制造业　8.5%
    - （9）卷烟加工　12.5%
    - （10）塑料制品业　3.5%
    - （11）非金属矿物制品业　5.5%
    - （12）金融制品业　2.2%
    - （13）机械交通运输设备　3.7%
    - （14）电子通信设备　2.65%
    - （15）工艺品及其他制造业　3.5%
    - （16）电器机械及器材　3.7%
    - （17）电力、热力的生产和供应业 4.95%
    - （18）商业批发 0.9%
    - （19）商业零售 2.5%
    - （20）其他 3.5%
- 企业所得税
  - 税负率计算：年度应纳所得税税额（包含预缴）/企业收入总额
  - 各行业所得税税负率
    - （1）租赁业　1.5%
    - （2）专用设备制造业　2%
    - （3）专用技术服务业　2.5%
    - （4）专用机械制造业　2%
    - （5）造纸及造纸品业　1%
    - （6）印刷业和记录媒介的复制印刷　1%
    - （7）饮料制造业　2%
    - （8）医药制造业　2.5%
    - （9）畜牧业　1.2%
    - （10）通用设备制造业　2%
    - （11）通信设备、计算机及其他电子设备制造业　2%
    - （12）塑料制品业　3%
    - （13）食品制造业　1%
    - （14）商务服务业　2.5%
    - （15）其他制造业——管业　3%
    - （16）其他制造业　1.5%
    - （17）其他建筑业　1.5%
    - （18）其他服务业　4%
    - （19）其他采矿业　1%
    - （20）皮革、皮毛、羽毛（绒）及其制品业　1%
    - （21）批发业　1%
    - （22）农副食品加工业　1.1%
    - （23）农、林、牧、渔、服务业　1%
    - （24）木材加工及木、竹、藤、棕、草制品业　1%
    - （25）零售业　1.5%
    - （26）居民服务业　1.2%
    - （27）金属制品业——轴瓦　6%
    - （28）金属制品业——弹簧　3%
    - （29）金属制品业　2%
    - （30）建筑材料制造业——水泥　2%
    - （31）建筑材料制造业　3%
    - （32）建筑安装业　1.5%
    - （33）家具制造业　1.5%
    - （34）计算机服务业　2%
    - （35）化学原料及化学制品制造业　2%
    - （36）工艺品及其他制造业——珍珠　4%
    - （37）工艺品及其他制造业　1.5%
    - （38）废弃资源及废旧材料加工业　1.5%
    - （39）非金属矿物制品业　1%
    - （40）纺织业——袜业　1%
    - （41）纺织业 1%
    - （42）纺织服装、鞋、帽制造业　1%
    - （43）房地产　4%
    - （44）电气机械及器材制造业　2%

事，你还不如自己先去看看是怎么回事，然后想办法处理。

小艾整理一下相关的资料，准备明天去跟企业老板沟通一下。

然后她拿起手机，顺便浏览一下网页，突然，一条新闻映入眼帘："国家能源局发布本月全社会用电量等数据，本月全社会用电量6 631亿千瓦，同比增长19.4%。"

她立马想起了杜云轩说的，国家对整个社会的用电量都是了如指掌的，而税务局可以利用电力部门的信息测算产量。比如某铁厂，一般增值税纳税人，主要产品为铸造生铁。2××9年6—12月实现销售额133 692 462.50元，申报抵扣进项税额14 699 879.47元，缴纳增值税2 680 140.66元。

增值税税负=2 680 140.66÷133 692 462.5×100%=2%

而当时税务局系统统计，当地此行业增值税税负下限预警值为2.37%，因此此企业有少申报收入的嫌疑。

税务人员从电力部门调出该厂6—12月用电量是9 906 604.04千瓦时，而该行业单位产品耗电定额一般是150千瓦时/吨。那么，6—12月产品产量=9 906 604.04÷150=66 044.03（吨）

此企业资产负债表账面期初库存产成品232吨，期末库存产成品8 980吨，产品平均销售单价2 360元/吨（不含税）。那么，当期应税销售收入=（232+66 044.03-8 980）×2 360=135 218 630.80（元），而当期实际申报收入是133 692 462.50元。

差额=135 218 630.80-133 692 462.50=1 526 168.30（元）

小艾的心莫名地又剧烈跳了一下，看则新闻都把自己吓了一跳，知道会计为什么胆小了吧？没办法，有时候知道得太多了，也不见得是件好事，太敏感了。老板一般都胆子大，无知反而无畏。

而这个世界有时候，就是撑死胆大的，饿死胆小的。当然，高收益必定伴随高风险，也有很多企业家，一瞬间，倾然倒塌，彻底破产，然后妻子儿女被债主逼得流落街头。

因此，胆大胆小，各有利弊，每个人的平衡点都不一样。

很多人一听到风险二字，似乎就很恐惧。其实，风险不等于危险，危险是近在眼前，是必须马上面对的事，而风险是还没有到来的事。谨慎也不是谨小慎微，而是要在前进的路上，学会识别风险，发现风险，转换风险。

人一出生就面临各种各样的风险，出门有可能被车撞死，难道不出门了吗？吃饭有可能被噎死，难道不吃饭了吗？据统计，全世界每天吃饭被噎死的人高达12万人，如果你因为害怕被噎死，就不吃饭了，那就会被饿死，这叫因噎废食。

也许人最大的能力，就是转换风险的能力。当然在转换风险之前你得先发现风险，要想发现风险，你就得学习识别风险，同时坚持谨慎原则，这样才能保持大脑的清醒。

财务人员有一项很重要的工作叫财报分析。我们为什么要学财报分析？目的其实就是发现风险。很多人会觉得，财报分析就是为了找到一家收益高的企业，这种想法没错，但是手段、思维是错的，恰恰相反，财报分析是用来排除风险的。

比如，股市上有很多上市公司，有众多的财务报表等着你看。你拿起一份财报，打开第一页，发现是否定意见。请问，这份财报，你还要看下去吗？不，你不用看了，后面几百页，你瞅都不用瞅了，直接扔垃圾桶。

上市公司的财务报告的第1页，一般长成这样（如图13-5所示）：

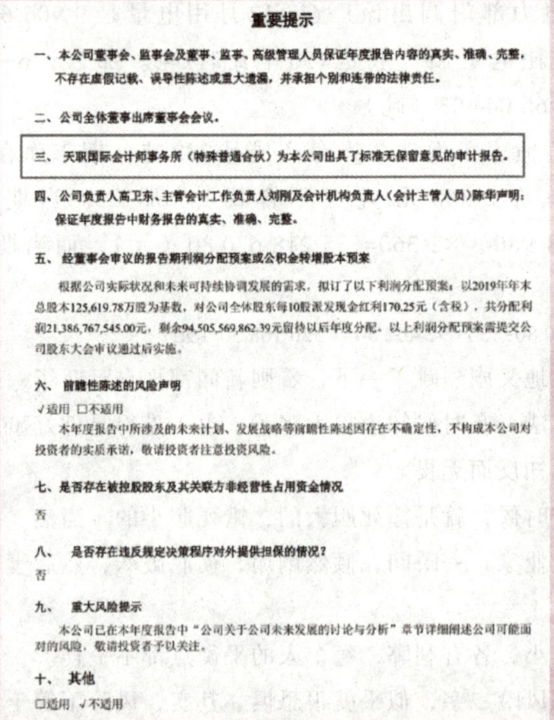

重要提示

一、本公司董事会、监事会及董事、监事、高级管理人员保证年度报告内容的真实、准确、完整，不存在虚假记载、误导性陈述或重大遗漏，并承担个别和连带的法律责任。

二、公司全体董事出席董事会会议。

三、 天职国际会计师事务所（特殊普通合伙）为本公司出具了标准无保留意见的审计报告。

四、公司负责人高卫东、主管会计工作负责人刘刚及会计机构负责人（会计主管人员）陈华声明：保证年度报告中财务报告的真实、准确、完整。

五、 经董事会审议的报告期利润分配预案或公积金转增股本预案

根据公司实际状况和未来可持续协调发展的需求，拟订了以下利润分配预案：以2019年年末总股本125,619.78万股为基数，对公司全体股东每10股派发现金红利170.25元（含税），共分配利润21,386,767,545.00元，剩余94,505,569,862.39元留待以后年度分配。以上利润分配预案需提交公司股东大会审议通过后实施。

六、 前瞻性陈述的风险声明

√适用 □不适用

本年度报告中所涉及的未来计划、发展战略等前瞻性陈述因存在不确定性，不构成本公司对投资者的实质承诺，敬请投资者注意投资风险。

七、是否存在被控股股东及其关联方非经营性占用资金情况

否

八、 是否存在违反规定决策程序对外提供担保的情况？

否

九、 重大风险提示

本公司已在本年度报告中“公司关于公司未来发展的讨论与分析”章节详细阐述公司可能面对的风险，敬请投资者予以关注。

十、 其他

□适用 √不适用

图13-5 上市公司的财务报告的第1页

第2页才是目录（如图13-6所示）：

目录

图13-6　上市公司的财务报告的目录页

如果你打开第1页，眼睛一扫，发现不是标准的无保留意见，那第二页你就不用看了。好公司那么多，你为什么要在一家有问题的公司上浪费时间呢？

这个技巧也是杜云轩告诉她的，杜云轩告诉小艾，要想培养自己看报表的直觉，就得多看。熟能生巧是通往直觉的必经之路。

而熟能生巧则需要勤奋，8点上班，你得7点到，一杯茶，一张报。当然这里的“报”不是报纸，而是财报，养成良好的看财报的习惯。

那时的小艾喜欢迟到，后来慢慢地开始勤快了，习惯早到了。

“财报可以去深圳证券交易所、上海证券交易所或者其他财经网站（如巨潮资讯网）下载。比如，‘深圳证券交易所—信息披露—上市公司信息—定期报告’，里面的报表应有尽有，你可以看个够（如图13-7所示）。”

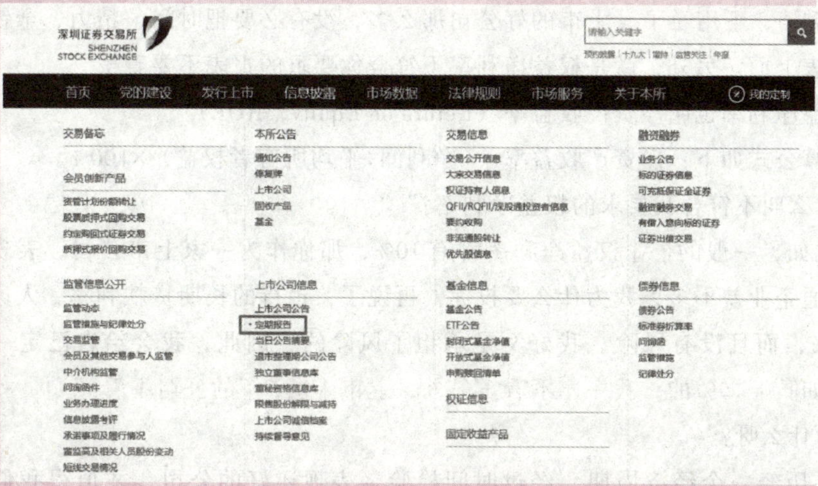

图13-7　从深交所网站下载财报

“下载完毕后，打开封面，首先出现在你面前的一般是重要提示，重要提示里面最关键的是审计意见类型。审计意见类型，这个你应该知道是什么意思吧？”杜云轩温润地问道，一双如墨的眸子，沉沉地锁着她。那感觉就是，你要是连这个都不知道，我就懒得理你了。

“这个我知道，我当然知道。”小艾赶紧答道：“我们的审计意见类型一般有如下几种：

“（1）标准的无保留意见。意思就是说，这个公司有可能造假，但是不好意思，造假迹象我们审计师没有发现，当然，我们该做的工作都做完了，该收的钱自然也收了。

“（2）附带说明的无保留意见。意思就是说，这个公司造假了，但是‘黑锅’有人背（具体请看说明），所以我们审计师还是可以大胆地收钱。

“（3）保留意见。意思就是说，这个报表是假的，你就别看了。

“（4）无法表示意见。意思就是说，这个公司就是个骗子，而且是个拙劣的骗子，简直让人无语，我们审计师拒绝跟它合作。

“（5）否定意见。意思就是说，全民警惕，这是个诈骗犯！我们已经举报！”

杜云轩闻言，眼眸微瞪：“有你这么黑我们审计师的吗？”

小艾不接话，低头抿着嘴笑。

“不过，你说得挺有道理，就这么回事。如果不是标准无保留意见的审计报告，就丢掉，不用看了。上市的好公司那么多，没有必要把时间、精力、金钱浪费在假报表上面。另外，就是权益净利率不符合你要求的报表不要看了。”

权益净利率也叫净资产收益率（Return on Equity，ROE）。

计算公式如下：净资产收益率=（净利润÷平均所有者权益）×100%。

“什么叫不符合我要求的权益净利率？”

“比如，一般的企业权益净利率都有10%，那你作为一家上市公司，表现得跟一个普通企业差不多，我为什么要投你？再说了，银行的长期贷款利率，人家都有7%~8%，而且没有风险。我好歹是承担了风险的，因此，我会给自己定一个标准，比如低于15%的，我一律不看。另外，上市未满5年的公司不看。”

“为什么呀？”

“要历经一个经济周期，经过时间检验，表现还好的公司，才值得我们去关注，退潮后，才知道谁在裸泳……”

当然，财报分析首先要确定一个目标，你是以投资为目的，还是有其他目的。

如果是以投资为目的，那就是寻找好公司。此时，我们用的是排除法，财报分析就是用来筛选企业的，只要发现这个企业有问题，这个企业就立马被排除掉。

这种学财报的思维跟我们在学校里完全不一样。真正的财报分析是跟目标挂钩的，快速高效地达到目的，才是最有用的。

那如果是税务局，它的目标又不一样了，站的角度也不一样。税务人员看报表，永远像福尔摩斯一样，带着质疑的眼光去查验各种细节，从而确定你是否有偷税漏税行为。

比如，有一家超市，是一家有限责任公司，2000年9月办理税务登记，并且申请了一般纳税人。公司的主营业务是经营各类百货、日用杂品、副食品和针织纺织品等零售业务，注册资金是50万元人民币。

目前有两个营业网点，一个在桃园南路，营业面积900平方米，其中有50平方米转租给他人做钟表、服装，每年收取租金2万元。另一个网点在商业街，面积150平方米。

这家超市每年上交租金23.5万元，正常水电费每年10万元，人员工资（含养老保险）28万元，其他业务费用每年7万元。

2019年累计申报增值税应税销售收入3 594 362.51元，申报增值税50 574.71元。

根据统计数据，本地商业超市平均毛利率约为11%。

超市每年成本费用=23.5-2+10+28+7=66.5（万元）

年保本销售额=66.5÷11%=604.55（万元）

差额=604.55-359.43=245.12（万元）

税务人员质疑一：这家超市居然不能保本，它成立这么多年了，不像一家不赚钱的企业。可能存在少计收入、少缴税款的问题。

质疑二：增值税税负=50 574.71÷3 594 362.51=1.41%，而今年省局公布的最低商业超市税负率是1.51%，税负率也偏低。

结论：嗯，找个时间得去这个超市看看。

不管是税务局，还是投资者、企业老板，拿着报表，永远都是去查找风险点，发现问题、分析问题、解决问题，这个思路永远不变。

第14章

个人所得税退税

第14章 个人所得税退税

第二天，小艾去企业沟通完毕离开时，公司里的刘大姐拉着她说：“小艾，他们都说个人所得税可以退税，可是我操作了半天，为什么无税可退？你帮我看看，我到底是哪个地方没操作对？”个人所得税年度汇算申报明细如图14-1所示。

く返回　　申报记录详情

申报记录　　缴税记录　　退税记录

综合所得年度汇算申报明细

收入合计：	246568.44元
费用合计：	0.00元
免税收入合计：	0.00元
减除费用：	60000.00元
专项扣除合计：	21085.80元
专项附加扣除合计：	0.00元
其他扣除合计：	566.57元
准予扣除的捐赠额：	0.00元
应纳税所得额：	164916.07元
应纳税额：	16063.21元
减免税额：	0.00元
已缴税额：	16063.21元

图14-1　个人所得税年度汇算申报明细

小艾瞅了一眼说道：“你专项附加扣除是不是没有填？”

“专项附加扣除？”

“是的，我们个人所得税的缴税逻辑是这样的（如图14-2所示）。

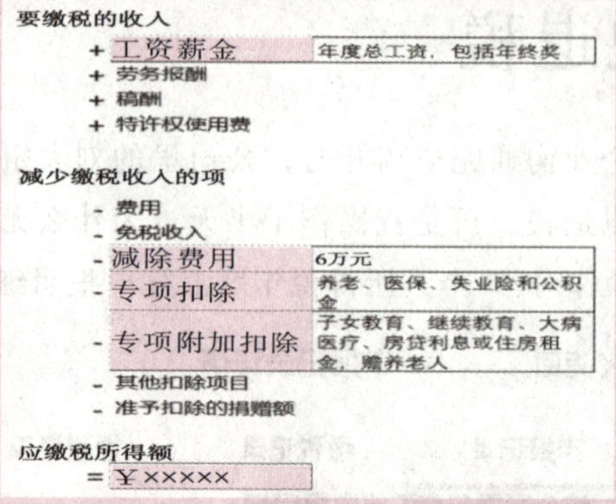

图 14-2　个人所得税的缴税逻辑

注：带颜色部分是一般工薪阶层涉及的项目。

“我们普通人常见的工资薪金，减除费用6万元，还有三险一金，最后就是专项附加扣除。这个逻辑很简单，只要具备小学数学知识就可以搞定。

“收入就是工资薪金，费用尽情地扣，当然要合理合法、不能作假。收入与费用相减后，再乘以税率就是应该缴纳的税，最后跟公司已经帮你预缴的税金相比，多退少补。”

“我的专项附加扣除没有填，那怎么办呢？我已经提交了。”

“点‘查询’，然后撤销（如图 14-3 所示）。

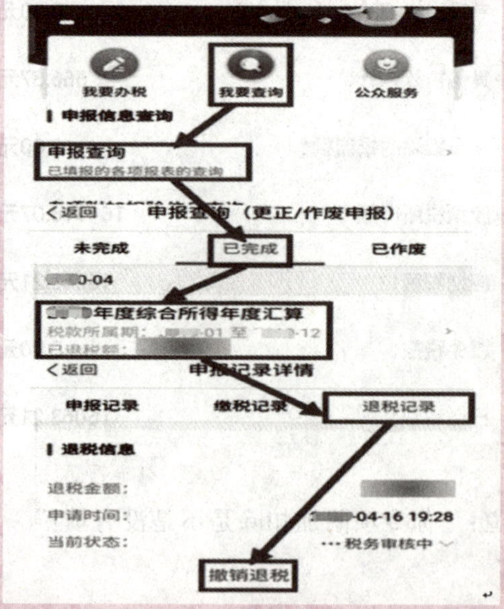

图 14-3　撤销退税

“再点‘专项附加扣除填报’，把你相关的情况填进去（如图14-4所示）。”

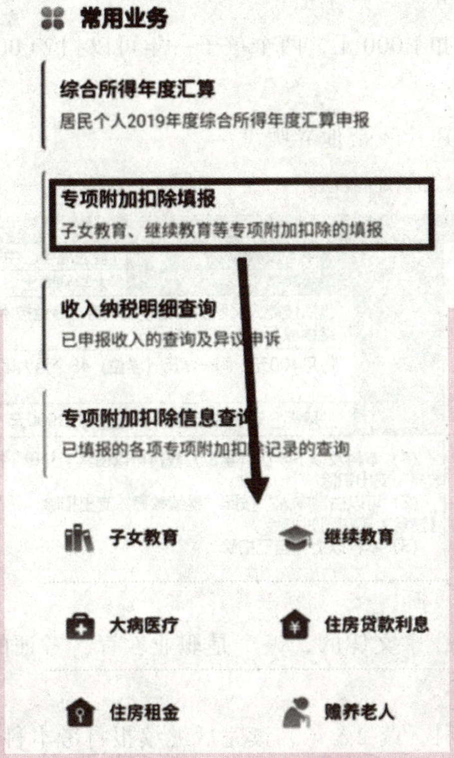

图14-4　专项附加扣除填报

“填多少？”

（1）子女教育项目扣除标准与方式（如图14-5所示）

子女教育	具体内容	
子女类型	子女包括婚生子女、非婚生子女、继子女、养子女	
准予扣除的子女教育类型	学前教育	年满“3岁”至小学入学前教育
	全日制学历教育	小学到博士
扣除标准	“每个”子女每月1 000元 【注意】两个孩子可以扣两份	
扣除方式	（1）父母“分别”扣500元 （2）父母一方扣1 000元 【注意】选择后一年内不变 （3）境外教育的，应当留存录取通知书、留学签证等	

图14-5　子女教育项目扣除标准与方式

“你有几个孩子？”

“两个，一个上幼儿园，一个上小学。”

“一个孩子一个月扣1 000元，两个孩子一年可以扣24 000元，当然前提是你老公没有扣。”

“他肯定没扣，他还让我帮他弄呢。”

（2）继续教育项目扣除标准与方式（如图14-6所示）

继续教育	具体内容		
类型	学历继续教育	高中阶段教育	普通高中、中等职业教育
		高等教育	大学到博士
	职业教育	包括技能人员职业资格继续教育、专业技术人员职业资格继续教育，留存相关证书	
扣除标准	学历教育	每月400元，同一学历（学位）48个月为限	
	职业教育	“取得”证书的年度，一次性扣除3600元	
扣除方式	（1）本科及以下学历（学位）教育可以由其“父母”按照“子女教育”支出扣除 （2）可以由“本人”按照“继续教育”支出扣除 【注意】不得同时扣除 （3）本科以上，自己扣除		

图14-6 继续教育项目扣除标准与方式

“一个是学历教育，拿文凭的，一个是职业教育，考证的，比如我们会计考中级职称证也是可以扣的。”

“我报的是成考专科，读2.5年，读完后继续报自考本科读1.5年，这4年期间都可以使用继续教育的专项扣除？”

“可以的，每个月可以扣400，一年扣4 800元。”

（3）大病医疗项目扣除标准与方式（如图14-7所示）

大病医疗	具体内容		
准予扣除的大病医疗支出	扣除医保报销后，自付部分		
扣除标准	自付费部分不超过15 000元		不得扣除
	自付费部分超过15 000元	“超过部分”在8万元以内	据实扣除
		“超过部分”超过8万元	扣除8万元
扣除方式	（1）本人或配偶扣除 （2）未成年子女由父母一方扣除 （3）汇算清缴时扣除		
扣除凭证	留存医疗票据原件或复印件		

图14-7 大病医疗项目扣除标准与方式

"大病医疗项，必须是走医保报销后，医保用药范围内自负部分超过15 000元的可以扣，最多扣80 000元。这笔钱可以扣在自己头上，也可以扣在配偶头上，子女发生的可以扣在父母一方的头上，希望您没有！"

"哈哈，确实没有。"

(4) 住房贷款项目扣除标准与方式（如图14-8所示）

住房贷款信息	具体内容
准予扣除的住房贷款利息	纳税人本人或配偶使用商业银行或住房公积金个人住房贷款为本人或其配偶购买住房，发生的"首套住房"贷款利息支出 【注1】"非首套"住房贷款利息支出，不得扣除 【注2】银行或公积金贷款
扣除标准	偿还贷款期间，每月1 000元，240个月为限 【注】定额扣除，即使每年贷款利息低于1.2万元，也按照上述标准扣除
扣除方式	夫妻选一方，一年不变 婚前分别扣除，婚后一方扣1 000元/月或者双方各扣500元/月 只能购买一套房
扣除凭证	贷款合同、贷款还款支出凭证

图14-8　住房贷款项目扣除标准与方式

"房贷利息，一个月扣1 000元，一年扣12 000元，可以扣20年，你的房子有房贷吗？"

"肯定有房贷啊！"

"要首套住房噢，非首套住房的贷款利息支出，不能扣噢！"

"肯定是首套，现在的房子那么贵，买一套都要吐血了，哪还买得起第二套？"

(5) 房屋租金项目扣除标准与方式（如图14-9所示）

住房租金	具体内容	
扣除范围	夫妻双方在工作市没房	
扣除办法	夫妻所在工作市相同，选一方扣除，所在工作市不同，各扣各的	
扣除标准	直辖市、省会（首府）、计划单列市	每月1 500元
	市辖区户籍人口超过100万的其他城市	每月1 100元
	市辖区户籍人口不超过100万（含）的其他城市	每月800元
扣除凭证	房屋租赁合同	

图14-9　房屋租金项目扣除标准与方式

“你应该没有房租吧？”

“有。”

“你没有住在自己房子里吗？”

“这里的房子我哪买得起，我在老家省会城市买的。”

“房屋租金有三档，不同的城市规模有不同的标准，我们这里每个人每月可以扣1 500元。这样，你那房贷不用扣了，你直接扣房屋租金，这样划算，一个月1 500元，一年可以扣18 000元。”

“只能二选一吗？不能同时享受吗？”

“不能，税法规定纳税人在一个纳税年度内不能同时分别享受住房贷款利息和住房租金专项附加扣除（如图14-10所示）。房租和房贷只能扣一种。目前的税法不允许出现一个人既扣了房租，又扣了住房贷款利息。也不能和自己的配偶一个人扣住房租金，另一个人扣住房贷款利息。”

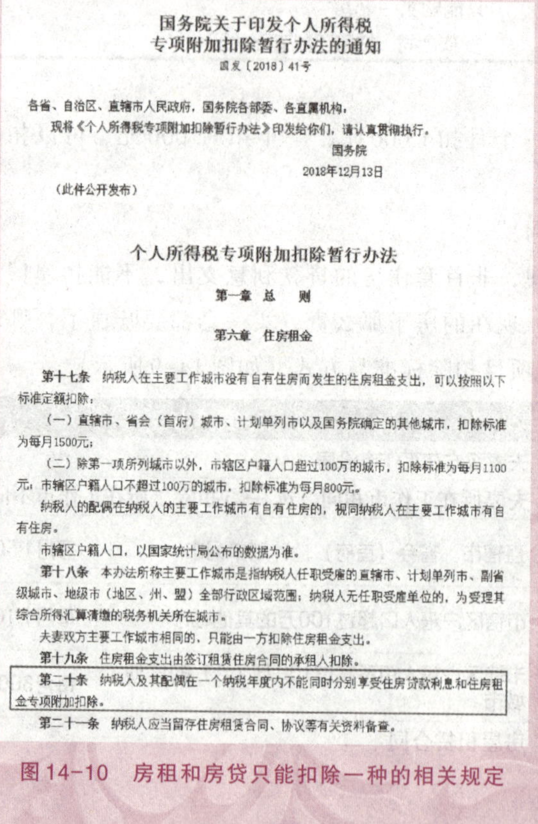

国务院关于印发个人所得税专项附加扣除暂行办法的通知

国发〔2018〕41号

各省、自治区、直辖市人民政府，国务院各部委、各直属机构：

现将《个人所得税专项附加扣除暂行办法》印发给你们，请认真贯彻执行。

国务院

2018年12月13日

（此件公开发布）

个人所得税专项附加扣除暂行办法

第一章 总 则

第六章 住房租金

第十七条 纳税人在主要工作城市没有自有住房而发生的住房租金支出，可以按照以下标准定额扣除：

（一）直辖市、省会（首府）城市、计划单列市以及国务院确定的其他城市，扣除标准为每月1500元；

（二）除第一项所列城市以外，市辖区户籍人口超过100万的城市，扣除标准为每月1100元；市辖区户籍人口不超过100万的城市，扣除标准为每月800元。

纳税人的配偶在纳税人的主要工作城市有自有住房的，视同纳税人在主要工作城市有自有住房。

市辖区户籍人口，以国家统计局公布的数据为准。

第十八条 本办法所称主要工作城市是指纳税人任职受雇的直辖市、计划单列市、副省级城市、地级市（地区、州、盟）全部行政区域范围；纳税人无任职受雇单位的，为受理其综合所得汇算清缴的税务机关所在城市。

夫妻双方主要工作城市相同的，只能由一方扣除住房租金支出。

第十九条 住房租金支出由签订租赁住房合同的承租人扣除。

第二十条 纳税人及其配偶在一个纳税年度内不能同时分别享受住房贷款利息和住房租金专项附加扣除。

第二十一条 纳税人应当留存住房租赁合同、协议等有关资料备查。

图14-10　房租和房贷只能扣除一种的相关规定

“另外，扣除凭证是租赁合同，没有合同不能扣。”

“那我是合租的，是我室友签的合同，那我怎么办？”一个清清瘦瘦，看起来刚上班的小女孩插嘴问道。

“个税申报是以各自名义申报的，如果只由一个人签订租房合同的话，那么没签合同的人就不能申报扣除。因此，最好每个人分别和房东签订租房合同，这样每个人就都可以申报扣除了。”小艾答道。

“那未婚情侣同居租房的，怎么办？也分别签？”

“情侣同居，在法律意义上相当于合租，两人分别签合同，分别扣除。以后办了结婚登记了（办酒席不是法定的结婚程序，去民政局登记才是法定程序），就按照规定，‘夫妻双方在同一个城市租房的’，只能选一个人进行扣除。”

“你的意思是，结婚之前同居，一人一月可以扣1 000元，结婚登记后，两人住在一起，只能由一方一个月扣1 000元？”

“是的。”

“看来，结婚还是要慎重！”

“从这个角度来看，确实要慎重！”

说完，两人都哈哈大笑。

（6）赡养老人项目扣除标准与方式（如图14-11所示）

赡养老人	具体内容	
赡养老人	赡养“60岁”以上父母（包括生父母、继父母、养父母）以及其他法定赡养人 【注意1】其他法定赡养人是指祖父母、外祖父母的子女已经去世，实际承担对祖父母、外祖父母赡养义务的孙子女、外孙子女 【注意2】不看老人自身是否有生活来源，如领取退休金等	
扣除标准	每月2000元 【注意1】赡养2个及以上老人的，“不按老人人数加倍”扣除 【注意2】夫妻双方可以分别扣除双方赡养老人的支出 【注意3】非独生子女与其兄弟姐妹“分摊”扣除额度	
分摊方式	平均分摊	
	赡养人约定分摊	每一纳税人分摊的扣除额最高不得超过每月1 000元，并签订书面分摊协议
	被赡养人指定分摊	
	【注意1】具体分摊方式在一个纳税年度内不得变更 【注意2】指定分摊优先于约定分摊	

图14-11　赡养老人项目扣除标准与方式

“家里父母有60岁了吗？”小艾继续问道。

“有了。”

“那你家里有兄弟姐妹吗？”

“有一个妹妹。”

“赡养老人，每月2 000元，你和你妹妹可以平摊，一人扣1 000元/每月，那一年扣12 000元。”

专项附加扣除金额合计=24 000（子女教育）+4 800（继续教育）+18 000（房租）+12 000（赡养老人）=58 800（元）。”

总共扣除金额=60 000+21 085.80+58 800+566.57=140 452.37（元）

收入=246 568.44元

应纳税所得额=246 568.44-140 452.37=106 116.07（元）

3%～45%个人所得税税率表（综合所得适用）（见表14-1）。

表14-1　3%～45%个人所得税税率表

级数	全年应纳税所得额	税率（%）	速算扣除数
1	<=36 000元	3	0
2	36 000元<×<=144 000元	10	2 520
3	144 000元<×<=300 000元	20	16 920
4	300 000元<×<=420 000元	25	31 920
5	420 000元<×<=660 000元	30	52 920
6	660 000元<×<=960 000元	35	85 920
7	960 000元<×	45	181 920

应纳税额=106 116.07×10%-2 520=8 091.61（元）

已预缴税额=16 063.21元

退税金额=16 063.21-8 091.61=7 971.61（元）

“您可以退7 900多元。”

“哇，7 900多元，终于可以退到钱啦！”刘姐高兴得手舞足蹈。

“小艾，你也帮我看看，为什么我也退不到钱？”一旁的王姐问道。

“你该填的扣除项目都填了吗？包括专项扣除、专项附加扣除。”

“我都填了，能扣的我都扣了。”

“不是每个人都能退税的，有的人还要补税呢。如果你预缴的税金刚好等于你应该缴纳的税金，那就无税可退；如果你预缴的税金大于你应该缴纳的税金，那就可以退；如果你预缴的税金小于你应该缴纳的税金，那就要补。小艾，我理解得对吗？”刘姐插嘴道。

“对，税法的逻辑是这样的。”小艾一边说，一边拿着王姐的手机，返回上一步，仔细地查找，看是不是有什么地方漏掉没填。突然间，点着点着，退税金额跳了出来，可以退6 000多元。

“小艾，你怎么操作出来的啊？”王姐惊呼道。

小艾想了想，说道：“你去年有年终奖对吧？”

“是的。”

“我刚刚试着帮你改了全年一次性奖金的计税方式（如图14-12所示）。

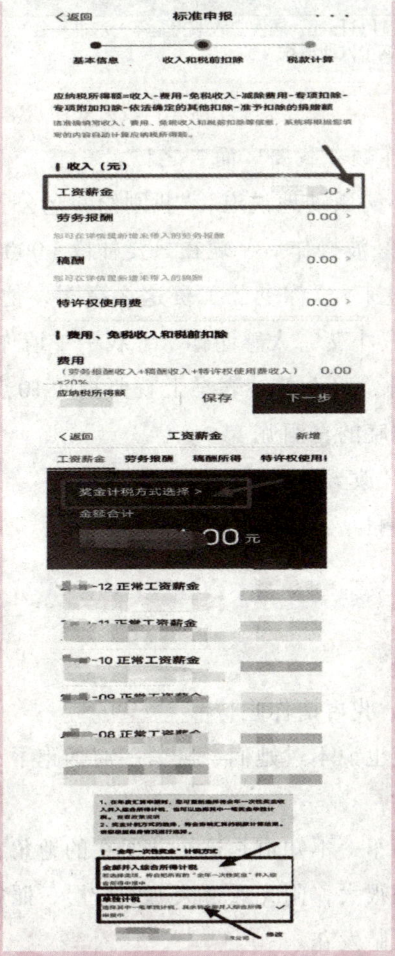

图14-12　选择全年一次性奖金的计税方式

“对于年终奖，2023年12月31日之前，可以选择两种方式计税，从2024年1月1日起，就只有一种方式了，并入当年综合所得计算缴纳个人所得税（如图14-13所示）。你们可以切换一下，看哪种方式退税金额多。”

规定	2023年12月31日前，可以选择以下两种方式之一计算应纳税额： （1）不并入当年综合所得，以全年一次性奖金收入除以12个月得到的数额，按照按月换算后的综合所得税率表，确定适用税率和速算扣除数，单独计算纳税。 计算公式为：应纳税额＝全年一次性奖金收入×适用税率－速算扣除数 （2）并入当年综合所得，按照累计预扣法预扣税款后，按照综合所得年度汇算规定，进行年度汇算
	从2024年1月1日起，居民个人取得全年一次性奖金，应并入当年综合所得计算缴纳个人所得税

图14-13 关于年终奖计税方式的规定

“哇，还有这种神操作啊，我要广而告之！”

不一会儿，她拉着小艾激动地说道：“我刚给我老公打了个电话，我家老公本来要补税2万多元，这么一波操作后，现在只要补税5 000多元了。”

于是，大家都围了过来：“你老公工资这么高啊，他干什么的呀？”

“能干什么，打工呗，小艾，太感谢你了，我中午请你吃饭！”

小艾闻言，抬头一看，墙上的钟表马上就要指向10点半了，她才想起中午还要去丽思卡尔顿酒店喝曲晓的喜酒呢。

于是，她赶紧道别：“改天吧，我今天有饭局！”

“噢，原来是有约会啊！”

“不是，是……”

“去吧，去吧。”

“我们懂，我们都懂！”

“等你哪天有时间了，我再请你吃！”

唉，人多嘴杂，小艾也说不过她们，赶紧一溜烟跑了。

小艾站在公交站台等车，不知道是这企业所在的地角有点偏还是怎么的，半天也不见一辆车。外面太阳很大，阳光透过淡薄的云层，照耀着白茫茫的大地，反射出银色的光芒，耀得人眼睛发花。

等车时她接了个电话，婉晴打来的。

“小艾，我父亲的公司被人在个税app上举报了。”

“为什么呀？”

“他是一个兼职人员，每个月工资1万元，但是因为对有些事项还有点争议，年前有1个月工资还没发，但是会计申报了个人所得税。”

“工资没发，会计干嘛要申报个人所得税啊？”

“申报的时候是统一申报的，他这1万元就一起申报了。”

正常申报个税的流程是这样的。

比如，12月份计提工资，账务处理为：

借：管理费用

　贷：应付职工薪酬——工资

次年1月实际发放，同时代扣代缴个人所得税，账务处理为：

借：应付职工薪酬——工资

　贷：应交税费——应交个人所得税

借：应付职工薪酬——工资

　贷：银行存款

次年2月15日之前申报并缴纳个税，账务处理为：

借：应交税费——应交个人所得税

　贷：银行存款

（税法规定：扣缴义务人每月或者每次预扣、代扣的税款，应当在次月15日内缴入国库，并向税务机关报送扣缴个人所得税申报表。）

这里有几个时间段：

（1）工资所属期：12月；

（2）工资发放期：实际发放的日期，比如次年1月5日发放工资；

（3）税款所属期：工资实际发放这一天所属的月份，就是税款所属期，即次年1月；

（4）税款申报期：税款所属期下月的征期就是该所属税款对应的申报期，即次年2月。

婉晴平时记账，计提工资的时候，就把个人所得税也顺便算完了。

12月计提工资时，账务处理为：

借：管理费用

　贷：应付职工薪酬——工资

借：应付职工薪酬——工资

　贷：应交税费——应交个人所得税

然后申报了个人所得税。

实际发放工资时，账务处理为：

借：应付职工薪酬——工资

　贷：银行存款

缴纳个人所得税时，账务处理为：

借：应交税费——应交个人所得税

　贷：银行存款

如果在正常情况下，一般也是没有问题的，只是次年1月、2月做的事情，在12月31日就做完了。

问题是这个员工，工资刚好拖欠了几个月，又遇到个人所得税汇算清缴，他发现自己没有收到这1万元钱，但是在个税app的收入明细中，却显示有这笔收入。更要命的是，就是因为这1万元钱，导致他的总收入税率跳了一档，要补一大笔税，他一气之下，就把这笔收入明细删除了，并提起了申诉。

人家申诉确实没有错，缴纳个人所得税，首先要有所得，他都没有这部分所得，他为什么要缴纳相应的个人所得税？

所以，做工资的时候，像什么工资所属期、工资发放期、税款所属期、税款申报期，这些日期你要是搞不清楚，就记住一点，你什么时候实际发放工资，那就什么时候申报，没有发放就不要申报。

“那你跟他联系，私了，你把那工资给人家，另外给点赔偿。”小艾提议道。

“我跟他联系了，也提出了赔偿，希望他能撤销申诉，但是他不理我。”

“那怎么办呢？等着税务局来找你，然后认错？”

“你能不能打个电话给杜老师，看他有没有什么办法？”

“你自己不会打啊?”

“我打了，他没接!”

“你打，他不接，那我打，他也不一定会接啊!”

“你打一个嘛！这点小忙都不帮，要你何用?”婉晴撒娇道。

“今天周六，万一人家在约会怎么办啊?”

“我帮你避嫌!”

“切。”小艾正准备答应，这时，婉晴却突然叫道：“杜老师回我电话了，小艾，我不需要你了，拜拜。”

说完，婉晴就把电话挂了。

第15章

直觉、情绪与理性

第15章 直觉、情绪与理性

小艾拿着手机愣了几秒，然后放到包里，又等了10多分钟，公交车还没来。这时，一辆小车开始映入眼帘，不一会儿，在她旁边停了下来。

杜云轩摇下车窗，笑道："上来吧！"

小艾惊了惊，说道："你怎么知道我在这啊？"

"我刚听婉晴说，你在这办事，我刚好在附近，怎么样？事情进展如何？"

"很顺利，这个纪老板还挺好沟通的。"小艾一边上车，一边说道："我跟他说一些财务上的事情，他很感兴趣，不像有些老板，一提财务报表、会计科目，就会粗暴地打断我。"

"不是他好沟通，而是这个纪老板他本身就学了点财务。"

"是吗？"

"是的，那些粗暴打断你说话的老板，也不一定就是不好沟通，而是你没有用他懂的语言沟通。"

"什么意思？"

"孔子曾说：中人以上，可以语上也；中人以下，不可以语上也。意思就是说，对具有中等智力、中等学识以上的人，可以跟他讲高深的学问。对中等智力以下、没有一定知识的人，就不可以跟他讲理论较深的内容。换句话说，要看人说话，如果他是个懂行的人，你讲的内容要有点专业性，如果你说得太浅了，他会觉得你水平不行。但如果他是一个完全不懂的人，你就要跟他讲大白话，否则，就是对牛弹琴。"

"那大白话怎么讲？"

"举个例子，比如说，公司今年利润表上营业收入是1 000万元，现金流量表上经营活动现金流入是800万元，资产负债表上应收账款是200万元。你不能拿着报表直接读，而是应该指着报表上的数字，用大白话这样讲，'老板，今年我们做了大约1 000万元的生意，已经收回来800万元，还剩下200万元没有收回来。其中A客户欠我们100万元，B客户欠我们60万元，C客户还欠我们40万元（附上明细表）。我们财务部已经启动催收机制，但我觉得，可能还要加强催收力度，马上就要年底了。你这样说，老板一边听，他脑子就会一边转动，要知道，老板做生意，一般也就赚个20%，换句话说，应收账款收一分赚一分，收不回来的，就坏账了。”

“你怎么知道老板就赚20%？”

“我是说个大概，至于老板赚多少，你可以观察他平时讨价还价的情况。比如说，老板和客户做1 000万元的生意，双方会有个讨价还价的情景，客户最后如果说：‘1 000万元就1 000万元，但是我现在没那么多钱，可以赊账吗？’老板想了想说：‘这样吧，赊账20%吧！’如果客户说：‘30%行不行，我最近资金真的很紧张。’如果老板扭头就走，不谈了，这生意宁愿不做了，然后客户立马说：‘行，行，赊账20%，年底给你。’那他可能就赚20%。”

“为什么呀？”

“很简单啊，我公司就这么大，资金就1 000万元，你全部赊账，我拿什么来周转？我顶多把我赚的那部分赊给你，我不可能把我自己的钱给你垫资。另外，双方讨价还价本身就是一个相互探底的过程。”

“这样啊，原来讨价还价都可以看出名堂。”

“所以你就不能直接拿着报表跟老板读。当然，有的会计读都不读，就算读也是按照报表顺序读，也不会把相关的项目放在一起读。这样老板完全听不懂，不知道会计在说什么。然后老板说的，会计也听不懂，因为很多会计根本就不知道这生意到底是怎么做的。于是，沟通不畅！”

“看来，会计还是要懂业务！”

“当然，要想沟通顺畅，总要有一方要懂另一方的语言，与其努力改变别人，还不如先改变自己，自己懂业务，那老板自然就听得懂。你有价值，他也愿意和你交流，时间长了，他也会慢慢受你影响，同时慢慢了解相关的会计术语。然后，他就会觉得从你这里能学到很多东西，对自己帮助很大，他自然也会认为你值那份薪水。最后，你们沟通得会越来越顺畅，他就会越来越认可你，从而形成良性循环，这就叫反向塑造。”

“反向塑造？”小艾听到了这个新名词，很是惊讶！

“是的，老板会影响你，你也可以反向塑造他！”

小艾想了想，蹙眉道：“可是，我发现用大白话说会计，好难！”

“当然，你只有真正懂它，这里的懂不仅仅是指理解，而是要对它有感觉，有体验，你才可以用大白话讲出来，大白话讲的就是你对它的感受，而感受是相通的。”

"既然大白话好用，那么为什么教材还要搞那么多专业术语？"

"专业术语可以帮助专业人员缩减沟通时间，从而达到最高效的沟通。专业术语可以将一段很长的大白话，缩减到最短。比如，在设计中你想要一种蓝色，这个蓝色有很多种蓝，于是你要用一段很长很长的大白话跟别人描述，问题是你说到最后，别人还是很懵，不知道你到底想要一个什么蓝。但如果你懂专业术语，你就可以直接告诉他，我要5C4BFF或者5839FF，你看，多简洁明了！专业术语是一种规范，通俗的大白话没法规范，而且也不容易统一对某个事物的表达；另外，专业术语可以尽可能地保持客观性，保证在任何条件下它都是这个样子的，不随个体之间感受的差异而变化。所以，我们说话要看对象，你要是和一个完全不懂会计的人讲个道理，就没必要让他理解背后的原理和过程，简单地用大白话描述一下，能让他有点感觉，能说服他就行了，但你要是和一个专业人士探讨一个现象，那就用专业术语。"

小艾想了想，确实是这样。

做生意赚了1 000万元，收款800万元，赊账200万元。

用会计术语描述就是这样的：（假设暂时不考虑增值税的问题）

借：应收账款　　2 000 000

　　银行存款　　8 000 000

　贷：主营业务收入　　10 000 000

反映在报表上面，就是主营业务收入1 000万元，会跑到利润表上面去（见表15-1）。

表15-1　**利润表（简表）**　单位：万元

营业收入	+1 000
营业成本	
……	

应收账款、银行存款会跑到资产负债表（见表15-2）上面去。

表15-2　**资产负债表（简表）**　单位：万元

资产：		负债：	
货币资金	+800	所有者权益：	
应收账款	+200	未分配利润	+1 000

这一笔分录，会使利润增加1 000万元，从而使得未分配利润增加1 000万元，未分配利润属于所有者权益类项目，资产负债表是平衡的，左边=右边，资产=负债+所有者权益。

同时，在现金流量表（见表15-3）上，销售商品收到现金800万元。

表15-3　　现金流量表（简表）　　单位：万元

一、经营活动产生的现金流量：	
销售商品、提供劳务收到的现金	+800
二、投资活动产生的现金流量：	
三、筹资活动产生的现金流量：	

这就是财务软件做账的过程，经济业务（原始单据）—会计分录（记账凭证）—报表，把手工账中间汇总的逻辑全部隐藏在后台了，我们看不到。

手工账的完整流程，即电脑后台的程序逻辑，一般有三种（见表15-4）：

表15-4　　财务软件账电脑后台的程序逻辑

(1)记账凭证账务处理程序	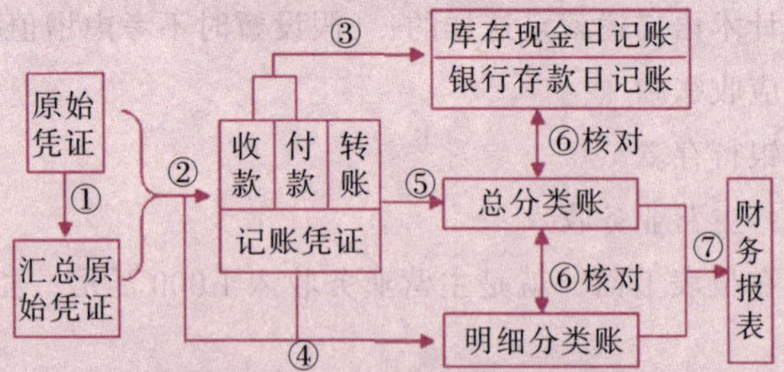
(2)汇总记账凭证账务处理程序	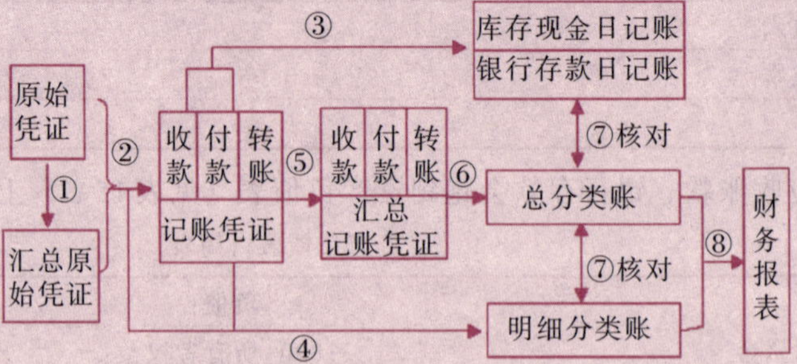

续表

(3)科目汇总表账务处理程序	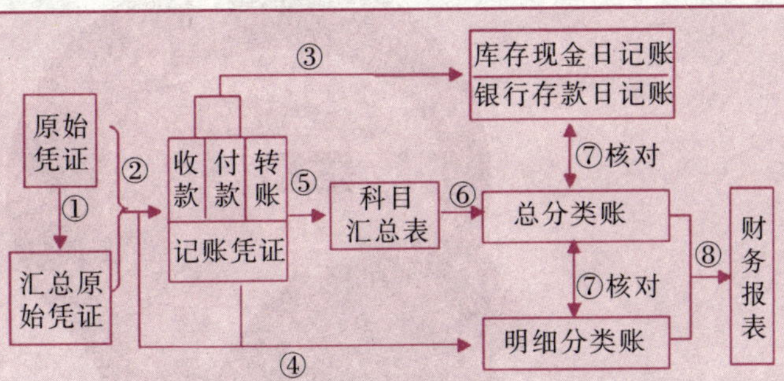

常用的财务软件，一般都采用第3种处理程序，即科目汇总表账务处理程序。我们在前台看到的效果就是，根据原始单据（比如增值税专用发票等）录入会计分录，就可以查询报表。

而人脑看报表，应该达到一种什么状态呢？就是中间所有的步骤全部省略掉。企业发生什么事情，就能知道报表会怎么变化，看到报表怎么变化，就知道企业发生了什么事情。

这个过程就是：经济业务—财务报表。

电脑做账过程是：经济业务（原始单据）—会计分录（记账凭证）—报表。

而人脑甚至都不用看原始单据，直接阅读周围发生的事情（电脑一般做不到），比如超市买东西、卖东西，每做一个动作，就知道报表会怎么变化，而不需要看见相应的发票单据。

因此，人脑比电脑更能直接察觉企业的变化。如果不是这样，老板为什么要你？多买几台电脑不就行了吗？电脑比你便宜多了。

在商业领域，财务有着非常严谨的逻辑，我们通常把这叫理性。经济学的基本前提就是，假设人是理性的经济人，我们整个社会也非常推崇理性。

但是，人真的是纯粹的理性经济人吗？

显然不是，人在决策中，不仅仅只依靠理性。

人的大脑其实有三层，本能脑（也叫爬虫脑、古老脑、脑干）、情绪脑（也叫哺乳动物脑、中间脑）和理性脑（也叫视觉脑、新脑）（如图15-1所示）。

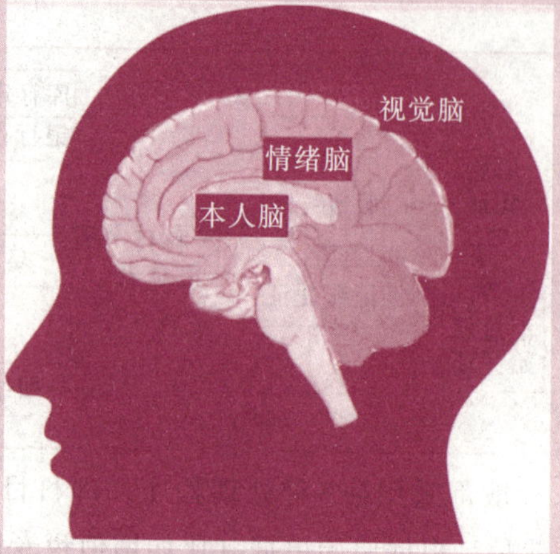

图 15-1　人的大脑分三层

第一层大脑是本能脑，也称爬虫脑，是最古老的一层大脑，已经进化了超过1亿年。本能脑位于脊柱顶端，在大脑的最里层。无论是地球上最古老的爬行动物，还是直立行走的人类，都拥有本能脑。

本能脑控制着身体的肌肉、平衡，还有呼吸、心跳等自动功能。脑的这一部分一直处于活跃状态，即使在深度睡眠中也不会休息，24小时处于工作状态。

本能脑的主要功能是生存：保证身体的安全，寻找生存必要的资源，让人活下去。当你感到恐惧时，本能脑就会被激活，迅速对刺激作出反应，自动做出战斗、逃跑或僵住的反应。

比如，当你的手伸向火炉时，在你的意识发现火炉是烫的之前，本能脑已经指示你把手迅速抽回来了。又比如，你开车时前方有危险，你在还没有思考的情况下紧急刹车。

本能脑在记忆里烙下祖先们在蛮荒时代的生存印记，适合在丛林中生存，它的决策方式就是直觉，抑或叫潜意识。比如在大森林里，直接嗅到某种机会或者某种危险，还有就是敏感、冲动甚至偏执。不是说偏执就一定不好，凡事有弊有利，很多天才都有点偏执，偏执地做一件事，最后他成功了。当然，也有失败的，但是我们不能以成败论英雄。

第二层大脑是情绪脑，也称哺乳动物脑，或称中间脑。情绪脑进化了至少5 000万年。情绪脑像一个小手套一样包裹在本能脑的外面。所有的高等动物，比如猫、狗、大象等，都和我们人类一样，拥有相似的情绪脑。

情绪脑与我们的情感、情绪有关。漫长的群居生活中，个体和个体之间、个体和群体之间的互动越来越复杂和丰富，情绪脑就是在这种互动关系里逐步发展起来的。它储存了我们过去所有经历的体验，形成我们自己独有的情绪反应模式。

情绪脑特征之一是投入式记忆。就是说，情绪可以被你的回忆激发。当你回忆起某个事件时，你就踏进了过去的某个时刻，重新体会当时的感觉，好像重新经历那个事件，伴随着那一刻的强烈情绪。

情绪就是当下的能量，它可以让你非常欢喜、不知疲倦地做一件事，也可以让你非常抗拒地去做一件事。

能量有大有小，美国著名的精神科医师、哲学博士大卫·霍金斯甚至对情绪能量进行了量化，图15-2为能量层级量化图。

当然，这种对情绪的量化方式，肯定不是随便做出的，而是霍金斯长期研究的成果，图15-2中的数字是通过大量的实验得来的，并且是以10为底的对数表示的，比如$\mathrm{Log}_{10}b=200$，那$b=10^{200}$。

对数是对求幂的逆运算，因此每一个层级，它的能量相差是非常大的，我们可以对照图中数字，大致知道自己此时此刻的能量处于哪个层级。

第三层大脑是视觉脑，就是我们平常所讲的高级脑或理性脑，也称为新皮质。视觉脑出现在距今200万到250万年前。与本能脑和情绪脑相比，视觉脑相当年轻。

视觉脑几乎将左右脑半球全部囊括在内，脑皮质分为左右两个部分，即我们所熟知的左脑和右脑。左侧的脑皮质控制着身体的右侧，右侧的脑皮质控制着身体的左侧。右脑更多地决定了人的空间感、形象思维等，而左脑则更多控制着人的线性逻辑、理性思考与语言等能力。

这三层大脑其实相辅相成，直觉或者说潜意识能帮助我们快速识别机会和风险，然后调动我们的能量让我们兴奋、采取行动，理性通过思考建模为我们提供方法和技巧（如图15-3所示）。

人类比较崇尚理性，认为理性思考是我们区别于动物的标志，我们所受的教育基本上都是强调理性思考。就财务这门学科来说，也一样，它属于经济学，经济学的前提假设就是，人是理性的经济人。

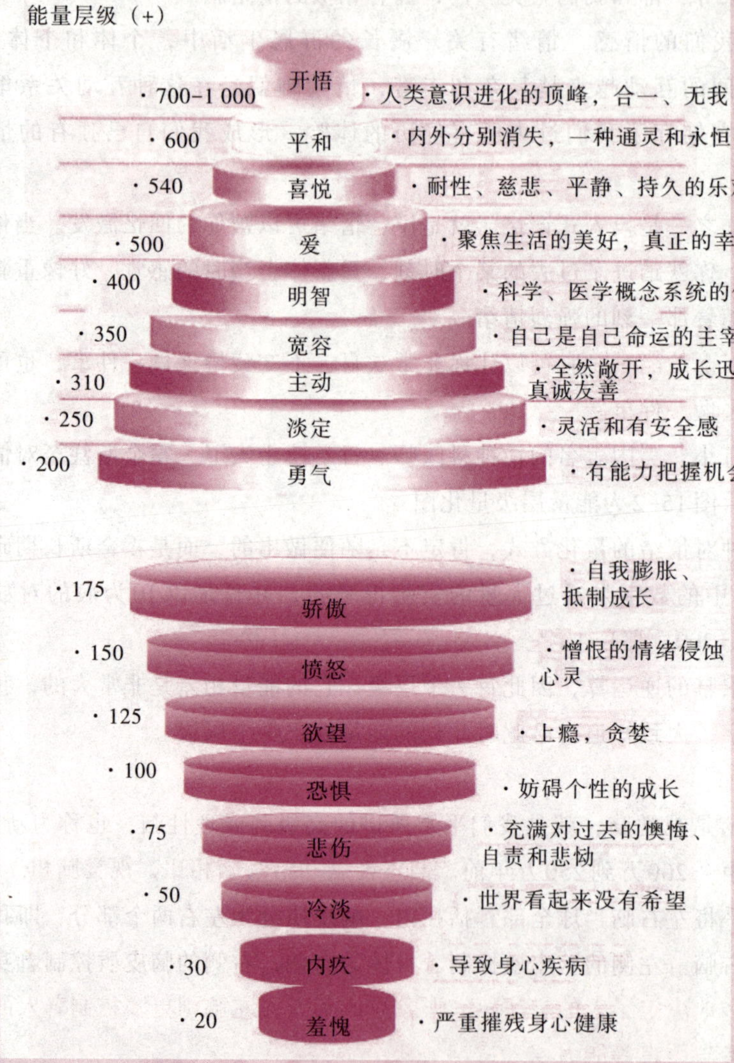

图 15-2　能量层级量化图

我们很少去关注直觉（潜意识），也一而再、再而三地被要求控制情绪，加强理性。结局就是，我们看起来越来越聪明，数据越来越丰富，各种 PPT、Excel 财务报告越来越高大上，但是人却越来越迷茫，不知道机会在哪里，而且能量越来越低下，提不起劲儿，兴奋不起来。

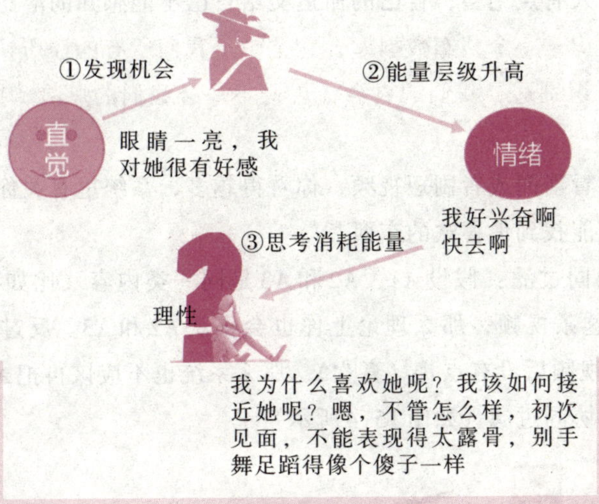

图15-3　三层大脑相互配合运作的实例

潜意识是什么？潜意识可以说是一个私人档案库，它存储着你所有的经历，包含你意识到的、你没意识到的，你记得住的、你记不住的，并且无意识地帮你做很多决策，尤其是那些特别重大的涉及生存繁衍的决策。比如，有时候我们发生一些事情，自己把自己吓得半死，事后回想起来，还很后怕，然后就是庆幸，幸亏自己当时反应快，要不然就一命呜呼了。那这种决策当时是谁帮你做的？是情绪吗？不是，当时你根本就没感觉到危险。是理性吗？肯定也不是，因为你当时根本就没意识到事情的存在，更不可能做出符合逻辑的思考。真正帮我们做决策的是我们的潜意识。

潜意识在不被感知的情况下发挥出比我们想象到的大得多的能力。比如，我们身体里的每一个细胞都在勤勤恳恳地工作，每天它们在那儿复制、分裂、合成；如果在复制的过程中，出了点小差错，还会有专门的“酶”负责纠错。这些你能感觉得到吗？

像新冠病毒，就是在不断地复制过程中因为没有可以纠错的核酸聚合酶，所以非常容易出现变异，很难搞。但是我们人不一样，总不能动不动就变种吧？

很多人身体有点异样了，直觉告诉他有点不对，但是因为他没有重视，觉得自己身体一直都很健康，能有什么问题，就直接忽略掉了。

还有我们经常说的本能和第六感，这些其实都是潜意识的另一种说法。

从某种意义上来说，潜意识有时候甚至决定了我们的命运。

这听起来让人有点绝望，自己的命运交给自己不能感知的潜意识，是多么地不靠谱。但是潜意识是一个档案数据库，它记录了我们所有的经历，然后根据我们的数据，去发现、识别适合我们的机会，规避不适合我们的风险，挑选我们喜欢的，拒绝我们厌恶的。

就好比我们看新闻或者刷短视频，你看得越多，系统里有关你喜好的数据就越多，然后它就越能找到你喜欢的东西。

这也好比协同过滤：假设A1、A2和A3是同一类内容（比如都跟NBA相关），当你喜欢了A1这条视频，那么理论上你也会喜欢A2和A3。反过来，如果你看到A1和A2这两条视频后没有点赞（喜欢），那么系统也不应该再把A3推荐给你。

基于物体的协同过滤（如图15-4所示）：

图15-4　基于物体的协同过滤

所以，你走过的路、你看过的书、你爱过的人，它都帮你存着，然后根据你以前的个人经历和情感体验，去从周围的环境中发现、识别合适的机会推荐给你，规避掉不适合你的风险，保护你不受到伤害。

而理性的作用主要集中在收集信息、思考建模，比如财务领域有很多的思维模型，经济学领域有更多的思维模型，其他学科，比如物理、化学、数学等等，每一门学科都有无数的思维模型，这些模型帮助我们解决具体的问题。

思考是极其缓慢的，并且要消耗掉很多能量。如果所有的事情都交给思考，那么人体肯定是难以承受的，比如学开车，刚开始学的时候，你要思考，熟练了后，就交给潜意识了，你就不需要思考了。

再比如学财务，刚开始学的时候，一个借贷分录都要绞尽脑汁，熟练后，有时候报表拿到手上，你的心就会突然咯噔一下，直觉告诉你这个地方有点不对，一查果真有问题。

我们从大自然一出厂，就带有初始数据，那是你的基因、你的天性与天赋，然后我们在成长的过程中不断地接收各种数据并不断地与环境互动，做出各种决策。

以前的数据不管我们满意与否，我们都不能更改，唯一的方法就是不断地稀释。我们不断地往里面增添新的数据，增加更多美好的情感体验和更优质的思维模型（如图15-5所示）。改变我们能改变的，接受我们不能改变的，这叫人生。

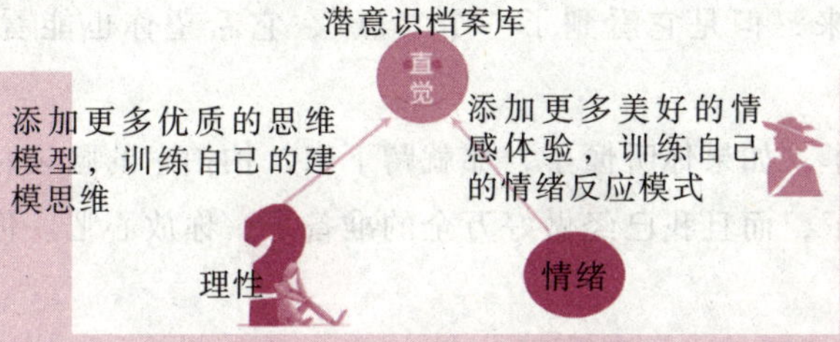

图15-5　优化自己的思维模型和情绪反应模式

直觉、情绪和理性三者相辅相成，直觉可以为理性提供方向，并且通过情绪调集能量，情绪为思考提供能量，因为大脑思考是很耗能的，同时思考可以优化情绪反应，比如很愤怒的时候，理性可以让个体有意识地压制愤怒，让其行为举止变得得体、优雅，同时理性思考和情绪体验又为潜意识增添了更多的经验数据，从而优化日后的决策（如图15-6所示）。

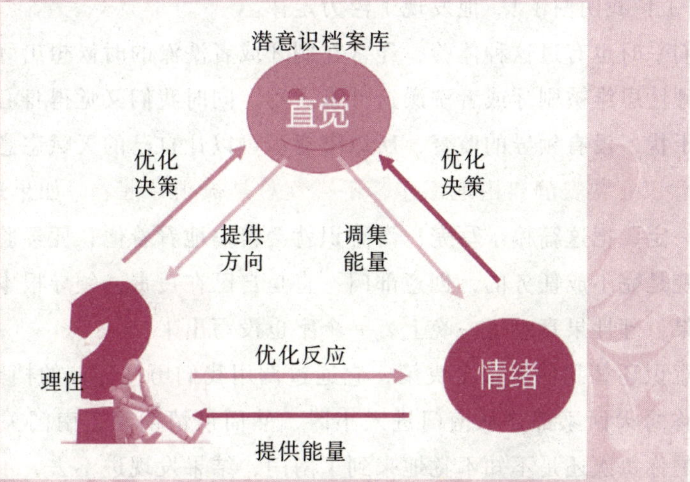

图15-6　三者相辅相成，不断优化决策

打一个比方，理性就好比一个空降领导，潜意识就好比一个经验丰富的老将，情绪就像一个小孩。

首先，我们不要对抗自己的情绪，我们要学会尊重和敬畏自己的非理性本能，当情绪坚决和你作对时，其实，它并不是在反对和抗拒理性本身，而是在强烈地提醒你，你的说法或做法还有漏洞。

当你反复焦虑、烦躁不安时，是情绪在提示你，要你去看一个它说不出来的“点”，就好像一条忠犬一样，死死地拽着你的裤子，不准你上车，至于为什么不能上车，它说不出来，但是它看到了一个“点”，它希望你也能看到，看完后再做决策。

如果你看到了，如果你听懂了，那就蹲下来，拍拍它的脑袋，告诉它，我知道了，我已经看到了，而且我已经做好万全的准备了，你放心吧。你的情绪立马就会平稳下来。

而潜意识，它是一个特别勤快的员工，一天24小时，从来都不休息，而且它特别擅长创意等领域，比如你白天想了很久都没想出来的问题，突然一觉醒来，就想通了。

爱因斯坦说，天才就是百分之一的灵感加百分之九十九的汗水，其中那百分之一的灵感才是最重要的，灵感很多时候要依靠潜意识。

比如，阿基米德在洗澡的时候，突然灵光一闪，然后一边裸奔，一边高喊：“我明白了！我明白了！”他发现了浮力定律。

我们平时也有过这种体验，经常在刷牙或者洗澡的时候想出好主意，就是因为我们的理性思维被刷牙或者洗澡这件事占用，同时我们又觉得身心放松。因为没有理性的干扰，没有领导的监督，所以潜意识可以让自己的天赋恣意挥洒！

潜意识喜欢安静自由地工作，不喜欢总是被领导催着。如果理性下达死命令，我今晚一定要把这篇稿子写完！潜意识就会警惕地看着他，凭经验就知道这个空降领导今晚是完不成任务的，创意部门一直是自己在负责，领导根本就不懂！

结果，理性果真憋了一晚上，一个字也没写出来！

潜意识还替我们做很多决策，它通过调用我们历往存储的档案数据库来决策。比如，你每天回家都是从南门进入小区，然而疫情期间，南门关闭，只能从北门走，但是你每次还是不知不觉地来到了南门，结果发现进不去，于是又返回北门。

为什么会出现这种情况？因为理性在想其他的，平时这种决策一直都是潜意识帮它进行的。潜意识是直接调用以前的数据库的，如果要想改变这种情况，该怎么办？增加去北门的数据量。这个数据量达到一定程度，潜意识就会改变决策，以后它就会让你从北门走。

潜意识如果遇到一些新的紧急事项，以前没有经历过的、数据库里没有相应数据的，这个时候，它的决策就会遇到困难，然后它就会打发情绪这个天真的小孩去催促理性，赶紧去收集信息、收集数据，包括各种知识和思维模型。

理性作为一个空降领导，首要任务是要谦虚，不要自以为是，要尽量摸清自己下属的脾气和秉性，在适当的时候进行干预，而不是不管不顾，动不动就盲目地下达命令："我今年一定要通过CPA！"结果情绪和潜意识都不配合，自己把自己累得半死，最后一门都没考过！有的人甚至还因此得了考试抑郁症，一快到考试就偏头痛！

要知道，下属不配合，领导是很难成事的！领导要是强逼，会把员工吓坏的！

如果我们遇到一些特别恐怖的事件，此时大脑就会一片空白，无法思考，情绪也会吓呆，不知如何反应。这个时候，本能就会被激活，不管是逃，还是打，还是僵住，它会迅速反应，自动替你战斗。毕竟它最老，进化了1亿年，经验最丰富，适合丛林生存。理性再聪明，但毕竟年轻。情绪再有能量，但毕竟是个小孩。

个体也是一个组织，只有各方面协调发展，才能让自己生存得更好。理性作为一个年轻的领导，要学会尊老爱幼，既要学会安抚内心的小孩，又要不断地向潜意识这个老人请教，还要不断地对内外环境进行学习、研究、考察和统筹，这叫自我领导力。

那个时候，小艾自然没想这么多，只是在跟老板打交道的过程中，对纯数字决策，开始产生了质疑。中小企业的大部分决策，都是老板拍脑门制定的，而下面的员工都喜欢鄙视老板，觉得他什么都不懂，瞎决策。但小艾觉得，既然人家能当老板，肯定不是瞎决策，既然他能发现机会，创业成功，那他在决策方面自然有过人之处。选择永远大于努力，很多老板的第一桶金基本都来自直觉。

有一句话是这样说的，"成长，就是通过持续行动，不断发展自己的直觉判断，最终使其接近真实情况的过程"。

很多人会有这种感觉，学过很多知识，听过很多道理，却依然过不好这一生，最后得出"读书无用"的结论。其实究其根本，是这些知识道理，还停留在理性层面，没有上升到直觉，这些思维模式还没有被输入到潜意识部门。这些思维模式只有被送入潜意识部门，才能发挥最大作用，你都不用想，就知道怎么用。

这需要大量练习，只学不习是不行的。这个世界上本没有路，走多了，就成了路。理性探索了一条新的路，还得不断地去走，走多了，有一天你都没意识到，就发现自己不知不觉地来到了这条小路。

因此，学会计的过程就是拼命地学，然后拼命地忘，最后那些怎么也忘不掉的，才是真正属于你的。

只有那些真正进入潜意识，融入你骨髓血液的东西，才会对你的人生产生影响。

另外，情绪也一样。情绪模式也是习得性体验，初始情绪像愤怒、悲伤、快乐、恐惧这样基础、初级的情绪，其发生基础在我们大脑的边缘系统，一般由生物程序决定。复杂情绪，比如像羞耻、内疚、嫉妒、焦虑等这样复杂的情绪，则通常需要我们大脑的前额叶作为基础，也就是说如果一个人有正常的前额叶，那么条件适合的时候，他就有能力产生这些情绪；反之，也有一些脑损伤案例显示，当一个人的前额叶，尤其是前额叶的中间区域遭到破坏，他就不再有能力体会到许多复杂情绪，比如羞耻、内疚，而且跟这些情绪有关的道德感也会一并消失殆尽。所以，情绪的基础，即我们可以产生情绪的能力，是先天性、生理性，甚至可以说是物理性的。

但一个人在什么时候产生哪个情绪，如何调动肌肉去实现这个情绪，这就是后天习得的了。面对同一种情境，有的人表现得很乐观积极，笑容满面，有的人却表现得悲观消极，郁郁寡欢。当然，少数遗传性的情绪反应除外，比如天生怕蛇，这是祖先遗传给我们的。

如果一个人从小总是遭到指责，这种情境一遍一遍地重复，慢慢地就会嵌入这个人的潜意识，“有什么地方不对->都是我/你的错”的神经通路就会被加强，那么以后他就更容易感觉到愤怒或者内疚，遇到类似的情况，就像条件反射一样，出现相应的情绪。

一个人从小生活在充满危险、暴力和不安的环境中，这种情境一遍一遍地重复，慢慢地就会嵌入这个人的潜意识，他的大脑就会对危险信号更加敏感，他不论遇到什么刺激，就更容易体验到焦虑情绪。

反过来，如果一个人从小体会的都是美好的情绪，比如父母恩爱、生活甜蜜、爱情美好，那她以后面对各种生活情境，更容易出现乐观、幽默、喜感等积极良性的情绪。

小时候，父母喜欢给我们讲童话故事，一遍一遍地讲，“从此，王子和公主幸福地生活在一起了”，然后就没了。长大后，我们知道这是不可能的，王子和公主在一起后，还会遇到很多乱七八糟的事情。但是，等我们成为父母的时候，我们还是会这样给孩子讲童话故事，“王子和公主从此就幸福地在一起了”，目的就是为了让他们体验良好的情绪，对应的情绪如果变成了潜意识，就能调动身体对应层级的能量（参考图15-2）。我们都知道，孩子们长大后，会遭到现实的“毒打”，但不管他们日后遇到什么问题，我们都希望他们心中依然保留童话，这样才有勇气和力量去追求幸福，去面对人生！

因此，不管是理性思考还是情绪模式，最终我们都希望通过练习，将其嵌入潜意识，刻入骨子里，从而优化自己的人生决策。

第 16 章

想要有意义的冒险

第16章 想要有意义的冒险

车在往前行驶着，车外、道路两旁开满了小野花，一朵一朵，花瓣儿像微笑的眼睛，一路笑到天边去了。

小艾望着窗外，并不是那么心安理得。

杜云轩教给了她知识，现在又搭了人家的便车，总感觉自己占了他的便宜。平时工作时她认认真真、勤勤恳恳，也算是一种偿还。

人与人之间，本质是一种价值交换。别人提供的价值多种多样，比如知识价值，比如物质价值，哪怕给你搭个便车，这也是一种基于物质基础之上的服务价值。而自己好像除了劳务价值，再也提供不了其他的价值。要经验没经验，要技能没技能，要物质没物质，一切都要从零开始积累。

当然，作为一个年轻的女孩，她身上还有一种价值，就是观赏价值。美是让人愉悦的，这也算是间接为他人提供了情绪价值。

在职场中，年轻的女孩，在你还没有证明你的能力之前，要低调。哪怕你是一等一的大美女，也要低调。更何况大部分女孩都普普通通，远远达不到明星级别。当然，如果你真的是明星级别，那么你也不用在职场上混了，而应该去娱乐圈！

如何让美“卖”出最高价？最好的方法就是“不卖”，永远不倚仗自己是个年轻漂亮的女孩，不要认为别人应该额外为你付出什么。

美一旦直接去销售，那就会变得特别廉价。比如，模特公司，那里会招聘各种各样的模特，模特找工作，也跟我们普通人一样，要递交简历，简历上要明明白白写上自己的三围。敢去应聘模特的，随便抓一个，都能甩路人一条街。但是，她们初入职场时的薪水一样不敢恭维。

如果女人除了美，还有一项其他的技能，那她们就不需要直接出售美，只需要出售技能，她们就会成为，比如最美女会计师、最美女律师、最美女法官，等等。当然，男人也一样，比如最帅程序员、最帅医生、最帅警察，哪怕最帅快递小哥，都是让人乐意称赞的。

如果你能用各种各样的技能和资源把自己的美围起来，保护起来，那你的美就会变得更稀缺，于是你就变得更值钱。当你更值钱的时候，就会产生虹吸效应，你就会拥有更多的资源，最后你的美被各种各样的资源层层叠叠围起来，铜墙铁壁一般，保护得严严实实。如是，你才能像一颗夜明珠一样，熠熠生辉，那个时候的美就会成为无价之宝。

初入职场的女孩，肯定都想不了这么远，这也是为什么，有很多漂亮的女孩，明明可以混个好的前程，最后结局反而还比不上那些姿色普通的女孩，因为她们面临的诱惑比普通女孩更多，一不小心就掉入了陷阱。

小艾也不例外，那时的她自然也想不到这一层。她有一个缺点，就是有点晚熟！

叔本华曾写过这么一句话："对于一个年轻人来说，如果他很早就洞察人事、谙于世故，如果他很快就懂得如何与人交接、周旋，胸有成竹地步入社会，那么不论从理智还是道德的角度来考虑，这都是一个不好的迹象。这预示着他的本性平庸。相反，一个年轻人对世人的行为方式感到诧异和惊讶，并且在与他们的交往中表现得笨拙、乖僻，则显示出他有着高贵的品质。"

这话说得有点绝对，不能完全说谙于世故的人就一定平庸，笨拙、怪癖的人就一定高贵。只不过人有时候很奇怪，他们往往不会死在缺点上，而经常死在优点上，导致某些笨拙的人歪打正着。

开车途中，杜云轩咳嗽了好几声，然后歉意地笑道："不好意思，没影响你吧？"

小艾礼貌回应："没关系，杜老师，您去医院了吗？"

"去了，还拍了片子，肺也没什么问题，医生开了些止咳药。"接着他自嘲地笑道："可能年龄大了，好得慢！"

"哪有。"小艾否认道。

"杜老师，你要不去看一下胃？"

"胃？"

"对呀，肺的功能失调是导致咳嗽最重要的原因，但是与胃也是有密切关系的，所谓气上呛，咳嗽生，肺最重，胃非轻……"小艾说着说着眼前浮现了苏一宸清隽的模样。

"五脏六腑皆令人咳，不独肺也。然肺为气之本，诸气上逆于肺，则呛而咳，是咳嗽不止于肺而亦不离于肺也。意思就是，咳嗽的发生不仅仅是肺的功能失调导致，但是咳嗽的产生又离不开肺，这是表与里的关系。所以，要按时吃饭，胃很重要，不要总是不吃早餐！知道吗？”苏一宸轻轻地说道，温雅又略带点责备。

“我知道，只是有时候早上没课，容易睡过头。”小艾讪笑道。

“是吗？那以后早上要是没课，你就早点起来给我买早餐。”

“啊？”

“啊什么呀？”

“你不是说，一个星期我只能见你一次吗？如果我给你买早餐，那我岂不是经常可以看到你？”

“不行吗？”苏一宸抬了抬眉眼。

“行，行，太行了！”小艾高兴得手舞足蹈。

于是，别人谈个恋爱，被宠成公主，她谈个恋爱却成了女仆！

那时候，苏一宸苦读《黄帝内经》，小艾在旁边瞎凑热闹。不过，她的心不在书本上，而是在苏一宸这个人身上。

《黄帝内经》《难经》《伤寒杂病论》《神农本草经》被誉为中医四大经典，小艾当然看不懂，她只记住了苏一宸经常唠叨的那几句：

“兼郁火，小柴清。意思就是，如果咳嗽兼有郁火，宜用小柴胡汤疏散表邪，兼清火解郁。”

“姜细味，一齐烹。这是《金匮要略》里治疗痰饮咳嗽的方法，就是用小青龙汤加减，方中除了细辛、干姜、五味子之外，其他可以随意加减。”

“小青龙汤和小柴胡汤都是《伤寒论》中的方子。”

小艾对医学，连一滴水都没有，就半滴水晃来晃去，杜云轩却大为惊讶：“你蛮懂的嘛，学过？”

“以前有朋友学医的，耳濡目染了几句。”小艾尬笑道。

“是那个医生吗？上次在医院里，你看见他，就躲。”杜云轩突然问道。

小艾闻言，不知如何作答，垂了垂眼帘，算是默认。

她无声地叹了口气，早知道就多学点知识，什么情啊、爱啊，总有一天会远去，只有知识学到手，才是自己的。不管什么知识，都可以学，有备无患！

爱情也好，友情也罢，本质都是成长，所谓，三人行必有我师！成长才是生命的本质。

“我今天是不是气色不太好？”杜云轩见状，转换话题问道。

“没有啊，我觉得你今天超帅！”小艾眼光落到杜云轩身上那身优质精良的西装上，不由地惊叹。

杜云轩笑：“去参加人家的婚宴，总不能穿得太寒酸！”接着他瞥了她一眼，问道：“你要不要换身衣服？”

“啊？”小艾有点尴尬，问道：“我这衣服很丑吗？”

“没有，就是有点不符合场合，感觉像是去上班的！”

“噢，我以为我又不是伴娘，不用那么刻意装扮，就是给个红包，吃个饭就回来了。”

“吃个饭就回来了？长大后，是不是还没参加过婚礼？对婚礼的感觉还停留在孩童时期？”杜云轩调侃道。

“好像是！”小艾点了点头。

“挺好，不像我，总是参加人家的婚礼。”杜云轩自嘲地笑道。

“杜老师，那我现在回家换衣服还来得及吗？”

“回家换应该来不及了，不过，前面有家礼服店，还不错，你看，要不买一套？”

“也行！”小艾点了点头。

走进礼服店，老板娘立马笑脸相迎：“杜先生，好久不见！”

“好久不见！来你这挑套礼服！”

“好，欢迎欢迎，这是你女朋友吧，好漂亮！”老板娘恭维道。

小艾闻言，一愣，还没反应过来，就被老板娘热情地拉着往里走：“我这最近上了很多新款，我陪你挑，都是老顾客了，杜先生他妈妈和姐姐都喜欢在我这买礼服，前两天，他姐姐还定做了一套呢。”

小艾一边走，一边回头看杜云轩，眼神热切，希望他能解释一下。

杜云轩愣了一下，却什么也没说，在一旁的沙发上坐了下来，顺手翻了翻茶几上的杂志。

小艾在老板娘的带领下接连试了三套衣服，就在老板娘准备让她试第四套的时候，她看了看时间，说道："我不试了，我觉得这三套都挺好！"

于是，她回试衣间，换回第一套，还是喜欢第一眼看中的。

出来时，她指了指身上的衣服说道："我要这套，多少钱？"

老板娘笑道："杜先生已经付完账了，三套都已经买了。"

"三套？"

"对啊，这三套你穿着都好看，特别适合你！"

小艾闻言，一颗心瞬间跌到了谷底。三套，这么贵的衣服，你一下子给我来三套，你让我这个月喝西北风啊？真是饱汉不知饿汉饥！杜老师不是很懂得尊重他人的吗？怎么能随便帮人做决策呢？

可是，她敢吼杜云轩吗？

不敢，于是，她咽了咽口水，把差点吐出来的话咽回肚子。

出门时，她尽量心平气和地说道："刚刚老板娘好像误会了，杜老师，你怎么不解释一下？"

杜云轩微笑道："怎么解释？难道我跟她说，这不是我女朋友，是我下属，那她会怎么想我？"

"那到时她发现我根本就不是……你怎么解释？"

"没关系，下次如果她问到，我就说我被分手了，她顶多同情我一下。"杜云轩洒脱地笑了笑，好像他经常被人分手似的。

小艾想了想：你这脑子转得倒挺快的，把自己的形象保护得好好，出手大方、清贵，高雅、有风度。那我的形象呢？难道我就是那种骗男人两套衣服就分手的女孩吗？

她抿了抿嘴，伸手道："账单呢？给我！"

杜云轩顿了一下，从口袋里掏出账单。

小艾拿过账单，定睛一看："什么？五折啊？"说完，她转身就跑。

杜云轩一把拉住她："你干嘛去啊？"

"我还看中了一套，我要去买下来，这个牌子的衣服居然买一送一，机不可失，失不再来！"

杜云轩闻言，敛了敛眉，说道："喜欢，下次可以再过来，今天没时间了！"

小艾感觉到了自己的失态，有点尴尬，赶紧应和道："好。"

慕容远看着桌上的凭证账簿沉思。

这是昨日从南城一家商贸公司查封的。当时，有一张很普通的发票，上面购买的货物名称是"混凝土"，票面上各种问题都没有，填写也比较规范，销售方是广西的一家建筑材料公司。

检查人员问："这些混凝土准备用来做什么？"

财务人员答："我们公司准备建一座5层的办公楼，这些混凝土就是用来基建的。"

"那这家广西的材料公司在本地有临时生产场所，还是从广西直接送到你们公司？"

财务人员答："从广西购买，直接送来的。"

检查人员当时就断定，这笔业务是虚假的。

知道混凝土的特性是什么吗？从生产到使用，时间最多不能超过3个小时，否则它就会凝结，无法使用。怎么可能从广西那么远的地方运来到南城还可以使用呢？

财务人员，你做假也长点脑子，好不好？天天坐在办公室，连基本的生活常识都忘了。

后来，企业承认，确实买了混凝土，但是在本地购买的，买了之后因为缺票，就从其他地方搞了张发票。

税务人员监控企业是有系统的，所有的企业，不管你是买，还是卖，在系统里都是有记录的。如果你公司远距离销售货物收入占总销售收入比例较大，而且一次性交易占比较高，就会引起关注。

如果你的企业与距离大于500公里的购货方的交易额占收入总额的50%以上，且一次性交易比例大于50%，则一般视为异常。

理由很简单，每家企业的实力都是有限的，一般都受地域成本限制，较远的交易在很多情况下是不现实的。如果你的客户太过分散，那么意味着你的销售范围过大；如果你的客户离散程度大且物流方向或加工不合理，税务检查人员就会进一步对你的主要客户进行检查，以确定是否是真实的交易。一般来说，客户过多、过散，税务人员就认为可能存在虚假交易和虚开发票的情况。

会计只不过是一种商业语言，更准确地说，只是一个商业工具，真正的本质还是商业活动本身。如果忽略商业活动本身的逻辑性，只是在账面上动手脚，真的就会让人啼笑皆非。

“叮”的一声，墙上的钟指向11点整，慕容远回过神来。他站起身，拿过椅子上的外套朝丽思卡尔顿酒店走去。

曲晓的婚礼布置得很奢华，现场采取的是自助式婚宴。

小艾安安静静地坐在角落里。

这时，旁边一中年男子，朝她打招呼，搭讪道：“姑娘，你是新娘这边的吧？”

“嗯！”小艾点了点头。

“妹妹？”

“不是，我跟她应该算是同事。”

“那你是做财务的？在哪儿上班呢？”

“我在一家会计师事务所任职。”

“会计师事务所？那你是什么注册会计师，叫什么CPA，对吗？”

“CPA在考，还没考完。”小艾讪笑道。

“听说，CPA这东西挺厉害的。看你年纪轻轻的，有前途！”

“没有，没有。”小艾额头直冒汗。

“我是做建筑的。我问一下，我们建筑行业总是缺票，有没有什么办法解决？”

小艾一愣，吃个喜酒，都有人跟自己说缺发票。

她环顾一下四周，心想，该不会今天在这里还能碰到发票贩子吧？平时，经常有陌生电话打给自己：“你们公司缺发票吗？我们这有发票，增值税专用发票、增值税普通发票都有，13个点、9个点、6个点的都有，保证是真实的，绝对真实……”

她始终弄不明白，这发票贩子到底是怎么赚钱的。如果这些发票都是真实的，都是从税务局领出来的，那么他开出去发票要缴税13个点，他赚什么？如果他加税点卖给别人，那么谁会去买？到他那儿买，还不如去税务局买，税务局便宜啊！

有时候她也会看一些有关税务大案的新闻，报道虚开发票入狱的事情，但是，她总感觉那些记者在关键地方都没写清楚。

比如温州某大案，检察院公诉人审问票贩子："你们公司跟XX公司到底有没有实际货物往来？"

票贩子想都不想就回答："没有。"

公诉人问："那发票上开具的内容是不是都是假的？"

票贩子说："发票是真的，发票内容是虚开的。"

公诉人问："为什么要卖发票？"

票贩子答："市场有需求，那就会有合理的存在。"

公诉人问："你们的发票是从税务部门申请过来的。开出一张发票要缴17%的税（注：以前税率是17%，现在改为13%），那么你一方面要缴税，一方面跟XX公司又没有利益往来，你图的是什么？"

票贩子沉默了。

最终他们承认，自己是在卖发票。一张发票卖出去，他能收4%~6%的好处。

"这是市场化运作，也是市场潜规则。"

至于这个市场化到底是怎么运作的，这个市场潜规则到底是什么，后面不写了。不知道是不是记者没弄明白，还是票贩子直接承认自己卖发票，至于中间的内情就不说了，或者简要地说一说，就略过了。

后来，小艾就缠着杜云轩问："那些票贩子到底是怎么赚钱的？"

杜云轩笑道："怎么？你也想卖发票啊？"

"不是，我就是好奇，他到底是怎么赚钱的啊？"

杜云轩想了想说道："财税是一门实践性非常强的学科，没做过，很多潜规则还真是不知道。要知道，实践才出真知！"

"噢，杜老师，你也不知道啊？"

"不是很清楚，不过，以前有朋友在法院碰到过类似的案子，'营改增'后，有一段时间，物流业虚开增值税专用发票非常普遍。"

"为什么呀？"

"因为这一行有一个特性，就是存在大量的私人车辆，这些车辆是不会给你开增值税发票的。没有发票，公司的税负立马增加，增值税进项不能抵扣，增值税税负增加，运费无法计入成本，企业所得税增加，还有业务人员的相关费用没法报销，你得额外私人支付。"

“那不找私人车辆不就可以了吗？找正规公司不就有发票了吗？”

“如果货物太少，正规公司就不帮你运。比如说A贸易公司，发一批货到南城分公司，到达分公司后，它需要把这些货物运到某个区县，甚至偏远的农村，这时候往往就需要用到当地的车辆；如果找正规公司，它就会觉得每个地方的货物太少，用一辆车运不划算，大公司走的都是规模效益，所以不愿意去，而且开价还特别高。如果是个人车辆，就没那么多要求了，你给钱，我就跑，于是A贸易公司就找私人车辆把这批货运到南城市某县城，假设一单业务花费1万元，但没发票。”

“如果公司的很多业务都是这种，那么税负会很高！”

“是的，所以他们就买票，一般7个点，1万元，只要700元就可以搞定。”

“这些发票是真的吗？”

“发票一般是真的，假的他们也不会要啊！”

“那票贩子公司怎么赚钱啊？”

“票贩子公司，比如B物流公司，它从税务局领出来物流业的发票，当时的税率是11%（注：现在税率是9%），卖出去7%，显然是赔本买卖。要想不赔本，那就要从进项这里下功夫，找大量的增值税进项税票。”

“你的意思是它又买别人的发票啊？”

“是的，做生意嘛，一买一卖赚差价。”

“那谁又会卖给他，而且是以远低于税率的价格？”

“有一些小规模企业，其物流业的成本主要是轮胎和成品油，这种小私人企业很多。”

“那些小规模企业，应该开不出增值税专用发票吧？”

“是的，它们是开不出增值税专用发票，但是它的进货厂家能开出来。比如B物流公司找到C轮胎公司，说：‘你下次去厂家进货的时候，发票抬头开我公司的名字，东西归你，票归我，另外，我还给你3%。假设B物流公司通过这种方式买了1 000万元的票，卖出去7个点，买进来3个点，赚4个点，也就是40万元。”

“可是，我们税务要求三流（票流、物流和资金流）一致。”

“这个可以做到，C轮胎公司从B物流公司拿来空白合同，直接与轮胎厂家签订合同，约定发票和货物的邮寄地址，发票寄送到B物流公司的地址，货物发送到C轮胎公司的地址；资金流上，C轮胎公司将资金打进B物流公司会计的私人账户上，返点，也自然是从私人账户上走，B物流公司再从对公账户上给轮胎厂家打款，因此形式上，其实是B物流公司在购买轮胎，票流、资金流一致。”

“但是，票流、物流不一致。难道先拉到B物流公司，再拉到C轮胎公司？不过，这样成本会增加。”

“是的，不过，具体还要看经济业务的实质，货票分离不能直接认定为虚开，经济越发展，点对点的货物流越少。例如，北京的贸易公司接到来自上海客户的采购订单，收款并开具发票；货物不由北京贸易公司发出，而是由北京贸易公司委托广州的生产厂商直接发货给上海客户，北京公司不负责运输。这种现象在大宗商品贸易中较为普遍。在现实交易中，是否虚开发票不仅仅只是凭借三流是否一致去判断，严格来说，三流是否一致与是否虚开发票并没有必然的联系，只是实务中，无论是税务机关还是企业或者税务工作者都将其作为一个判断的依据。”

“那成品油是不是也这样？”

“大概原理差不多，不过，成品油更复杂。比如，有很多油贩子，他们会囤汽油，因为汽油的价格经常波动，他们在油价很低的时候，大批量囤积成品油，等到油价很高的时候，就卖给卡车司机或者私人加油站。”

“感觉像是在做期货。”

“有点像，这些卡车司机和私人加油站都是不需要发票的，他们也会跟囤轮胎公司一样，跟B物流公司签订合同，约定票归B物流公司所有，货归自己。还有就是，利用储值卡统一开票，获取增值税专用发票。有很多跑货运的，虽然没有成立公司，但是都是大家族制的，一个家族几十辆车，统一办一张加油卡，主卡下面开几十张副卡，大家一起用。他们也会和B物流公司约定，票归B物流公司所有，油归自己。这种案件很复杂。”

“为什么？我怎么感觉很简单。”

“怎么会简单？如果这几十辆车，有一辆是正规挂在B物流公司的，然后这几十张副卡又交换着用，你根本无法确定哪些增值税专用发票算虚开，哪些是因为挂靠而合法存在。”

“噢，那最后是不是打官司，让律师去辩解？”

“必然的，一旦涉及虚开的认定，必然会请律师。虚开发票的罪名很重的，一般的偷税漏税最高才判刑7年，而且还必须在税务机关5年内两次行政处罚后才能判罪，但是，虚开发票，1万元就判罪，虚开50万元判3—10年，虚开250万元判10年至无期。”

“是挺重的。”

“**不虚开增值税发票是会计的底线，平时也要加强增值税专用发票的审核。**从2016年1月1日起，会计档案的保存期限延长到了30年，基本上涵盖了会计人员执业的大半生，也大大超过了民事案件的诉讼时效（最长为20年），意味着你离职了，责任依然在。”

“干会计这一行风险实在是太大了，唉，赚着卖白菜的钱，总是操着卖白粉的心！这工作真是没法干了。”小艾叹了口气。

“做什么没有风险啊？吃饭也有被噎死的风险啊，难道你不吃饭吗？”

“饭肯定要吃，不吃饭会被饿死的。”

“对啊，我们不能因噎废食！我们要掌握一个度，知道违法违规的界限在哪儿。比如虚开增值税发票或者去开票公司买票，这是红线，我们不要碰，因为后果我们一般承受不起。再比如其他的违规，我们视情况而定。打个比方，现在一线城市由于交通阻塞，要限号通行，你们家刚好被限号了，今天不能开车出去。如果你今天开车出去，就会被罚款，1个小时罚款100元，但是不扣分。如果你们家今天有人病了，需要去医院，打车又不太好打，那么这个时候，你要不要违规，要不要开车出去？你是不是要权衡一下，如果这个费用能负担得起，干嘛不可以违规？我们财务也有很多这样的情况。有时候，老板对有些事情就是要那样做，你也拦不住，而且最后罚款也是罚公司或者单位主要负责人。既然公司老板愿意承担，就让他承担好了，你只要做好流程把控，比如该签字的人都要签字。”

在会计工作中，如果是自己不知道，被动地接受了巨大的风险，那要怪自己不够谨慎，学艺不精。如果是知道这件事，并且主动承担责任风险，那就得权衡这个风险的收益大概多大，值不值得。

“可是网上动不动就说，会计这样做有牢狱之灾，那样做有牢狱之灾。”

“人家在贩卖焦虑。‘贩卖焦虑’是一个巧妙利用了人类心理先天缺陷的经济活动。如果有人用熟练的手法撩拨我们本已十分焦虑的神经，那我们就会备受煎熬，从而做他人的韭菜。**作为一名会计师，要具备最起码的专业判断力和情绪控制力，做事要冷静，这跟律师、医生是一样的，你要明白，你就是企业医生，你就是替企业解决问题的，你自己遇事不能慌乱。**医生上手术台，拿着刀手都不抖，还没让你拿刀，只是说有风险，你就开始抖了。哪个职业没风险，你告诉我？”

杜老师说得对，哪一个职业没有风险？

律师没有风险吗？有。比如，办事时，家属把一些资料给律师，要求他帮忙递交给法庭。律师能随便答应吗？不能，来源不明、形式不合法的证据不能递交。刑事案件递交证据充满了风险，有多少律师因为伪证罪而锒铛入狱。

很多家属会请求律师帮个忙，比如带他们看看嫌疑人，带点吃的，送个照片、传个纸条甚至拍一段视频，新手律师不知道这些都是坑，一不小心就掉进去了。有的律师就因为送了一张小纸条，结果导致被停止执业，成为一生中的污点。

再比如，在法律咨询中，有的当事人会偷偷地录音，律师一定要谨慎，要有被监听的意识，说话时要谨慎！

还有，卷宗资料不能随便被家属看或者复印，尤其是带有"绝密"的卷宗，稍有不慎，被泄露，就是灭顶之灾。

甚至很多律所规定，团队成员自己写的法律意见书，也绝对不能给家属，除非案件已经公开审理，否则也会带来麻烦。

再比如，医生这个职业就没有风险吗？有，医患关系有时候非常紧张，一不小心，就有冲动的病人提刀来见。

所以，我们去医院看病的时候，医生非常谨慎，看一点小病，都让你签好多字。比如说，你痛经，医生开药时，会问你："最近打算怀孕吗？"你说："我倒想，可是我连男朋友都没有，怎么打算？"但是，医生是不会理会你说笑的，还是会要你写一句，"最近没有怀孕计划，如果万一怀孕了，不要孩子"，然后签字。

有专业技能的人才一般承担的风险比普通职工要大！

所以，很多刚入门的会计对风险这个词不理解。在学校里学会计的时候，老师一般只讲谨慎性原则，让大家谨慎，但是不告诉我们谨慎性原则背后的依据是什么。谨慎性原则恰恰是建立在风险的基础上的，如果没有风险，谈何谨慎？正因为企业经营本身就是一件风险巨大的事情，所以才要求我们谨慎。谨慎性原则不是要我们逃避风险、厌恶风险，而是要在勇敢地面对风险的同时保持应有的谨慎，也就是我们常说的胆大心细。

企业家是做什么的，企业家就是冒险家。

1904年，美国《企业家》杂志选用《常识》中的一段话作为发刊词。此后百余年中，沧海桑田，物是人非，但杂志扉页上的这段话却从来没有改变，它被称为企业家誓言。

其中有一句是这样的："I want to take the calculated risk！"

中文经常这样翻译："我想要有意义的冒险！"

所谓富贵险中求！

风险越大，一般收益越大，当然亏损也有可能越大。

每个人对风险的喜好是不一样的，有的人喜欢冒险，有的人极端厌恶风险，宁愿没有收益，也不要承担任何一点点风险。

风险并不可怕，风险是还没有到来的事情，这跟危险不一样，危险是近在咫尺。比如我们说，"金税四期上线了，未来的税务风险要增加"。

不过我们还是有时间去应对，不是吗？在它变成危险之前，我们把它处理好，让它在我们的可控范围内。

应对风险，是我们每天都要做的事情！

我们学财务管理的时候，一般会讲到风险对策（如图16-1所示）：

图16-1　风险对策

规避风险：这个事情有风险，同时收益也低，不值得我去冒险，于是我放弃。

减少风险：这个事情有风险，收益不错，同时我可以通过一些手段，比如组合，分散一些风险，这样冒险的回报率更高。

转移风险：这个事情有风险，收益不错，同时我可以通过一定手段，比如外包，把风险转嫁给他人，当然，在转嫁风险的同时，也会转嫁一部分收益。

接受风险：这个事情有风险，又不能不做，于是，接受风险。

对于一个产品来说，成本其实是一种投入，我先付出成本，然后取得收入。

那对于一个项目或一个事件来说，风险其实也是一种投入，我冒一定的风险，然后取得相应的收益。

我们经常说，成本定价，比如我先算出我的成本，然后加一定的利润，就是我的定价。

那风险也一样，风险也是有定价的，我先确定我愿意承担的风险，然后加一定的比例，就是我的收益。

学“中级财务管理”的时候，会学到一些风险定价模型，比如资本资产定价模型（如图16-2所示）。

必要收益率=无风险收益率+风险收益率

$R=R_f+\beta\times（R_m-R_f）$

R表示某资产的必要收益率
β表示该资产的系统风险系数
R_f表示无风险收益率，通常以短期国债的利率来近似替代
R_m表示市场组合收益率，通常用股票价格指数收益率的平均值或所有股票的平均收益率来代替

①市场风险溢酬（R_m-R_f）：市场整体对风险越是厌恶和回避，要求的补偿就越高，因此市场风险溢酬的数值就越大
②风险收益率：风险收益率=$\beta\times（R_m-R_f）$

图16-2 资本资产定价模型

注：更多有关中级财务管理的考点，见《小艾上班记5——中级财务管理》。

所以，风险是一个中性词，平时，我们对那些概率很低的风险，比如吃饭、走路，基本不怎么关心。

我们要追求的是，有意义的风险；换句话说，风险是有标价的，价格合适我才去做！

人生本来就是冒险！

从风险的角度来说，人生所做的一切都是在应对风险，因为同样的事情，收益一定，你的风险比别人低，你就是赢家。

就像同样的产品，市场定价一定，没人敢随意提价，这个时候，谁的成本低，谁就是赢家！

工作如是，生活亦如是！

小艾环顾四周。

婚礼现场，人群熙熙攘攘，个个都喜笑颜开。

她眉头蹙了蹙。

大家不是都说，婚姻是爱情的坟墓吗？婚后，都是柴米油盐、一地鸡毛吗？可是，最后，为什么身边的人一个个都结婚了呢？

而且几千年都是如此，如果我们都是傻子，那么怎么会傻几千年呢？

古今中外，莫不如是！

如果从风险的角度来解释，就是：有了婚姻，人生这条路不好走；没有婚姻，人生这条路，也不好走！因为人生这条路本来就充满风险，不可能永远一帆风顺。最后，大家比来比去，发现还是婚姻这条路相对好点，因为团队抵御风险的能力，比一个人抵御风险的能力要强！

同时，你会发现，越是贫穷的地方，结婚越早，不管最后是否离婚，反正结婚的覆盖率会远远大于一线城市。或许是因为人越穷，个体抵抗风险的能力越弱，越需要抱团取暖！

结婚有风险，“入市”须谨慎，或许这句话本身不是说要你去恐婚，而是要你去权衡，这个人风险溢价如何？值不值得你去冒险！

高风险，高收益，低风险，低收益，符合财务投资定律。

据说，人生有三次翻身的大好机会，第一次是高考，第二次是婚姻。所谓婚姻，并不是说一定要找一个有权有势、能让自己实现阶层跨越的人，毕竟不是每一个人都有机会嫁入豪门，而是要找一个能跟自己打好配合、产生协同效应的人。如果婚后两人协同得好，就会产生1+1>10的效果；如果协同得不好，则1+1=-10。所以，婚姻是一个高风险投资项目，它有可能让你赚取大于10倍的高昂收益，也可能让你亏损10倍，直至精神崩溃。

第三次翻身的机会，就是要遇到贵人。所谓贵人，也并不是说是有神秘人给你帮助，让你一飞冲天。没有人会无缘无故地帮助你，这个世界遵循能量守恒和价值互换。真正的贵人，是那些不经意间一句话，让你醍醐灌顶的人。就在那一瞬间，他可能已经影响了你的人生走向。

这种贵人光一个不行，要有很多个，哪怕是一本书、一部电影，都有可能让你遇到贵人。

第17章

核定征收与查账征收

第 17 章 核定征收与查账征收

礼桌旁。

中年人继续在谈论：“你知道，我们这些建筑企业，特别是小型建筑企业，存在大量的零星材料采购，很多业务根本就无法获得正规的可抵扣的增值税专用发票；还有，施工人员都是农民工，因此我们的人员工资要通过老板个人卡发放，无法列支成本；还有，我们临时租用的各种机械设备和车辆，谁给你开票啊?”

这时，旁边另一中年人说：“现在，他们都说成立个人独资企业，可以避税。”

“是真的吗?”他们都看着小艾问道。

小艾想了想说道：“在做税收筹划的过程中，个人独资企业目前确实是市面上最受欢迎的节税工具。只要应用得当，就可以获取一些避税收益。”

“怎么讲?”

“目前我们的企业类型有有限责任公司、股份有限公司、合伙企业、个人独资企业和个体工商户等，他们在税收上有一些差别。公司一般都要缴纳企业所得税，对债务承担有限责任，而合伙企业、个人独资企业、个体工商户这些不需要缴纳企业所得税，只需要按经营所得缴纳个人所得税，但是要对债务承担无限责任。”

“什么是有限责任和无限责任?”

“有限责任，就是以你的出资额为限，假设有一天，你还不起债了，你可以申请破产，超过你出资额的钱就可以不还了，而无限责任是要牵涉个人和家庭的!”

企业类型如图 17-1 所示。

“企业类型的选择旨在利用所得税差异来节税，增值税是没有太大的节税空间的。不管是有限责任公司还是个人独资企业，一般纳税人税率都是 13%、9% 和 6%，小规模纳税人征收率是 3%（疫情期间 1%）。除非你能在商业模式或者整体业务流程上进行设计，才能节省增值税。单纯变换一个企业类型，是节省不到增值税的，不过所得税运用得好，是可以节省的。”

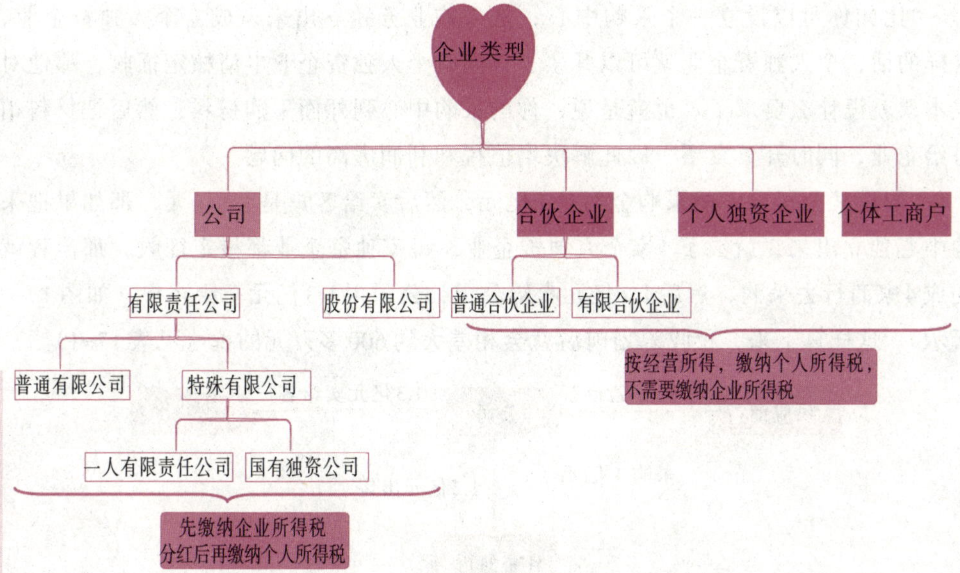

图17-1　企业类型

注：更多有关《中华人民共和国公司法》和《中华人民共和国合伙企业法》的知识点，参见《小艾上班记8——中级经济法》第2章和第3章的内容。

有限责任公司和个人独资企业税收政策比较（如图17-2所示）：

	有限责任公司	个人独资企业
增值税	一般纳税人分三档：13%、9%和6% 小规模纳税人：3%	一般纳税人分三档：13%、9%和6% 小规模纳税人：3%
企业所得税	100万元以内　2.5% 100万元~300万元　10% 300万元以上　25%	0
个人所得税（分红）	20%	商业：0.25%～1.75% 服务业：0.5%～3.5% 建筑业：0.35%～2.45%
个人独资企业（政策）	（1）无需做成本 （2）法人提现不限制 （3）享受核定征收政策	

图17-2　有限责任公司和个人独资企业税收政策比较

“比如你可以设立一个采购中心，把采购业务独立出来，成立个人独资企业，这样的话，个人独资企业就可以开票了，同时个人独资企业申请核定征收，那他对成本票就没什么要求了。也就是说，你的采购中心到外面采购材料，然后把材料销售给企业，同时开具发票，以此解决增值税和利润虚高的问题。

“假设某公司，它的采购金额是1亿元，然后卖给客户是1.3亿元，那如果把采购中心独立出来，就成了4家个人独资企业，每家独资企业都核定征收，那流程就变成4家商行去采购，然后1.2亿元卖给公司，公司再1.3亿元卖给客户（如图17-3所示）。这样算下来，税收筹划前后就会相差大约600多万元的税（见表17-1）。”

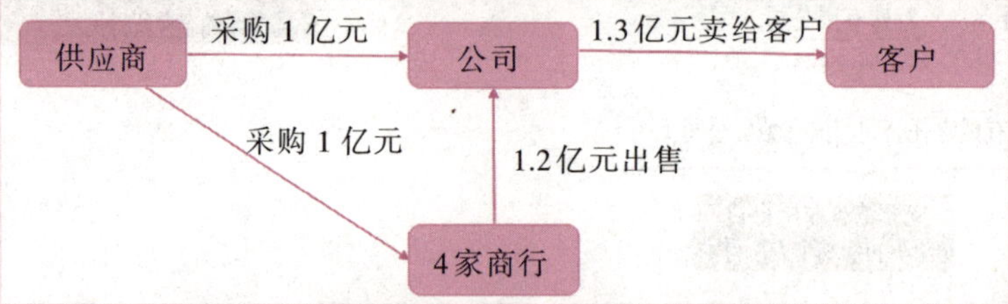

图17-3　有限责任公司变成4家商行后的业务流程

表17-1　税收筹划前后对照表　单位：万元

	公司利润	企业所得税	分红个人所得税	个人经营所得税	所得税总额
筹划前	3 000	750	450	0	1 200
筹划后	1 000	250	150	183.80	583.80
节税总额					616.20

数据计算过程如下：

企业所得税：25%

3 000×25%=750（万元）

1 000×25%=250（万元）

分红时个人所得税：20%

（3 000-750）×20%=450（万元）

（1 000-250）×20%=150（万元）

个人经营所得税分析如下：

4家商行采购是1亿元，卖给公司是1.2亿元，每家利润是500万元。

个人独资企业的魅力在于，它可以核定征收。

目前我们的征收方式是：一个是查账征收，另一个是核定征收。如果被税务局核定征收了，那就意味着，你不需要成本票了。

有限责任公司形式很难申请到核定征收，为了大幅度降税，基本上就是通过合伙企业和个人独资企业的经营所得核定征收，达到大幅节税效果。

如果是查账征收，那么一个老板两处以上的经营所得一定要做汇算清缴。个人所得税汇算清缴做完之后你会发现，税率反而高了，因此如果是查账征收，那么个人独资企业就一点魅力都没有了。

税务核定征收，一个是定期定额核定，相当于一口价，另一个是核定应收所得率。

核定征收前提条件（财税〔2000〕91号）：

（1）企业依照国家有关规定应当设置账簿但未设置账簿的；

（2）企业虽设置账簿，但账面混乱或者成本资料、收入凭证、费用凭证残缺不全，难以查账的；

（3）纳税人发生纳税义务，未按照规定的期限办理纳税申报，经税务机关责令限期申报，逾期仍不申报的。

应纳所得税额=应纳税所得额×适用税率

应纳税所得额=收入总额×应税所得率

=成本费用支出额÷（1-应税所得率）×应税所得率

应税所得率应按表17-2的标准执行：

表17-2 应税所得率表

行业	应税所得率(%)
工业、交通运输业、商业	5~20
建筑业、房地产开发业	7~20
饮食服务业	7~25
娱乐业	20~40
其他行业	10~30

考中级会计职称的时候，我们也要考到这个点：

【例题·单选题】某居民企业适用25%的企业所得税税率。2015年该企业向主管税务机关申报应纳税收入总额140万元，成本费用总额150万元。经税务机关检查，收入总额核算正确，但成本费用总额不能确定。税务机关对该企业采用以应税所得率方式核定征收企业所得税，应税所得率为25%。2015年该企业应缴纳的企业所得税税额为（　　）万元。

A.2.5　　B.12.5　　C.8.75　　D.11.6

【答案】C

【解析】在本题中，由于经税务机关检查，该企业的成本费用总额不能确定而收入总额核算正确，该企业2015年企业所得税应纳税所得额=应税收入额×应税所得率=140×25%=35（万元）；应纳税额=应纳税所得额×适用税率，即该企业2015年企业所得税应纳税额=35×25%=8.75（万元）。

更多有关中级职称考的内容请参看《小艾上班记8——中级经济法》。

现在4家商行，属于商业领域，核定应税所得税率是5%~20%，假设经过努力申请，税务核定应税所得率是5%。

4家商行收入1.2亿元，每家商行收入是3 000万元，应税所得率5%。

应纳税所得额=3 000×5%=150（万元）

根据个人经营所得税税率表，适用税率为35%。

3%～35%个人所得税税率表（经营所得适用）见表17-3：

表17-3　3%~35%个人所得税税率表

级数	全年应纳税所得额	税率（%）	速算扣除数（元）
1	<=30 000元	3	0
2	30 000元<×<=90 000元	10	1 500
3	90 000元<×<=300 000元	20	10 500
4	300 000元<×<=500 000元	30	40 505
5	500 000元<×	35	65 500

【注】更多有关个人所得税相关知识，参见《小艾上班记10——初级经济法》第5章。

应纳税额=150×35%-6.55=45.95（万元）

4家商行应纳税额合计=45.95×4=183.80（万元）

税收筹划前，所得税总额是1 200万元，筹划后，所得税总额583.80万元，节税总额是616.20万元。

再比如，高管也可以利用个人独资企业来进行税收筹划。

2020年，某高管的年薪为135万元。

全年工资薪金所得：40+95-6-12（各项扣除）=117（万元）

3%～45%个人所得税税率表（综合所得适用）见表17-4：

表17-4　　3%～45%个人所得税税率表

级数	全年应纳税所得额	税率(%)	速算扣除数(元)
1	<=36 000元	3	0
2	36 000元<×<=144 000元	10	2 520
3	144 000元<×<=300 000元	20	16 920
4	300 000元<×<=420 000元	25	31 920
5	420 000元<×<=660 000元	30	52 920
6	660 000元<×<=960 000元	35	85 920
7	960 000元<×	45	181 920

工资薪金合计应纳税额：117×45%-18.192=34.458（万元）

税收成本率=34.458÷135=25.52%

到手金额=135-34.458=100.54（万元）

高管年薪越高，税负越高，到手金额越低。

因此，可以使用个人独资企业来做税收筹划。

本来员工个人跟企业是雇佣关系，现在让员工个人去成立个人工作室，由个人工作室跟企业签合同，相当于企业把业务外包给个人工作室，然后个人工作室给企业开发票。

因为个人工作室是小规模纳税人，所以增值税月销售额15万元以内免税，季度45万元、年度180万元以内免增值税，增值税免了，那对应的城市维护建设税、教育费附加也免了。

因为工作室是个人独资企业，所以不用缴纳企业所得税，只需要缴纳个人所得税，而且还可以核定征收。工商业应税所得率可以最低核定到5%，综合税率也可以核定到5%。

生产经营个人所得税=135÷1.03×5%×5%=0.3277（万元）

原来工资薪金需要缴纳所得税34.458万元，现在，节约金额=34.458-0.3277=34.1303（万元）。

如果年薪更高，那么哪怕需要缴纳增值税，个人独资企业核定征收后，综合税负同样划算。

王小姐是公司高管，年薪360万元。

个人所得税：360×45%-18.192=143.808（万元）

相当于40%的收入都要用来缴纳个税！

王小姐选在某园区成立了一家个人工作室，以工作室名义和原有的公司进行合作，签订相关的合同。个人独资企业核定征收后，假设核定个税税率为1.5%。

那么需要缴费：

增值税税金：360÷（1+3%）×3%=10.49（万元）

应交地方附加税金：10.49×（7%+3%+2%）=1.26（万元）

应交个人所得税：360÷（1+3%）×1.5%=5.24（万元）

合计税金：10.49+1.26+5.24=16.99（万元）

节税126.818万元（143.808-16.99）。

因此，我们可以看出，关键在于核定征收这个环节。如果核定低，那么肯定有的赚。同时，风险也在于核定征收，会不会突然取消，也就是说刚开始申请下来核定征收，而纳税时取消核定征收，那就得不偿失了。

税务局的征收方式有查账征收和核定征收，在正常情况下，企业都是查账征收。但如果有一些特殊情况，比如企业实在太小了，根本没设立账本，那就会采取核定征收，他会给你核定一个税额，或者核定一个税率。

所得税的征收是这个情形，增值税其实也一样，一般来说，增值税的征收方式，是用你的销项税额减去你的进项税额，差额就是你应该缴纳的增值税。

比如，你进货是100万元，进项税额13万元，卖出去300万元，销项税额300×13%=39（万元），差额39-13=26（万元），就是你应该缴纳的增值税。

但如果你是小规模纳税人，那就实行简易征收，征收率是3%，相当于一口价了，不用算销项税和进项税，这其实本质上就是核定征收。核定征收其实就是简易征收，简单处理，只要你换位思考一下，就能明白国家税收征管的意图，毕竟凡事都有例外，有的该简化处理就要简化处理，做事情不可能一刀切，眉毛胡子一把抓，它肯定会分情况的。

本来核定征收是出于税收管理的意图，现在却被很多民营企业用来避税。避税跟税收筹划不一样，避税是利用国家税收相关规定的漏洞，钻法律的空子，从而获益。税收筹划是通过对业务的规划，让自己不多缴税（其实，现在很多企业是一边多缴税，一边又拼命避税，至于是多缴得多，还是避得多，这个是不清楚的，企业根本就没去统计过，哪些地方可以不缴的，我缴了）；另一个就是通过业务筹划，规避税务风险，就算你的税没少缴，但是能规避大量风险，这也是获益。

有避税，就有反避税，国家对避税的惩罚一般是补税和利息，但是一般不罚款。

让自己不多缴税，与给你节税多少，有时候结果可能是一样的。比如，我说："你这个业务这样安排，可以不多缴税。"换句话说："你这个业务这样安排，我可以帮你节税多少。"

但是，两者心态不一样。

"让自己不多缴税"这个理念会让你在实践中，做事情更有分寸、更细致，在业务的每一个环节执行之前，都会对税收进行思考，从而做到事前筹划，对风险会有更好的把握。

"我可以帮你节税多少、避税多少"这种理念会让企业把节税当成一个利益目标，为了达成这个目标，有的企业会动很多歪心思，一不小心就过了。

核定征收原本是因为你不能提供准确的财务资料，然后税务人员根据相关情况，大致地给你估算一下，应该缴多少税。它是一种粗放式管理。

《中华人民共和国税收征收管理法》的第三十五条对核定征收适用的情形有明确的规定。通俗来说，分为两种：

（1）没有建账的。

（2）建了账，但是税务机关不信的。

核定征收原本是惩罚性措施。

比如：纳税人用于"换取生产资料和消费资料、投资入股和抵偿债务"等方面的应税消费品，应当以纳税人同类应税消费品的最高销售价格作为计税依据计算消费税。

关键词：最高销售价格，这个就带有惩罚性。

但是在个人独资企业的核定征收规定中，就没有规定得这么具体，而是说，如果没有账本，或者有账本但是账目混乱，难以查账，税务局就可以核定征收；还有就是未按照规定纳税申报，税务局责令限期申报，逾期还是不申报，此时税务局也可以核定征收。

怎么核？核多少？这个就具有灵活性了。

本来应该惩罚，但在实务中，却逐渐成为一种"税收优惠"。

因此，核定征收存在风险！

有避税，就有反避税，针对这种情况，税务局势必会出一些政策，约束核定征收的行为，禁止滥用。

比如，某省税务局发布新公告：严禁税务局滥用权力随意征收。不准擅自扩大核定征收范围；不准未经调查、未按规定流程随意核定、调整纳税人定额。

因此，不管怎么筹划，都要做到业务真实，你要真真切切地改变自己的业务，而不是纯粹为了节税而节税，凡事不要过！

例如，甲是A公司的高管，年薪较高，适用45%的个人所得税税率。

为了降低税负，甲成立个人独资企业，给A公司开具发票收取咨询费，个人独资企业可申请核定征收，税负较低，从而达到节税的目的。

若甲依然为A公司员工，则甲成立的个人独资企业给A公司开具发票可能涉及虚开发票；若甲和A公司解除了劳动合同，只有服务协议，那么甲实质上作为劳动者的权益将无法得到保障，因为他已经不是A公司的员工了，相当于自己创业了，在某种意义上也存在一定的风险。

再比如，增值税一般纳税人A公司，为了减少企业所得税，专门在“税收洼地”成立了一家个人独资企业B，给A公司开具费用发票。

B企业利用核定征收的优惠政策，个人所得税税负较低，同时A公司利润大幅下降，企业所得税大幅下降。

B公司享受优惠政策但没有实质性运营，一旦涉及虚开发票，风险就非常大！

因此，税务局在稽查的时候，也会判断你到底有没有商业实质。

只要时机成熟，取消核定征收就是必然趋势！但在没取消之前，核定征收的管理也会越来越严格，以下几个方面，一定会是稽查的重中之重：

（1）是否对增值税一般纳税人实行核定征收；

（2）是否对金融企业、经济鉴证类中介机构等特殊行业进行核定征收；

（3）是否对设立分支机构的汇总纳税企业实行核定征收；

（4）核定应税所得率适用情况，是否存在超率核定；

（5）对年收入和利润变化明显超过20%的企业，税务机关是否履行调整应税所得率的职责；

（6）对申报表收入和财报数据不一致企业的纠正情况；

（7）对核定征收企业发票管控及注销管理情况。

小艾自然没给他们讲这么细，就算讲了，他们也不一定听得懂，她只是简单地告诉他们，个人独资企业不需要缴纳企业所得税，然后举了个例子，说筹划前后会相差好几百万元的税。

不过，当老板的都是很精明的人，知道有好处，就必然会伴随风险，于是问道：“有什么风险？”

小艾答：“政策性风险，就是核定的时候，你没问题，但是后来税务局又发现你的经营情况其实不符合，于是让你补缴税款及利息。”

“看来，还是需要专业人士全程把控才行！小妹妹，你是哪个会计师事务所的？加个微信呗！”

“好！”

个人独资企业作为一个税收筹划工具在市面上畅通无阻，早已是公开的秘密。虽说有风险，但是大家都这么做，而且很多时候也相安无事，直到后来直播女王薇娅出事了。媒体报道说她成立了很多个个人独资企业，把劳务报酬转换成个人经营所得，从而逃避巨额税收。

小艾看见新闻立马问道：“薇娅把个人劳务报酬所得转为个人经营所得，真的就大错特错了吗？”

杜云轩答：“没有，其实把个人劳务报酬转为个人经营所得，问题不大的。因为个人劳务报酬纳入综合所得，缴纳个人所得税，税率最高是 45%，但是，你可以扣掉 20% 的收入所得，那就是 45%×（1-20%）=36%。而个人经营所得，最高税率是 35%，国家在设置税率的时候，其实相差不大的。”

个人所得类型如图 17-4 所示：

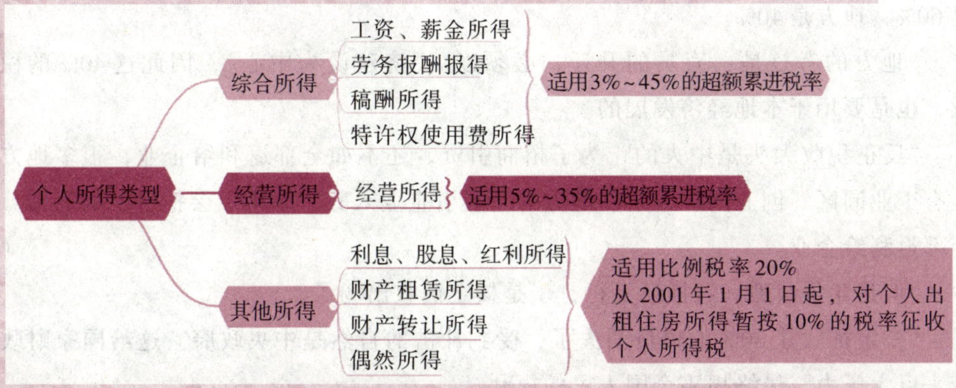

图 17-4　个人所得类型

综合所得适用3% ~ 45%个人所得税税率见表17-4。

经营所得适用5% ~ 35%个人所得税税率见表17-3。

小艾问："那问题出在什么地方？"

杜云轩答："核定征收。个人独资企业可以申请核定征收。35%也好，36%也好，如果最后给你直接核个10%或5%，那效果就不一样了，甚至有的地方核完后，还给你返税或补贴，税负会更低。"

小艾问："某些地方税务局为什么这样滥用核定征收？"

杜云轩答："分税制引起的。1993年之前，也就是1985—1993年，农村搞土地承包，城市搞企业承包，政府搞财政承包。那时候还没有增值税等相关税种，不过有产品税等相关名目，不过基本上都归地方所有。所以，中央越来越穷，某些地方却富得流油。

"这样肯定是不行的，用毛主席的话来说：'手里没把米，叫鸡鸡都不来。'

"于是1993年我国开始实行分税制改革，分为国税和地税。当然改革的过程中，也是遇到了很大阻碍的，那时候我们的朱镕基总理带着团队，两个月的时间，跑了20多个省，一个一个地去谈，一个一个地去做思想工作，当面算账。"

小艾闻言，才隐隐约约地想起，好像曾经的曾经，是有这么一件事，说朱镕基总理去上海、北京各会计学院考察时，题词"不做假账"，当时被传为美谈，各大媒体相继报道。

杜云轩继续说道："目前我国中央和地方的税收分配是这样的（如图17-5所示）。

"从图17-5中可以看出，所得税，不管是个人所得税，还是企业所得税，中央是60%，地方是40%。

"地方的考核是：官员的升迁，必须以'经济建设为中心'，因此这40%的税收，也是要用于本地经济发展的。

"反正税收大头是中央的，为了招商引资，还不如全部返利给企业，很多地方会有工业园区、创业园区，这些地方为了吸引企业入驻，基本上会把自己的那部分全部返利给企业。

"但是竞争激烈，这样还不行，于是核定征收出场了。

"核定征收让80%的税负消失了，受到冲击的自然是中央政府。这给国家财政带来巨大压力，最终损害全国人民的福利。"

小艾问："留住企业，就是为了经济建设吗？"

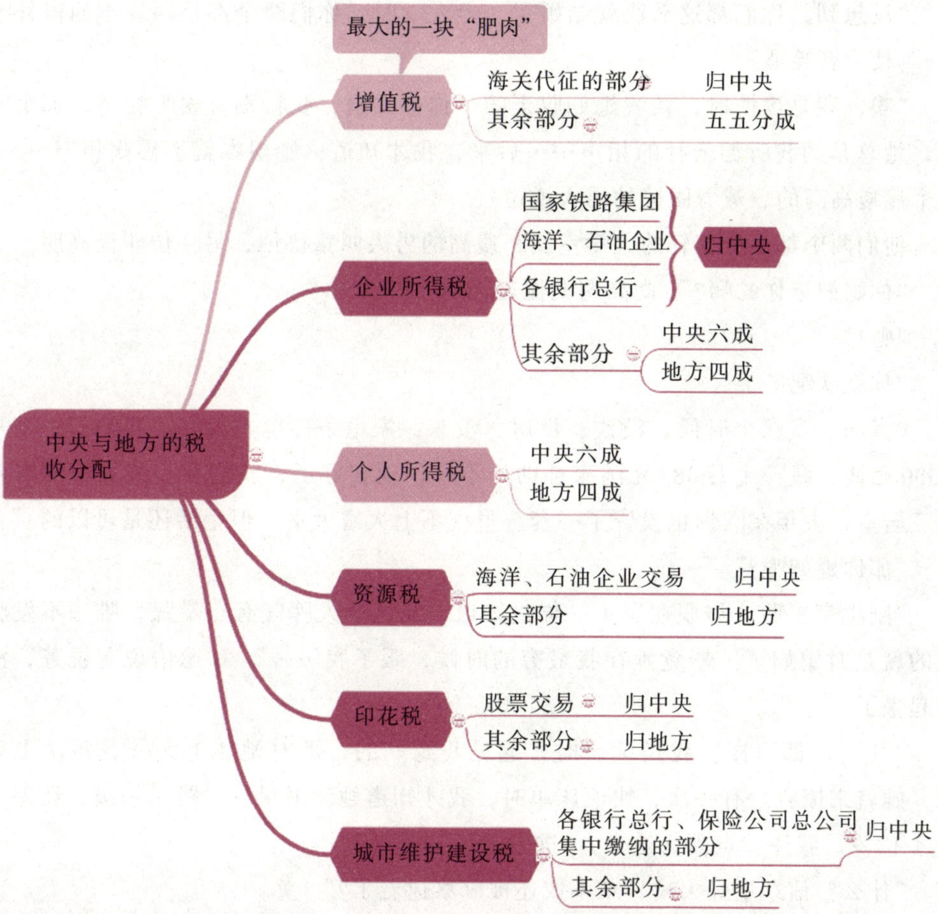

图17-5 中央与地方的税收分配

杜老师答：“企业都到你这个地方来了，就可以带动周边经济的发展。周边经济发展了，土地价值就会升高。”

小艾问：“那意思就是又会影响本地房价？”

杜老师答：“这又是另外一个问题——土地财政，有时间再跟你说吧。”

核定征收迟早都会取消，中央的指示已经很明显了，当然有的地方反应很快，已经发文：所有的核定征收全部转为查账征收。这些都是后话。

会场另一边，杜云轩正在跟朋友闲聊。

“没想到，你们都这么快就结婚了。上大学时，你们两个都是两耳不闻窗外事的。”杜云轩笑道。

“唉，我是读博时，被我媳妇收走的。你也知道，我特别喜欢听相声，那个时候，她总是约我听德云社的相声……后来，我才知道，她根本就不喜欢相声……”一个瘦瘦高高的、戴着眼镜的男人说道。

他们两个都是杜云轩的大学室友，瘦高的男人叫章德佑，另一位叫尚高明。

“你媳妇撩你的啊?”尚高明调侃道。

“嗯!”

“你就吹吧!”

“真的，我那个时候，没钱、没房、没车，家里条件也不太好。我媳妇一个月4 000元钱，我一个月383元国家补助。不过，现在好了，我们在一线城市拥有两套三居室，去年在欧洲也投资了一套。虽说不上大富大贵，但生活还是可以的。”

“那你媳妇呢?”

“刚生完二胎，辞职在家了。你也知道，我这个人脾气有点暴躁，唯一不发脾气的就是对媳妇了。毕竟她在我最穷的时候，跟了我……”章德佑说着说着，深情起来了。

“其实，都一样。我是读研时，遇见我媳妇的，那时她才上大一，每次上完课，她就来撩我。有一次，快滚床单时，我才知道她读书早，又跳了一级，还差一点才18岁。我还差点因为这个，‘进去了’。”

“什么?信息量好大噢!难不成还被警察逮着了?”

“是呀，后来，一毕业我们就赶紧结婚了。我现在在家里完全没地位，全家人都向着她，跟她一个鼻孔出气。连我父母都觉得，我心里是不是有点变态，怎么会对一个未成年人下手?我现在每个月工资都要上交，晚上回家还要给老婆按摩捏脚……”

“你这是‘凡尔赛’，晒幸福呢，还是……”

“没有，我是突然间想明白了，我老婆，真不愧是学财务的，就是比我这个学理工科的看得远。我被套牢，我活该!”

“你老婆学财务的啊?”

“对啊!”

“这么巧?我老婆也是!”

“我就说嘛，学财务的人，都懂得投资，要买就在最低点买。杜老师，你说是吧？“

杜云轩闻言，笑，接着淡淡地应了一句：“当然，投资最忌追涨杀跌！”

这时，梁清妍从远处朝他们这个方向走过来。

杜云轩眼尖，一转身，朝小艾这个方向指了指，说道：“失陪两位，我去那边打个招呼。”

杜云轩走到小艾身旁，跟桌上的老板们打了个招呼，接着低声说道：“一进场就不见你了，原来你在这里给人答疑解惑啊？今天能出几个单子啊？”

“出单？”小艾瞪着眼睛看着他。

“对啊，带名片了吗？”

“没有。”小艾摇了摇头。

“那加微信了吗？”

“加了！”

杜云轩闻言，笑：“不错，你今天的裙子很漂亮！”

“谢谢杜老师！”

“谢不能只用嘴巴，要有行动。”

“啊？”

“陪我去那边拿点吃的！”

“好！”

梁清妍本来想过来跟大家打个招呼，不料，还没走近，杜云轩便已离开，看着他跟别人有说有笑的，心里莫名地不是滋味，自已也没想怎么着，只是过来看看而已。

第18章

理性的极端是直觉

第18章 理性的极端是直觉

婚礼奢华，但是平淡无奇，没有什么有趣的事，小艾吃完饭就回来了，然后趴在办公桌上，填各种繁杂的纳税申报表。

会计是做什么的？会计是做报表的。

管理是做什么的？管理是看报表的。

在实践中，我们需要做的报表可以分为三大类：

（1）财务报表（比如资产负债表、利润表、现金流量表等）

（2）税务报表，也就是纳税申报表。目前，我国全套纳税申报表如图18-1所示。

（3）管理报表，根据管理需要而制作的各种报表。

对于财务报表和税务报表，这两类报表具有标准格式，换句话说，你只要会填表就行，把一个企业的经济业务分门别类地填到相应的地方。

会计其实就是分类的艺术。

是不是很简单？

原理是很简单，但是做起来很复杂。

不然的话，国家也不会花这么大的力气去培养大量的财务和税务人才。

但是，为什么说它很难呢？因为各行各业的业务都通过这几张表来归纳，实践中很多业务你或许听都没听过。

而且每类业务在执行过程中要遵循各种规范，光税法文件就多如牛毛，更何况还有更多的其他的相关法律。

更要命的是，全国十几亿人都在挣钱，你不可能知道所有的挣钱模式。另外，公司很多挣钱模式，摆在你面前，你都看不懂，你要是一眼就看透，那你应该挣得比老板还多。

有一句话是这样说的，财富是一个人认知的体现。

不管这句话说得对不对，但是有一点不得不承认，有些业务真的看不懂啊！

所以，不同的经济业务，有不同的分类，自然就有不同的填法。

打个比方，填报最简单的小规模纳税人增值税纳税申报表。

国家突然出了个政策：

第一，疫情期间，小规模纳税人征收率减按1%继续执行；

第二，免税销售额标准提高，从月度10万元（季度30万元）提高到月度15万元（季度45万元）。

那么你根据你公司的情况，该如何填下列这张表（见表18-1）？

表18-1　　　　　　　　　增值税及附加税费申报表

（小规模纳税人适用）

纳税人识别号（统一社会信用代码）：□□□□□□□□□□□□□□□□□□□□

纳税人名称：　　　　　　　　　　　　　　　　　　　　　　　　　金额单位：元（列至角分）

税款所属期：　年　月　日至　年　月　日　　　　　　　　　　　　填表日期：　年　月　日

	项目	栏次	本期数		本年累计	
			货物及劳务	服务、不动产和无形资产	货物及劳务	服务、不动产和无形资产
一、计税依据	（一）应征增值税不含税销售额（3%征收率）	1				
	增值税专用发票不含税销售额	2				
	其他增值税发票不含税销售额	3				
	（二）应征增值税不含税销售额（5%征收率）	4	—		—	
	增值税专用发票不含税销售额	5	—		—	
	其他增值税发票不含税销售额	6	—		—	
	（三）销售使用过的固定资产不含税销售额	7(7≥8)		—		—
	其中：其他增值税发票不含税销售额	8		—		—
	（四）免税销售额	9=10+11+12				
	其中：小微企业免税销售额	10				
	未达起征点销售额	11				
	其他免税销售额	12				
	（五）出口免税销售额	13(13≥14)				
	其中：其他增值税发票不含税销售额	14				

续表

项目		栏次	本期数		本年累计	
			货物及劳务	服务、不动产和无形资产	货物及劳务	服务、不动产和无形资产
二、税款计算	本期应纳税额	15				
	本期应纳税额减征额	16				
	本期免税额	17				
	其中：小微企业免税额	18				
	未达起征点免税额	19				
	应纳税额合计	20=15-16				
	本期预缴税额	21			—	—
	本期应补（退）税额	22=20-21			—	—
三、附加税费	城市维护建设税本期应补（退）税额	23				
	教育费附加本期应补（退）费额	24				
	地方教育附加本期应补（退）费额	25				

声明：此表是根据国家税收法律法规及相关规定填写的，本人（单位）对填报内容（及附带资料）的真实性、可靠性、完整性负责。

纳税人（签章）：　　　　　　　年　月　日

经办人： 经办人身份证号： 代理机构签章： 代理机构统一社会信用代码：	受理人： 受理税务机关（章）： 受理日期：　　年　月　日

第一种情形：假设你的公司是小规模纳税人，季度销售额未超45万元且未开具增值税专用发票。

此情况下又会有多种情况：

情况一：季度销售额未超45万元，且未开具专票，开具1%增值税普通发票（或者说未开具发票）。

公司为小规模纳税人，选择1个季度为纳税期限。2021年1季度销售货物并自行开具增值税普通发票，价税合计40.4万元（或者说未开具发票）。增值税及附加税费申报表填列见表18-2。

表18-2　　**增值税及附加税费申报表（简表）**

（小规模纳税人适用）

纳税人识别号（统一社会信用代码）：□□□□□□□□□□□□□□□□□□□□□□

纳税人名称：　　　　　　　　　　　　　　　　金额单位：元（列至角分）

税款所属期：　年　月　日至　年　月　日　　　　　　填表日期：　年　月　日

	项目	栏次	本期数		本年累计	
			货物及劳务	服务、不动产和无形资产	货物及劳务	服务、不动产和无形资产
一、计税依据	（三）销售使用过的固定资产不含税销售额	7(7≥8)		—		—
	其中：其他增值税发票不含税销售额	8		—		—
	（四）免税销售额	9=10+11+12	40 000.00		400 000.00	
	其中：小微企业免税消费额	10	40 000.00		400 000.00	
	未达起征总消费额	11				
	其他免税销售额	12				
	（五）出口免税销售额	13(13≥14)				
	其中：其他增值税发票不含税销售额	14				
二、税款计算	本期应纳税额	15				
	本期应纳税额减征额	16				
	本期免税额	17	12 000.00		12 000.00	
	其中：小微企业免税额	18	12 000.00		12 000.00	
	未达起征点免税额	19				
	应纳税额合计	20=15-16				
	本期预缴税额	21			—	—
	本期应补（退）税额	22=20-21			—	—
三、附加税费	城市维护建设税本期应补(退)税额	23				
	教育费附加本期应补（退）费额	24				
	地方教育附加本期应补(退)费额	25				
声明：此表是根据国家税收法律法规及相关规定填写的，本人(单位)对填报内容(及附带资料)的真实性、可靠性、完整性负责。 纳税人(签章)：　　年　月　日						
经办人： 经办人身份证号： 代理机构签章： 代理机构统一社会信用代码：			受理人： 受理税务机关(章)： 受理日期：　年　月　日			

提示：这里我们会发现票面税额和申报表17栏自动生成的免税额有差异，这个差异不用理会。这里是自动按照3%生成的免税额，发票是1%的税额，直接按1%做账，与申报表的差异不用管。个体户申报需要填写未达起征点栏次，依据是小规模纳税人增值税申报表填写说明。

- 全套纳税申报表
  - 流转税
    - 增值税及附加税费
      - 增值税及附加税费申报表（一般纳税人）
        - 主表
        - 附表1：本期销售情况明细
        - 附表2：本期进项税额明细
        - 附表3：服务、不动产和无形资产扣除项目明细
        - 附表4：税额抵减情况表
        - 附表5：附加税费情况表
        - 增值税减免税申报明细表
      - 增值税及附加税费申报表（小规模）
        - 主表
        - 附列资料
        - 增值税减免税申报明细表
      - 增值税预缴税款表
    - 消费税及附加税费
      - 消费税及附加税费申报表
      - 附注1：应税消费品名称、税率和计量单位对照表
      - 附注2：计量单位换算标准
      - 附表1
        - 本期准予扣除税额计算表
        - 本期准予扣除税额计算表（成品油消费税纳税人适用）
      - 附表2：本期减（免）税额明细表
      - 附表3：本期委托加工收回情况报告表
      - 附表4：卷烟批发企业月份销售明细清单（卷烟批发环节消费税纳税人适用）
      - 附表5：卷烟生产企业合作生产卷烟消费税情况明细表（卷烟生产环节消费税纳税人适用）
      - 附表6：消费税附加税费表
  - 所得税
    - 企业所得税
      - 中华人民共和国企业所得税月（季）度预缴纳税申报表
        - （A类）查账征收
        - （B类）核定征收
      - 汇算清缴
        - 基础信息表
          - A00000：企业所得税年度纳税申报基础信息表
        - A1000000：中华人民共和国企业所得税年度纳税申报表（A类）
        - 会计数据6张编号（101-104）
          - 收入101
            - A101010：一般企业收入明细表
            - A101020：金融企业收入明细表
          - 支出102
            - A102010：一般企业成本支出明细表
            - A102020：金融企业支出明细表
          - 事业单位103
            - A103000：事业单位、民间非营利组织收入、支出明细表
          - 期间费用104
            - A104000：期间费用明细表
        - 纳税调整105
          - 主表
            - A105000：纳税调整项目明细表
          - 附表12张
            - A105010：视同销售和房地产开发企业特定业务纳税调整明细表
            - A105020：未按权责发生制确认收入纳税调整明细表
            - A105030：投资收益纳税调整明细表
            - A105040：专项用途财政性资金纳税调整明细表
            - A105050：职工薪酬支出及纳税调整明细表
            - A105060：广告费和业务宣传费跨年度纳税调整明细表
            - A105070：捐赠支出及纳税调整明细表
            - A105080：资产折旧、摊销及纳税调整明细表
            - A105090：资产损失税前扣除及纳税调整明细表
            - A105100：企业重组及递延纳税事项纳税调整明细表
            - A105110：政策性搬迁纳税调整明细表
            - A105120：特殊行业准备金及纳税调整明细表
        - 弥补亏损106
          - A106000：企业所得税弥补亏损明细表
        - 税收优惠107
          - 收入费用减免
            - 主表
              - A107010：免税、减计收入及加计扣除优惠明细表
            - 附表
              - A107011：符合条件的居民企业之间的股息、红利等权益性投资收益优惠明细表
              - A107012：研发费用加计扣除优惠明细表
          - 所得减免
            - A107020：所得减免优惠明细表
          - 应纳税所得额减免
            - A107030：抵扣应纳税所得额明细表
          - 所得税减免
            - 主表
              - A107040：减免所得税优惠明细明
            - 附表
              - A107041：高新技术企业优惠情况及明细表
              - A107042：软件、集成电路企业优惠情况及明细表
          - 税额抵免
            - A107050：税额抵免优惠明细表
        - 境外抵免108
          - 主表
            - A108000：境外所得税收抵免明细表
          - 附表
            - A108010：境外所得税纳税调整后所得明细表
            - A108020：境外分支机构弥补亏损明细表
            - A108030：跨年度结转抵免境外所得税明细表
        - 汇总纳税109
          - 主表
            - A109000：跨地区经营汇总纳税企业年度分摊企业所得税明细表
          - 附表
            - A109010：企业所得税汇总纳税分支机构所得税分配表
    - （1）个人所得税基础信息表（A表）（B表）
    - （2）个人所得税扣缴申报表
    - （3）个人所得税自行纳税申报表（A表）

你的公司的销售额是根据你的公司的销售业务，一笔一笔做出来的，那实际经营过程中，哪些业务该确认收入呢？如何确认收入是根据合同来判断的，你的合同该如何签，如何规避风险，保障自己的利益，那又是另外一个问题了。

这里假设的是销售收入已经确认完毕，没有其他问题。

情况二：季度销售额未超45万元，且未开具专票，开具1%增值税普通发票，同时还有其他免税业务（比如销售自产农产品免税），开具了免税增值税普通发票。

公司为小规模纳税人，选择1个季度为纳税期限。2021年1季度销售货物并自行开具增值税普通发票，价税合计20.2万元，公司免税业务销售额20万元，开具免税发票20万元。

销售额未超45万元，这种直接按照小微企业申报即可，这样有个好处就是可以避免多填写一张减免税明细表。

如果直接按小微企业申报，那么填的表与表18-2一样。

情况三：个体户季度销售额未超45万元，且未开具专票，开具1%增值税普通发票。

公司为个体户小规模纳税人，选择1个季度为纳税期限。2021年1季度销售货物并自行开具增值税普通发票，价税合计40.4万元。增值税及附加税费申报表填列见表18-2。

情况四：如果你属于差额纳税的小规模纳税人，如提供旅游服务、劳务派遣服务等，只要差额扣除以后的季度销售额不超过45万元，仍然可以享受小微企业免税优惠。（前提也是不开具增值税专用发票）

公司为增值税小规模纳税人，提供旅游服务，选择1个季度为纳税期限。2021年1季度提供旅游服务而取得含税收入50.40万元，其中按政策规定可扣除金额10万元，开具增值税普通发票。

差额扣除后的销售额为40万元，小于45万元，依旧享受小微企业免税政策。

这个时候就需要多填写一张申报表（一张是主表，见表18-2；一张是附列资料，见表18-3）。

表18-3　　增值税及附加税费申报表附列资料（一）

（小规模纳税人适用）

（服务、不动产和无形资产扣除项目明细）

税款所属期：　　年　月　日至　　年　月　日　　　　填表日期：　　年　月　日

纳税人名称（公章）：　　　　　　　　　　　　　　　　金额单位：元（列至角分）

应税行为(3%征收率)扣除额计算			
期初余额	本期发生额	本期扣除额	期末余额
1	2	3(3≤1+2之和，且3≤5)	4=1+2-3
	100 000.00	100 000.00	
应税行为(3%征收率)计税销售额计算			
全部含税收入(适用3%征收率)	本期扣除额	含税销售额	不含税销售额
5	6=3	7=5-6	8=7÷1.03
504 000.00	100 000.00	404 000.00	400 000.00
应税行为(5%征收率)扣除额计算			
期初余额	本期发生额	本期扣除额	期末余额
9	10	11(11≤9+10之和，且11≤13)	12=9+10-11
应税行为(5%征收率)计税销售额计算			
全部含税收入(适用5%征收率)	本期扣除额	含税销售额	不含税销售额
13	14=11	15=13-14	16=15÷1.05

看到这里，很多人就开始懵了，但是没有关系，当你懵的时候，你可以暂时跳过。

你之所以懵，是因为你所面对的大大超出了你的认知范围。

心理学上把人类对于外部世界的认知分为三个区域：舒适区（Comfort Zone）、学习区（Stretch Zone）和恐慌区（Stress Zone）（如图18-2所示）。

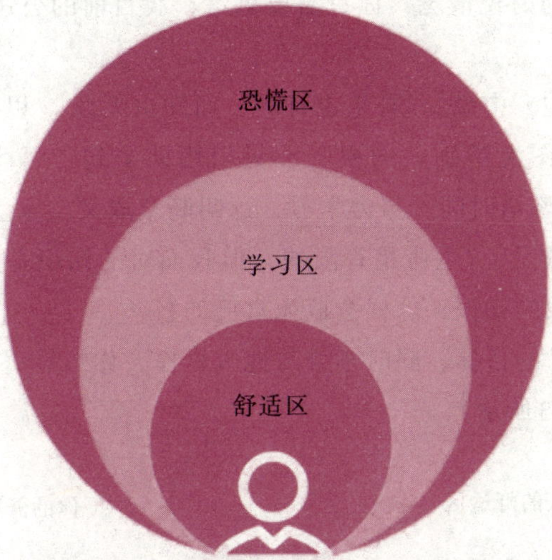

图18-2　人类对于外部世界的认知分为三个区域

我们学习的时候，要让自己走出舒适区，进入学习区，但是不要硬闯恐慌区。

追求舒适是人的本性。但长期处于这个区域的人，日子会因安逸而颓废，不思进取，所以人还是要学点东西的。

学习区在舒适区的外面。如果你处于学习区，你就会精神兴奋，心理上焦虑适度，此时大脑开放，愿意接受知识，学习成长快，而且对未来充满期待，这是一个不错的心理体验。

恐慌区在学习区的外面。如果你让自己处于恐慌区，那么无论思维、情绪和行为都会比较混乱，你承受的压力已超过心理承受范围，它会让你厌学，减少你对这个领域的学习兴趣，对你的学习是不利的，甚至对一个人的身心健康也不利。

所以，凡事都要把握一个度，平衡才是硬道理。

很多人刚开始学习财税的时候，都显得特别急功近利，恨不得一口气把这些报表全部搞懂。其实没有必要，一是你做不到，不光你做不到，很多财税专家，也未必对这些报表全部都了如指掌；二是你也不见得就需要，很多时候你不需要掌握全国各个行业的企业的财税情况，你只需要思考，我目前的公司的情况是什么样的，我的目标是什么。

庄子的《养生主》中说："吾生也有涯，而知也无涯 。以有涯随无涯，殆已！"有很多人误读或企图混淆别人的视听，只引用前半句"吾生也有涯，而知也无涯"，然后鼓励他人珍惜时间、努力学习，这叫断章取义。

庄子真正想说的是："生命是有限的，但我面对的知识是无限的，要我用有限的生命，去追求无限的知识，这样会搞死自己的！"

所以，明确自己的目标，同时学会与他人合作，你的舒适区和别人的舒适区是不一样的（如图 18-3所示）。

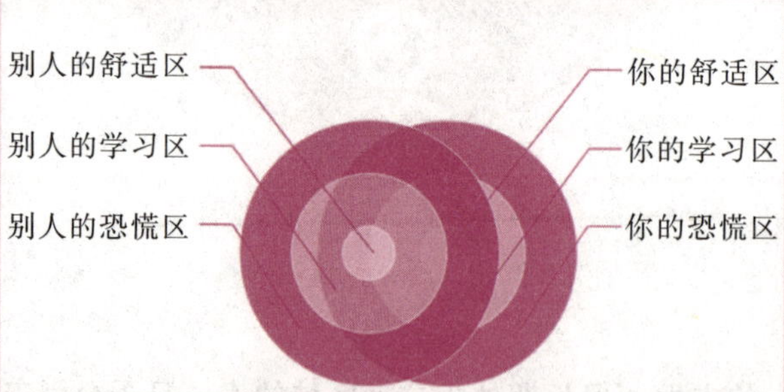

图 18-3 你的舒适区与别人的舒适区是不同的

人可以通过沟通与合作来完成不同的项目，并非什么事情都要亲自解决，因为你的恐慌区有可能是别人的舒适区。

人生活在这个社会上，本来就有交集，所以我们需要协作！

但这并不意味着我们就不需要学习了，我们需要不断地拓展自己的舒适区，也就是不断地把舒适区的边缘往学习区慢慢移动。

这样，我们将来就有更多的东西与他人去交换。

如果上面那些知识是你的舒适区，那我们就继续把这个问题说完。

什么是差额征税？什么又是差额开票？

实务中，很多人对差额征税和差额开票分不清。差额征税是“营改增”后为了解决那些无法通过增值税进项发票抵扣来避免重复征税的项目而采取的一种抵扣方法；而差额开票只是一种开票方式，可以分为两种类型，一种是差额部分（指扣除额，下同）不得开具增值税专用发票，另一种是差额部分可以开具增值税专用发票。

差额部分不得开具增值税专用发票。政策不允许差额部分开具专票，实际上就是不允许下一环节抵扣这部分税款。对于这类业务，只能通过以下三种方式开具发票：

（1）采用“差额开票”方式开具发票。

（2）差额部分开具普通发票，剩余部分开具专用发票。

（3）全额开具普通发票。

在开票系统中对应的功能如图18-4所示：

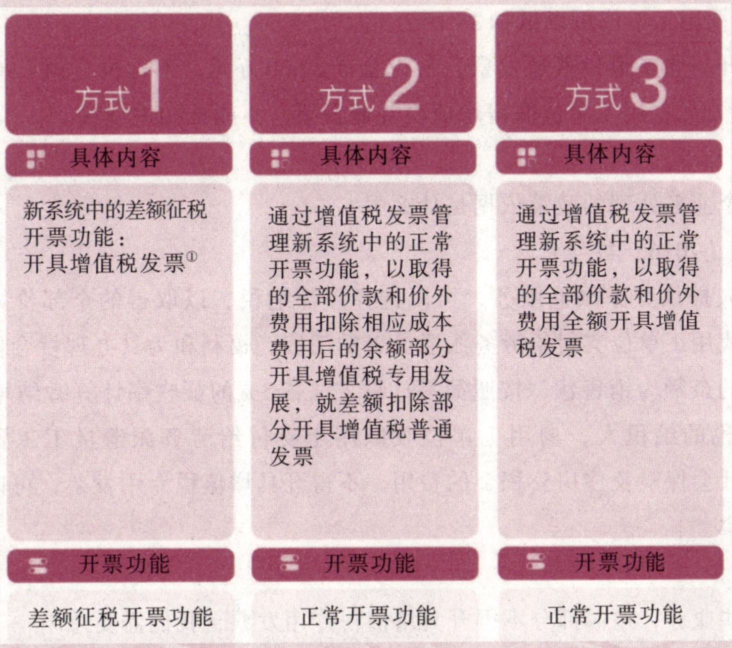

图18-4　在开票系统中对应的功能

这样，对于下一环节取得的发票，扣除部分就无法抵扣进项税额了，也就是销售方征多少增值税，购买方抵多少增值税。

① 注：增值税专用发票和普通发票都可以开，具体情境下，面对不同的客户，你可以自行决定开专票还是普票。

例如：某劳务派遣公司采用简易计税，2019年10月份收取劳务派遣费2 000万元（含税），支付劳务派遣员工工资、福利和为其办理社会保险及住房公积金的费用1 200万元。有如下几种开票方式：

（1）使用差额开票功能，录入含税销售额2 000万元和扣除额1 200万元，系统自动计算税额38.10万元和票面不含税金额1 961.90万元，备注栏自动打印“差额征税”字样。用工单位可以抵扣38.10万元。

（2）开一张增值税专用发票+一张普通发票。差额部分不得开专票，剩余部分开具增值税专用发票不含税金额761.90万元，税额38.10万元（800÷（1+5%）×5%），价税合计800万元；普通发票不含税金额1 142.86万元，税额57.14万元，价税合计1 200万元。

两张发票含税价合计2 000万元，不含税金额合计1 904.76万元，税额合计95.24万元；用工单位可以抵扣38.10万元。

（3）开一张增值税普通发票，价税合计2 000万元，不含税金额1 904.76万元，税额95.24万元；用工单位取得增值税普通发票，不能抵扣进项税。

那这个业务处理的政策依据是什么呢？

【财税〔2016〕47号】

纳税人提供劳务派遣服务，可以选择差额纳税，以取得的全部价款和价外费用，扣除代用工单位支付给劳务派遣员工的工资、福利和为其办理社会保险及住房公积金后的余额为销售额，按照简易计税方法依5%的征收率计算缴纳增值税。选择差额纳税的纳税人，向用工单位收取用于支付给劳务派遣员工工资、福利和为其办理社会保险及住房公积金的费用，不得开具增值税专用发票，可以开具增值税普通发票。

那哪些业务，差额部分不得开具增值税专用发票，我们需要总结一下。

在总结之前，我们先来看一下学习税法的4个段位（见表18-4）：

表18-4 **学习税法的4个段位**

(1)参加考试	无论是考初级、中级,还是考注册会计师、税务师,都会涉及大量的税法知识 优点:杂乱无章的税法政策已经整理成教材了,它会帮你建立一个相对完整的知识体系 缺点:部分考点在你学习的那一刻就已经作废了或者有了调整,因为教材出来时,有的法规就更新了
(2)阅读公众号或其他自媒体文章	如果已经有一定的税法知识和辨识能力,可以通过阅读公众号的内容填补一些空白、了解最新的政策 优点:时效性强,速成、便捷 缺点:有相当一部分公众号的内容都是不经思考的转载,有的还漏洞百出,另外,就是过于碎片化,所以寄希望靠大量收藏阅读公众号予以系统提升税法知识,是不现实的
(3)阅读税法政策	直接阅读国家税务总局及其他相关部门出台的文件 优点:政策原汁原味 缺点:对于很多税法学习的新手而言,面对随时大量更新的政策无所适从,不知道从哪看起,同时政策文字晦涩难懂
(4)了解税法背后的理论	税法重点不在税,而在法,它是法律的一个分支 优点:理解了法律的基本逻辑之后,再去学习税种的基本原理,然后根据政策出台不断填充和调整税法的体系,才是学习税法的上策 缺点:我们不是法律专业的,这条路走起来会有点坎坷,它需要我们去跨学科、多角度地掌握知识,这必然要付出时间和精力

还有一种方法,就是实践出真知,我们平时遇到问题的时候,就边收集、边总结,积累多了,慢慢地就熟能生巧了。

比如:差额部分不得开专票的业务有哪些?对应的政策内容及文件号是什么?总结如下(见表18-5):

表18-5 **差额部分不得开专票的业务及对应的政策内容**

经济业务	政策依据
(1)经纪代理服务	经纪代理服务,以取得的全部价款和价外费用,扣除向委托方收取并代为支付的政府性基金或者行政事业性收费后的余额为销售额。向委托方收取的政府性基金或者行政事业性收费,不得开具增值税专用发票
(2)旅游服务	纳税人提供旅游服务,可以选择以取得的全部价款和价外费用,扣除向旅游服务购买方收取并支付给其他单位或者个人的住宿费、餐饮费、交通费、签证费、门票费和支付给其他接团旅游企业的旅游费用后的余额为销售额 选择上述办法计算销售额的试点纳税人,向旅游服务购买方收取并支付的上述费用,不得开具增值税专用发票,可以开具普通发票

续表

<table>
<tr>
<td>(3)劳务派遣</td>
<td>①一般纳税人提供劳务派遣服务，可以按照财税〔2016〕36号文件的有关规定，以取得的全部价款和价外费用为销售额，按照一般计税方法计算缴纳增值税
也可以选择差额纳税，以取得的全部价款和价外费用，扣除代用工单位支付给劳务派遣员工的工资、福利和为其办理社会保险及住房公积金后的余额为销售额，按照简易计税方法依5%的征收率计算缴纳增值税
②小规模纳税人提供劳务派遣服务，可以按照财税〔2016〕36号文件的有关规定，以取得的全部价款和价外费用为销售额，按照简易计税方法依3%的征收率计算缴纳增值税；也可以选择差额纳税，以取得的全部价款和价外费用，扣除代用工单位支付给劳务派遣员工的工资、福利和为其办理社会保险及住房公积金后的余额为销售额，按照简易计税方法依5%的征收率计算缴纳增值税
③选择差额纳税的纳税人，向用工单位收取用于支付给劳务派遣员工工资、福利和为其办理社会保险及住房公积金的费用，不得开具增值税专用发票，可以开具普通发票
④劳务派遣服务，是指劳务派遣公司为了满足用工单位对于各类灵活用工的需求，将员工派遣至用工单位，接受用工单位管理并为其工作的服务
总结如下：
<table>
<tr><th>纳税人</th><th>适用政策</th><th>税率或征收率</th><th>说明</th></tr>
<tr><td rowspan="2">一般纳税人</td><td>一般计税，以取得的全部价款和价外费用作为销售额</td><td>6%</td><td>全额开具增值税专用发票，接受服务方按取得的增值税专用发票上注明的增值税额，按照相关规定抵扣进项税额</td></tr>
<tr><td>简易计税，差额纳税销售额=全部价款和价外费用-劳务派遣员工工资、福利、社保和住房公积金</td><td>5%</td><td>按照差额办法开具发票</td></tr>
<tr><td rowspan="2">小规模纳税人</td><td>全额纳税，以取得的全部价款和价外费用作为销售额</td><td>3%</td><td>代发的工资等构成销售额
去税务机关全额代开增值税专用发票，接受服务方按取得代开的增值税专用发票上注明的增值税额，按照相关规定抵扣进项税额</td></tr>
<tr><td>差额纳税，计算方法同一般纳税人简易计税</td><td>5%</td><td>按照差额办法开具发票</td></tr>
</table>
</td>
</tr>
</table>

续表

(4)人力资源外包服务	纳税人提供人力资源外包服务,按照经纪代理服务缴纳增值税,其销售额不包括受客户单位委托代为向客户单位员工发放的工资和代理缴纳的社会保险、住房公积金 向委托方收取并代为发放的工资和代理缴纳的社会保险、住房公积金,不得开具增值税专用发票,可以开具普通发票 一般纳税人提供人力资源外包服务,可以选择适用简易计税方法,按照5%的征收率计算缴纳增值税
(5)手机短信公益特服号	中国移动通信集团公司、中国联合网络通信集团有限公司、中国电信集团公司及其成员单位通过手机短信公益特服号为公益性机构(有名单,国家认可的机构)接受捐款,以其取得的全部价款和价外费用,扣除支付给公益性机构捐款后的余额为销售额。其接受的捐款,不得开具增值税专用发票
(6)证券登记结算	中国证券登记结算公司的销售额,不包括以下资金项目:按规定提取的证券结算风险基金;代收代付的证券公司资金交收违约垫付资金利息;结算过程中代收代付的资金交收违约罚息
(7)签证代理服务	纳税人提供签证代理服务,以取得的全部价款和价外费用,扣除向服务接受方收取并代为支付给外交部和外国驻华使(领)馆的签证费、认证费后的余额为销售额。向服务接受方收取并代为支付的签证费、认证费,不得开具增值税专用发票,可以开具增值税普通发票
(8)代理进口	纳税人代理进口按规定免征进口增值税的货物,其销售额不包括向委托方收取并代为支付的货款。向委托方收取并代为支付的款项,不得开具增值税专用发票,可以开具增值税普通发票
(9)教育部考试中心	境外单位通过教育部考试中心及其直属单位在境内开展考试,教育部考试中心及其直属单位应以取得的考试费收入扣除支付给境外单位考试费后的余额为销售额,按提供"教育辅助服务"缴纳增值税;就代为收取并支付给境外单位的考试费统一扣缴增值税。教育部考试中心及其直属单位代为收取并支付给境外单位的考试费,不得开具增值税专用发票,可以开具增值税普通发票
(10)有形动产融资性售后回租服务	纳税人提供有形动产融资性售后回租服务,按照有形动产融资租赁服务缴纳增值税的,以向承租方收取的全部价款和价外费用,扣除向承租方收取的价款本金,以及对外支付的借款利息(包括外汇借款和人民币借款利息)、发行债券利息后的余额为销售额。试点纳税人提供有形动产融资性售后回租服务,向承租方收取的有形动产价款本金,不得开具增值税专用发票,可以开具普通发票

续表

(11)金融商品转让	金融商品转让,按照卖出价扣除买入价后的余额为销售额。金融商品转让,不得开具增值税专用发票
(12)境内机票代理服务	航空运输销售代理企业提供境内机票代理服务,以取得的全部价款和价外费用,扣除向客户收取并支付给航空运输企业或其他航空运输销售代理企业的境内机票净结算款和相关费用后的余额为销售额。航空运输销售代理企业就取得的全部价款和价外费用,向购买方开具行程单,或开具增值税普通发票
(13)机场建设费	航空运输企业的销售额,不包括代收的机场建设费和代售其他航空运输企业客票而代收转付的价款
(14)境外航段机票代理服务	自2018年1月1日起,航空运输销售代理企业提供境外航段机票代理服务,以取得的全部价款和价外费用,扣除向客户收取并支付给其他单位或者个人的境外航段机票结算款和相关费用后的余额为销售额
(15)住房对外销售	个人将购买不足2年的住房对外销售的,按照5%的征收率全额缴纳增值税;个人将购买2年以上(含2年)的非普通住房对外销售的,以销售收入减去购买住房价款后的差额按照5%的征收率缴纳增值税;个人将购买2年以上(含2年)的普通住房对外销售的,免征增值税。上述政策仅适用于北京市、上海市、广州市和深圳市
(16)销售、出租不动产发票开具	增值税小规模纳税人销售其取得的不动产以及其他个人出租不动产,购买方或承租方不属于其他个人的,纳税人缴纳增值税后可以向税务局申请代开增值税专用发票。不能自开增值税普通发票的小规模纳税人销售其取得的不动产,以及其他个人出租不动产,可以向税务局申请代开增值税普通发票。税务局代开发票部门通过增值税发票管理新系统代开增值税发票,系统自动在发票上打印“代开”字样;差额征税代开发票,通过系统中差额征税开票功能,录入含税销售额(或含税评估额)和扣除额,系统自动计算税额和金额,备注栏自动打印“差额征税”字样

这个总结肯定不是一朝一夕形成的，它涉及了大量的政策文件，所以它是平时随着文件的颁布不断积累而成的。

再把表18-5的内容精炼一点，如图18-5所示：

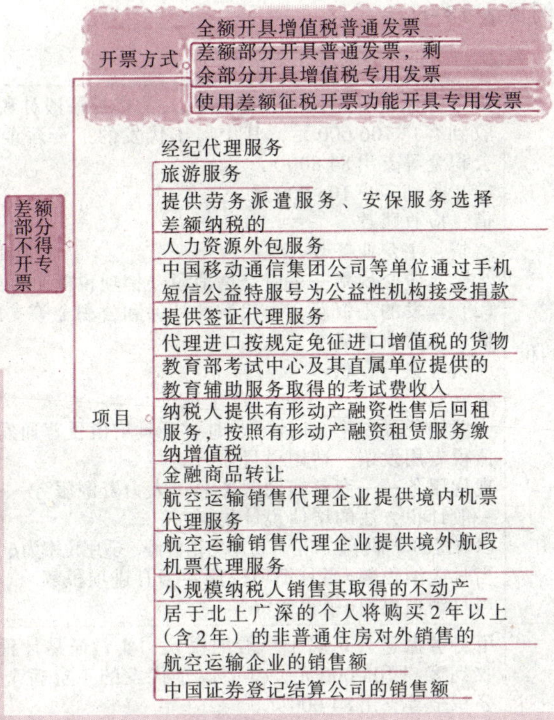

图18-5　表18-5精炼后的内容列示

劳务派遣是我们常见的业务，其开票方式有如下几种情况（如图18-6所示）：

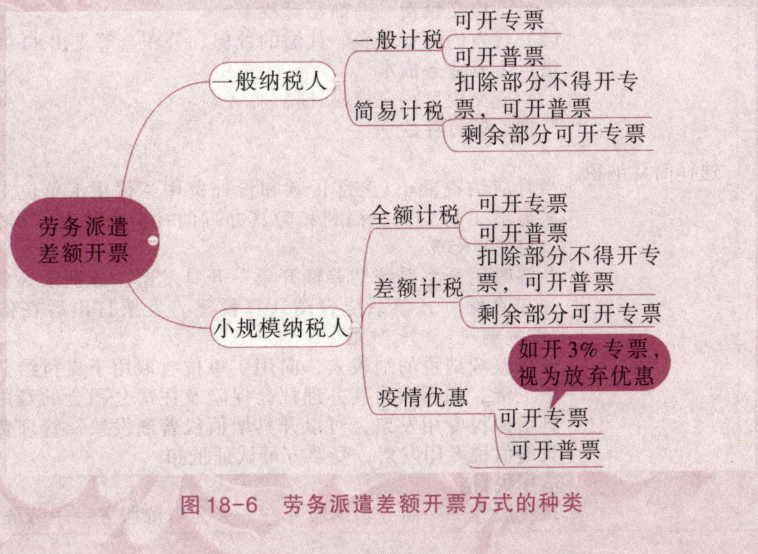

图18-6　劳务派遣差额开票方式的种类

劳务派遣开票实例见表18-6。

表18-6　　劳务派遣开票实例

一般纳税人	选择一般纳税	甲劳务派遣公司属于一般纳税人，实行一般计税，2019年7月份收到客户106 000元，其中属于代发的工资薪金、代缴的社保和公积金等支出84 800元 （1）收到客户106 000元 借：应收账款　106 000 　贷：主营业务收入　100 000 　　应交税费——应交增值税（销项税额）　6 000 （2）代发的工资薪金、代缴的社保和公积金等支出84 800元 借：主营业务成本　84 800 　贷：银行存款　84 800 注意： 一般纳税人税率6%，开票时可开具增值税普通发票，也可开具增值税专用发票。适用税目： 现代服务——商务辅助服务——人力资源服务——劳务派遣服务 一般计税方法的增值税计税： 以取得的全部价款和价外费用为销售额，适用税率为6%，计算销项税额 当月应纳税额=当月销项税额－当月进项税额 当月销项税额=销售额×6%
	选择简易纳税	甲劳务派遣公司属于一般纳税人，实行简易计税，2019年7月份收到客户105 000元，其中属于代发的工资薪金、代缴的社保和公积金等支出84 000元 （1）收到客户105 000元 借：应收账款　105 000 　贷：主营业务收入　100 000 　　应交税费——简易计税　5 000 （2）代发的工资薪金、代缴的社保和公积金等支出84 000元 借：主营业务成本　80 000 　应交税费——简易计税　4 000 　贷：银行存款　84 000 注意： 当月应纳税额=（全部价款和价外费用－代用工单位支付给劳务派遣员工的工资、福利和为其办理的社会保险及住房公积金）÷（1+5%）×5% 开票时用开票系统“差额开票”开具发票，分别录入含税销售额和扣除额，开票系统自动计算税额。发票打出后在备注栏显示“差额纳税：***.**元” 选择差额纳税的纳税人，向用工单位收取用于支付给劳务派遣员工工资、福利和为其办理社会保险及住房公积金的费用，不得开具增值税专用发票，可以开具增值税普通发票。管理费部分可开具增值税专用发票，受票方可认证抵扣 适用税目： 现代服务——商务辅助服务——人力资源服务——劳务派遣服务

续表

小规模纳税人	选择全额征税	甲劳务派遣公司属于小规模纳税人，增值税未选择差额征税，也就是全额缴纳增值税，2019年7月份收到客户103 000元，其中属于代发的工资薪金、代缴的社保和公积金等支出82 400元 (1) 收到客户103 000元 借：应收账款 103 000 贷：主营业务收入 100 000 应交税费——应交增值税 3 000 (2) 代发的工资薪金、代缴的社保和公积金等支出82 400元 借：主营业务成本 82 400 贷：银行存款 82 400 注意： 以取得的全部价款和价外费用为销售额，适用征收率为3%，计算应纳税额 当月应纳税额=当月销售额÷（1+3%）×3% 开票时纳税人自行开具增值税普通发票，也可到税务局代开增值税专用发票，受票方可根据代开的增值税专用发票认证抵扣 适用税目： 现代服务——商务辅助服务——人力资源服务——劳务派遣服务
	选择差额征税	甲劳务派遣公司属于小规模纳税人，增值税选择差额征税，2019年7月份收到客户105 000元，其中属于代发的工资薪金、代缴的社保和公积金等支出84 000元 (1) 收到客户105 000元 借：应收账款 105 000 贷：主营业务收入 100 000 应交税费——应交增值税 5 000 (2) 代发的工资薪金、代缴的社保和公积金等支出84 000元 借：主营业务成本 80 000 应交税费——应交增值税 4 000 贷：银行存款 84 000 注意： 当月应纳税额=（全部价款和价外费用－代用工单位支付给劳务派遣员工的工资、福利和为其办理的社会保险及住房公积金）÷（1+5%）×5% 开票时用开票系统“差额开票”开具发票，分别录入含税销售额和扣除额，开票系统自动计算税额。发票打出后在备注栏显示“差额纳税：***.**元” 选择差额纳税的纳税人，向用工单位收取用于支付给劳务派遣员工工资、福利和为其办理的社会保险及住房公积金的费用，不得开具增值税专用发票，可以开具增值税普通发票。管理费部分可到税务局代开增值税专用发票，受票方可认证抵扣。 适用税目： 现代服务——商务辅助服务——人力资源服务——劳务派遣服务

财务会计工作的本质其实就是整理、分类，不管是财务税收法规，还是日常账务处理，还是平时学习考证，处理各种杂事，如果你不投入进去，那么整个过程就会枯燥无比。

而要想投入进去，首先得让自己喜欢它，换句话说，你得让它跟自己的良好情绪体验联系在一起。

最先开始，小艾跟很多初学者一样，很不爱整理这些文件，因为真的很枯燥。后来，她开始苦中作乐，每次整理的时候，都会努力去做笔记，做那种手账笔记，同时不断地装饰它，力求好看。

在这整个过程中，她只有一个目标，怎样才能好看点呢？她把手账当艺术品来制作，根本不管这些文件法规记不记得住，只在意它美不美。就像小学的时候，写作业，她总是喜欢在作业本上画各种不同样式的梅花，然后涂上颜色，每一页都有。那时候，小学语文老师，是一个毕业不久的男老师，每次拿起她的作业本，都忍不住笑着感叹："小女孩就是不一样，爱美！"

美是什么？美是一种愉悦的感觉。

当自己看着自己那漂亮的手账笔记的时候，会有一种莫名的美感，总是会忍不住多看几眼，时间长了，这些文件法规也就慢慢地熟了。

一件事情，如果你想长期坚持下来，那么光靠意志力，是靠不住的。靠意志力去自控，靠理性去战胜感情，这本质上其实是内耗，内耗是需要能量的，而一个人的能量永远都是有限的，换句话说，你总有一天会倒下的。

18世纪苏格兰哲学家大卫·休谟（David Hume）曾写道：人类的理性是"激情的奴隶"。他的意思是说，尽管理性在人类动机中起重要作用，但是在某种意义上，做决定的永远都不是理性。我们做某事，是基于感觉做出的决定。

休谟是如何产生这种想法的?显然是通过自省——仔细观察工作时大脑的状态。

而250年后，科学家居然证实了这一点。

比如科学家监测到，当人购买商品时，所有活跃的部分都不是大脑中主控理性的部分，反而是主控感觉的部分。

受试者看到某种商品，伏隔核（负责控制快感）越活跃，他就越有可能购买这种产品；脑岛（作用与伏隔核相反）越活跃，购买这种商品的可能性就越低。

大脑的权衡过程是通过矛盾的感觉互相竞争实现的。这个我们平时应该有体会，当我们要做一个很重要的决定时，经常左右摇摆，内心总是有几个小人在打架。

实验证明，理性只有通过影响感觉这个终极激励因素，才能起到这样的作用。正如休谟所说："单纯的理性根本不可能成为任何意志行动的动机。"

比如，巧克力看起来很好吃，吃掉它的感觉一定很好，于是你忍不住拿起它往嘴巴里放，而这时，突然有一篇有关高血糖的文章落在你的面前，某某因为吃了太多的巧克力，引发了多种疾病。而你刚好也有这种疾病，这个时候，你的感觉就不太好了，你开始恐惧，于是放进嘴巴里的巧克力，也可能会被吐出来。

当然，也有人不会吐出来，照吃不误，那是因为她还不够恐惧，恐惧的情感还不够强烈。

动物趋利避害，都是通过感觉来判断的。我们会因为对某个人、某个物感觉良好而靠近，也会因为对某个人、某个物感觉不好而远离。

人没有单一的自我，大脑中有很多模块轮流控制我们。而且每个模块都是感情模块，它们相互竞争，所以，我们经常会矛盾。

就像有一部电影，叫《情绪特工队》，里面有乐乐（Joy）、忧忧（Sadness）、怒怒（Anger）、厌厌（Disgust）和怕怕（Fear）。它用拟人化、卡通化的笔触，形象而生动地演绎了大脑的运作机理。

那理性的作用是什么呢？理性的作用是给感情提供信息和辅助。

比如喜欢要打败恐惧，那它需要足够的理由，于是它调用理性模块去收集相对应的信息。恐惧也一样。

所以一个人总是传播正能量，关注正面的观点，那他会变得乐观，因为乐观有足够的信息去打败悲观。

抽象的理性思维系统，位于大脑背外侧前额叶皮层，但这个皮层不是一个独立的系统，任何一个感情模块都可以调用它。

所以，我们的决策都是从感情开始，再以感情结束，理性只不过是感情的工具，感情才是真正的决策者。

学会计职能的时候，我们会学到会计有基本职能和拓展职能（如图18-7所示），基本职能有核算和监督，其本质就是收集信息，核算就是记录，监督就是审核，保证记录的真实性和完整性；拓展职能的本质其实就是协助决策，我们用数据预测经济前景，评价他人业绩，都是为了支持或者反对某种决策，教材讲得比较委婉，只是说参与经济决策，但是没有告诉我们如何参与。

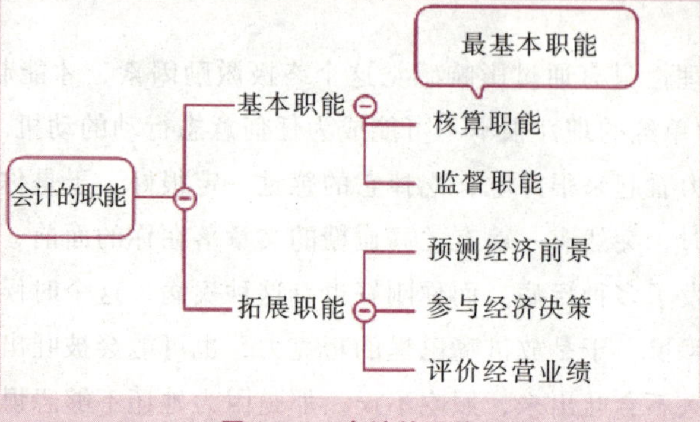

图18-7　会计的职能

注：摘自《小艾上班记9——初级会计实务》。

正确的途径是通过收集信息，给到信息使用者，从而影响他们的感情，最终影响他们的决策。所以，我们提供的信息，只有影响到他人的情感，才会发挥作用。如果我们给他人的信息，对他来说，无关痛痒，那就毫无价值。

所以，一个项目，需要决策，如果老板询问你的意见，你不能说出你的情绪，“我会害怕”“我觉得不行”，或者说，“我喜欢，投吧”！

这样说话，会让人觉得你毫无理性，说话不经过大脑。

而应该是直接提供信息，如果你赞成投这个项目，你就提供足够的信息，让老板也喜欢这个项目；如果你反对这个项目，那你就提供相反的证据，只说证据，不说情感。

当然，职场中真正的高手是这样的，跟着老板走。因为很多时候，老板心中其实已经有决定了，只是他需要认同，需要他人来支撑自己一把。毕竟我们是人，不是神，不管做任何决定，都是具有不确定性的。

我们对不确定性的恐惧，需要他人来支撑！

这个时候，你提供足够的财务信息，让老板越来越坚信自己的决定，从而信心满满，勇往直前。当然，适当的时候，你也要对项目具有的风险进行提醒，同时，用足够的证据帮助老板，力排众议，扫清障碍，然后公司上下团结一心，拥护老板的决策。

在这个讨论的过程中，你不带任何感情，你只说信息，信息其实就是证据。时间长了，大家会觉得你这个人不带任何偏见，也没有什么情绪，有的只是足够的信息，你才是最公正的，于是，你的言辞越来越有分量。

结果就是，老板会越来越信任你，觉得你是知音。如果有一天真的赌对了，你就是功臣！如果有一天赌错了，也无伤大雅，毕竟公司经营本身就是有巨大风险的，谁知道未来会发生什么事？尽人事，听天命。

在这个过程中，人心是最重要的。如果一个公司四分五裂，就算是一个好项目、好决策，最后肯定也是以失败而告终。所以你要做的事情，就是利用信息，帮助老板，稳固人心！

如果说前面填列报表时，全靠依葫芦画瓢，依据理性分析，接下来就要开始慢慢找感觉了，感觉才是灵魂的语言。要知道企业的经济业务是千变万化的，你不可能记住所有的情况，你只有找到填表的那种感觉，才能以不变应万变。另外，对纳税申报表国家也有可能会调整，但是不管国家怎么调，基本原理一般不会变，偶尔改动一下，你看一下政策说明，立马就明白了。

理性虽然很伟大，但是，它终究是一个工具，一个帮助我们找到感觉的工具。

我们经常说，学习要有悟性，什么叫悟性？悟性，即感悟的能力，其实就是找感觉的过程。

第二种情形：季度销售额未超45万元，但有开具增值税专用发票。

此种情形下，又有多种情况。

情况一：季度销售额未超过45万元，全部开的是增值税专用发票。

某公司为小规模纳税人，选择1个季度为纳税期限。2021年1季度销售货物自行开具增值税专用发票，价税合计40.4万元（见表18-7）。

表18-7　价税合计情况

价税合计(元)	征收率	销售金额(元)	税额(元)
404 000.00	1%	400 000.00	4 000.00

因为开的是增值税专用发票，所以对方肯定是一般纳税人；如果对方是小规模纳税人或者是个人，那么是不允许开具增值税专用发票的。

因为增值税专用发票可以抵扣，这部分税，你的客户抵扣掉了，那么你肯定要缴税，增值税是一环扣一环的，所以不能免税了。

也就是说，本期公司应该缴纳的增值税是4 000元。

申报表相关数据逻辑如下（见表18-8和表18-9）：

表18-8　　增值税及附加税费申报表（简表）

（小规模纳税人适用）

纳税人识别号（统一社会信用代码）：□□□□□□□□□□□□□□□□□□□□

纳税人名称：　　　　　　　　　　　　　　　　　　　　金额单位：元（列至角分）

税款所属期：　年　月　日至　年　月　日　　　　　　　　填表日期：　年　月　日

	项目	栏次	本期数		本年累计	
			货物及劳务	服务、不动产和无形资产	货物及劳务	服务、不动产和无形资产
一、计税依据	（一）应征增值税不含税销售额（3%征收率）	1	400 000.00		400 000.00	
	增值税专用发票不含税销售额	2	400 000.00		400 000.00	
	其他境值税发票不含税销售额	3				
二、税款计算	本期应纳税额	15	12 000.00		12 000.00	
	本期应纳税额减征额	16	8 000.00		8 000.00	
	本期免税额	17				
	其中：小微企业免税额	18				
	未达起征点免税额	19				
	应纳税额合计	20=15-16	4 000.00		4 000.00	
	本期预缴税额	21			—	—
	本期应补（退）税额	22=20-21			—	—
三、附加税费	城市维护建设税本期应补(退)税额	23				
	教育费附加本期应补(退)费额	24				
	地方教育附加本期应补(退)费额	25				

声明:此表是根据国家税收法律法规及相关规定填写的,本人(单位)对填报内容(及附带资料)的真实性、可靠性、完整性负责。

纳税人(签章)：　　　　年　月　日

经办人： 经办人身份证号： 代理机构签章： 代理机构统一社会信用代码：	受理人： 受理税务机关(章)： 受理日期：　年　月　日

表 18-9　　　　增值税减免税申报明细表（简表）

税款所属时间：自　年　月　日至　年　月　日

纳税人名称（公章）：　　　　　　　　　　金额单位：元（列至角分）

一、减税项目						
减税性质代码及名称	栏次	期初余额	本期发生额	本期应抵减税额	本期实际抵减税额	期末余额
		1	2	3=1+2	4≤3	5=3-4
0001011608丨SXA031901121 对湖北省外的小规模纳税人减按1%征收率征收增值税	1		8 000.00	8 000.00	8 000.00	
合计	2		8 000.00	8 000.00	8 000.00	
	3					
	4					
	5					
	6					

然后，我们看申报表（见表18-8和表18-9）的逻辑。假设自己是税收征管人员，最近开始上任，管理这个片区的小规模纳税人，我们会想知道什么信息呢？

（1）这个企业本期应该纳多少税，有免税吗？

于是，第一眼我们会看报表这一部分（如图18-8所示）：

二、税款计算	本期应纳税额	15	12000.00		12000.00	
	本期应纳税额减征额	16	8000.00		8000.00	
	本期免税额	17				
	其中：小微企业免税额	18				
	未达起征点免税额	19				
	应纳税额合计	20=15-16	4000.00		4000.00	
	本期预缴税额	21			——	——
	本期应补（退）税额	22=20-21			——	——

图 18-8　增值税及附加税费申报表中税款计算一栏截图

（2）为什么会减征？

于是，我们又会看减免税申报表（见表18-9）。

原来是疫情期间减免，而且还有对应的减税政策代码。

我们填列报表的时候，如果有减免税，那么之前的步骤会要求你选政策代码。

小规模纳税人，应该按3%纳税，减了2%，实际纳税1%。

（3）实际纳税4 000元，那么本期应征增值税销售额，就应该是400 000元。于是，我们的眼睛立马就会跳到增值税及附加税费申报表的销售额一栏（如图18-9所示）。

增值税及附加税费申报表

（小规模纳税人适用）

纳税人识别号（统一社会信用代码）：□□□□□□□□□□□□□□□□□□□□

纳税人名称：　　　　　　　　　　　　　　　　　　金额单位：元（列至角分）

税款所属期：　年 月 日至　年 月 日　　　　　　填表日期：　年 月 日

项目	栏次	本期数		本年累计	
		货物及劳务	服务、不动产和无形资产	货物及劳务	服务、不动产和无形资产
（一）应征增值税不含税销售额（3%征收率）	1	400000.00		400000.00	
增值税专用发票不含税销售额	2	400000.00		400000.00	
其他增值税发票不含税销售额	3				

图18-9　增值税及附加税费申报表的销售额一栏截图

确实是400 000元，本来小规模纳税人季度销售额不足45万元，是可以免税的，但是由于开具了增值税专用发票，所以免不了。

（4）申报表（见表18-8）上企业填的增值税专用发票金额是40万元，系统还会自动跟你的发票比对，因为你的发票都是从增值税系统中一张一张开出去的，系统会自动合计企业开出的增值税发票的相关金额。

（5）企业的不含税销售额是40万元，那就意味着企业利润表中的营业收入应该也是40万元，那我们还得去看看，纳税申报表与我们上交的财务报表的相关数据逻辑是不是相符。如果不相符，理由是什么？合理吗？

有些企业，税务会计填纳税申报表时用的是一套数据，财务会计提交财务报表时又是另一套数据。这不是自己打自己脸吗？

（6）这是增值税及附加税费申报表（见表18-8），我们还会在同期上报企业所得税申报表。企业所得税里面也有营业收入，那这营业收入跟增值税及附加税费申报表、利润表上的收入一致吗？如果不一致，理由是什么？合理吗？

在实务中，不管是会计，还是税收征管者，都会默认三者一致，如果不一致，就会去找原因。

在日常税收征管中，税务机关经常会对纳税人申报的增值税收入和企业所得税收入进行比对。

增值税申报的收入一般会提取12月份“增值税及附加税费申报表”累计数，包括按适用税率计税销售额、按简易办法计税销售额、免抵退办法销售额和免税销售额等四项收入。

企业所得税申报收入则一般会提取“企业所得税年度纳税申报表”主表第1行营业收入金额，包括主营业务收入和其他业务收入。

如果两个收入不一致，税务人员经常就会将此作为一个重要风险点，要求企业做出说明。

当然，并不是说不一致就不正确，而是要明白不一致的原因是否合理。

增值税和企业所得税在确认收入时，在以下情况中会有差异（如图18-10所示）：

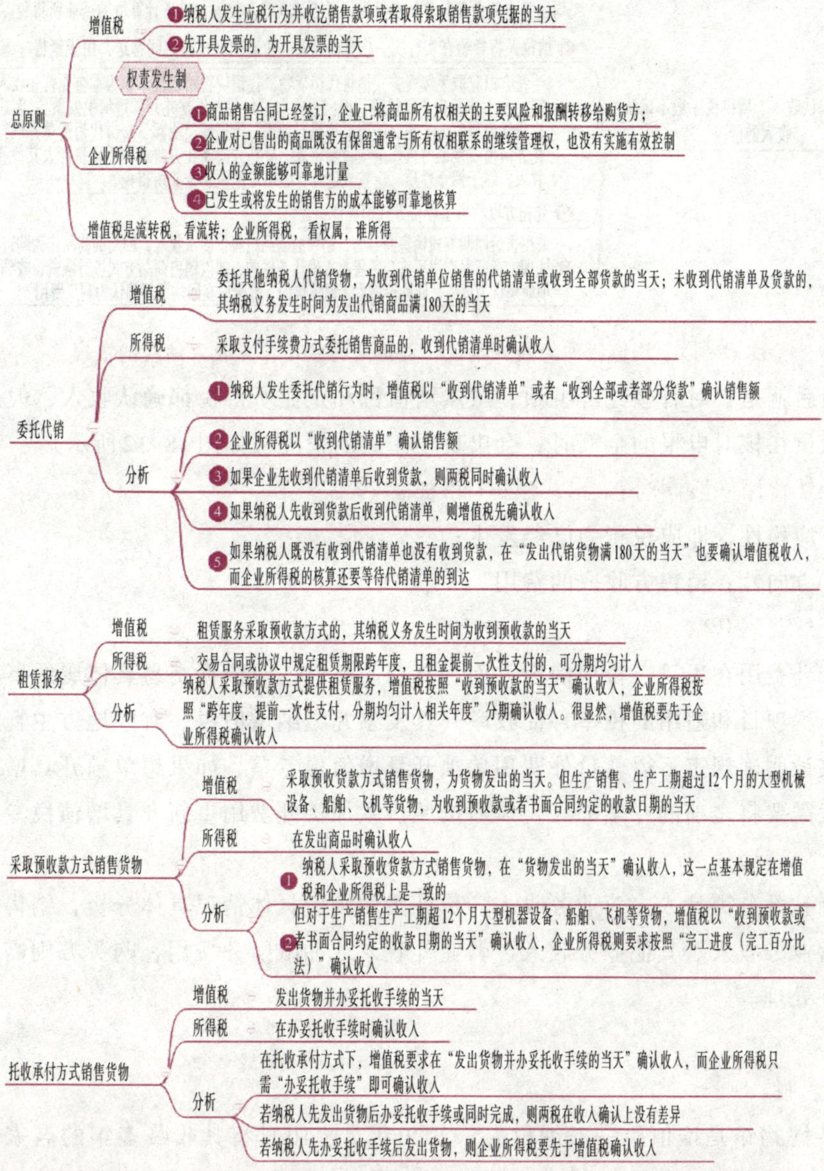

图18-10　增值税和企业所得税在确认收入时会有差异的情况

还有一些情况下，增值税作为收入纳税，但是所得税不作为收入纳税（如图

18-11所示）。

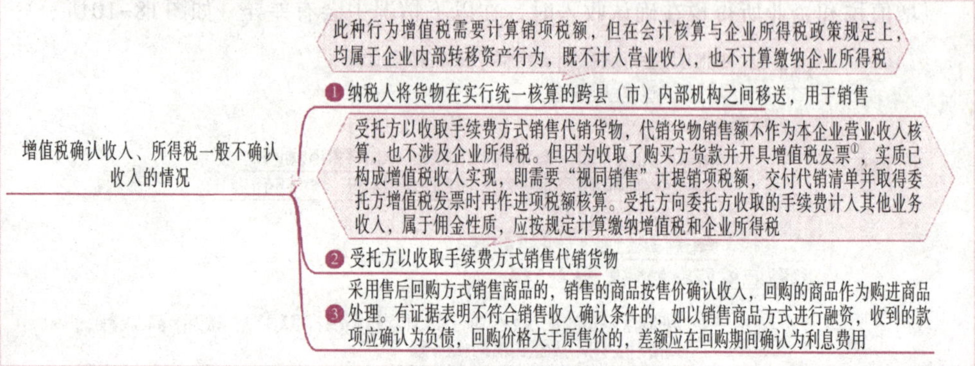

图18-11　增值税作为收入纳税，但是所得税不作为收入纳税的情况

最后就是，对有些经济事项，虽然增值税和企业所得税都确认收入，但是税务稽查人员在核对申报的金额时，会出现不一致的情况（如图18-12所示）。

价外费用一般同时符合以下两个特征：

①应税性，即应税行为已经发生；

②方向性：销售方收取的费用。

价外费用开票：

价外费用在税目、税率确定方面，具备同质性，应依据交易具体履约事项所对应的征税项目和适用的税率、征收率开具发票并缴纳增值税。有些地方主管税务机关的政策明确规定不得就价外费用单独开具增值税专票，如果想单独开具增值税专票，就需要将之前的专票冲红，然后按照价款加价外费用重新开具增值税专票。

价外费用核算：

价款部分需计入主营业务收入，价外费用则应具体情况具体分析，销售方可计入主营业务收入、其他业务收入、营业外收入或冲减财务费用，购买方则需做相反的会计处理。

[案例18-1]

某博物馆是增值税一般纳税人，2020年7月10日将其收藏多年的名家书画出租给某酒店展览，期限3个月，租金36万元。2020年9月10日酒店提前解除租赁

① 注：无论开增值税专用发票还是普通发票，你的销项税额都一样，具体开什么票，根据实际情况决定即可。

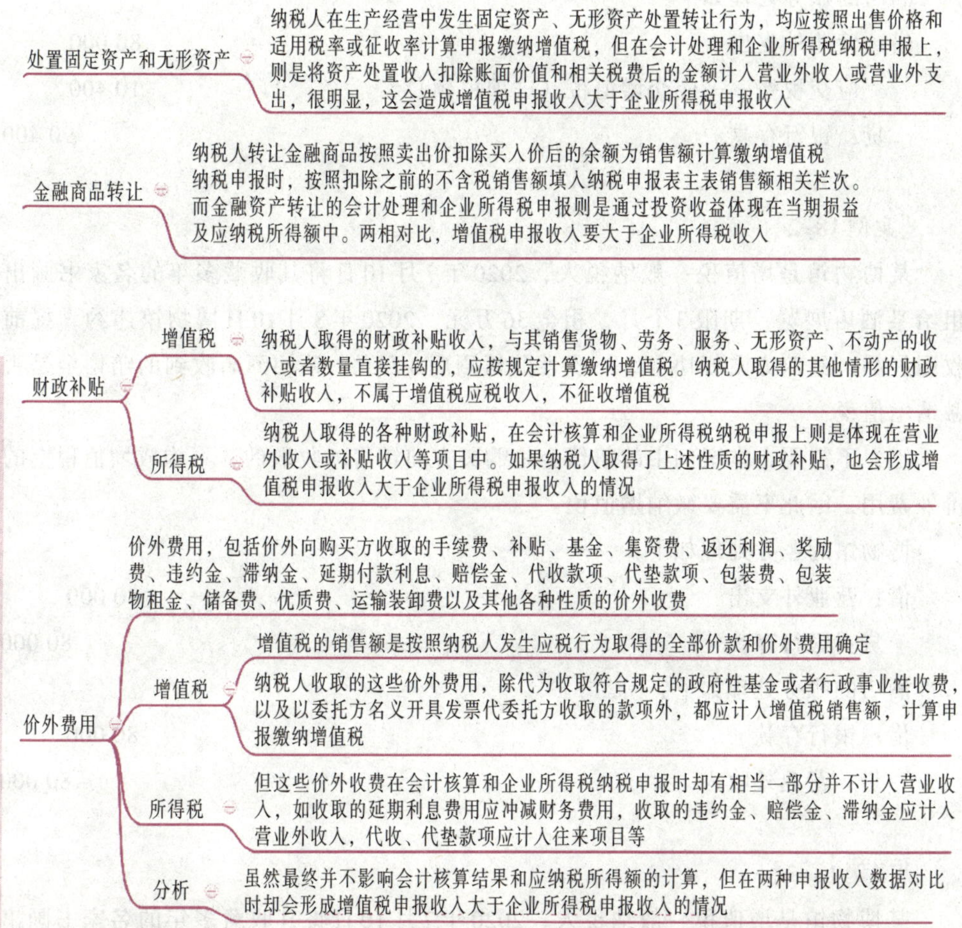

图18-12 申报金额出现不一致情况的经济事项

合同，经双方友好协商，一次性赔偿博物馆9.04万元，请问博物馆收到的赔偿款是否缴纳增值税？

答：需要，本案例中酒店在合同执行过程中违约提前解除合同，博物馆因此收到的违约金9.04万元构成价外费用，根据税法规定，应申报缴纳增值税。

博物馆的账务处理如下：

借：银行存款　　90 400

　贷：营业外收入　　80 000

　　应交税费——应交增值税（销项税额）　　10 400

酒店的账务处理如下：

借：营业外支出　　80 000

　　应交税费——应交增值税（进项税额）　　10 400

　贷：银行存款　　90 400

[案例18-2]

某博物馆是增值税一般纳税人，2020年7月10日将其收藏多年的名家书画出租给某酒店展览，期限3个月，租金36万元。2020年8月10日博物馆违约，提前收回展品，经双方友好协商，一次性赔偿酒店8万元，请问酒店收到的赔偿金是否缴纳增值税？

答：不需要，本案例中的赔偿金是购买方向销售方收取的，不构成增值税上的价外费用，因此不需要缴纳增值税。

博物馆的账务处理如下：

借：营业外支出　　80 000

　贷：银行存款　　80 000

酒店的账务处理如下：

借：银行存款　　80 000

　贷：营业外收入　　80 000

[案例18-3]

某博物馆是增值税一般纳税人，2020年7月10日将其收藏多年的名家书画出租给某酒店展览，期限3个月，租金36万元。2020年7月1日酒店违约，不再租赁该书画作品，经双方友好协商，一次性赔偿博物馆8万元，请问博物馆收到的赔偿金是否缴纳增值税？

答案：不需要，本案例中合同未执行即终止的情况下所收付的违约金，因应税行为尚未发生，不属于增值税应税行为，也不构成增值税上的价外费用，因此不需要缴纳增值税。

博物馆的账务处理如下：

借：银行存款　　80 000

　贷：营业外收入　　80 000

酒店的账务处理如下：

借：营业外支出　　80 000

　贷：银行存款　　80 000

有关发票开具：

［案例18-1］：博物馆需开具增值税发票①，税目为“有形动产租赁——赔偿款”，税率为13%。

［案例18-2］和［案例18-3］：收款方均无需开具发票，支付方可凭相关合同协议及银行的付款凭据税前列支。

如果产生的违约金是其支付的补偿，是依附于这一应税业务的，符合价外费用的定义特征，就应当缴纳增值税。比如因逾期发货而赔偿补偿金的，或者购房合同虽然没履行，但是房产中介服务已发生的，就符合上述阐述，缴纳增值税。

如果违约金不依附于增值税应税业务而独立存在，是独立存在的补偿款，就不属于增值税的价外费用，不用缴纳增值税。比如签订了购销合同，但是由于种种原因，彼此取消了合同，从而支付的违约金就不用缴纳增值税。

案例分析：

（1）［案例18-1］中，博物馆提前终止租赁合同，也就是租赁行为已经发生，但未到合同租赁期满就终止租赁，博物馆收取的违约金属于增值税的价外费用，需要缴纳增值税，因此博物馆应当开具增值税发票给酒店，酒店据此在税前扣除。

（2）此违约金是租赁业务的违约金，大类税目是租赁，下面细分的小类可以写违约金、赔偿款等。

（3）根据增值税暂行条例及实施细则，租赁行为已经发生的，因承租方提前解约，出租方收到的违约金需要缴纳增值税；但如果双方只是签订了租赁合同，租赁交易未实质发生就解约的，出租方收到的违约金就不需要缴纳增值税。

如果对报表的逻辑有感觉了，那么对其他情形也就能很轻松地填列出来了。

① 注：博物馆开增值税专用发票还是普通发票，交的增值税是一样的，至于最后到底开什么票，要看实际情况。

情况二：季度销售额未超过45万元，部分开的是增值税专用发票。

公司为小规模纳税人，选择1个季度为纳税期限。2021年1季度销售货物，自行开具增值税专用发票，价税合计20.2万元，开具增值税普通发票20.2万元。开票情况明细见表18-10：

表18-10 **开票情况明细表** 金额单位：元

项目	价税合计	征收率	销售金额	税额
普通发票	202 000.00	1%	200 000.00	2 000.00
专用发票	202 000.00	1%	200 000.00	2 000.00
合计	404 000.00			

专用发票上这2 000元税额不能免，普通发票上这2 000元的税额可以免。

申报表相关数据逻辑如下（见表18-11和表18-12）：

表18-11 **增值税及附加税费申报表（简表）**

（小规模纳税人适用）

纳税人识别号（统一社会信用代码）：□□□□□□□□□□□□□□□□□□□□

纳税人名称： 金额单位：元（列至角分）

税款所属期： 年 月 日至 年 月 日 填表日期： 年 月 日

	项目	栏次	本期数		本年累计	
			货物及劳务	服务、不动产和无形资产	货物及劳务	服务、不动产和无形资产
一、计税依据	（一）应征增值税不含税销售额（3%征收率）	1	200 000.00		200 000.00	
	增值税专用发票不含税销售额	2	200 000.00		200 000.00	
	其他境值税发票不含税销售额	3				
	（四）免税销售额	9=10+11+12				
	其中：小微企业免税销售额	10	200 000.00		200 000.00	
	未达起征点销售额	11				
	其他免税销售额	12				
	（五）出口免税销售额	13(13≥14)				
	其中：其他增值税发票不含税销售额	14				
二、税款计算	本期应纳税额	15	6 000.00		6 000.00	
	本期应纳税额减征额	16	4 000.00		4 000.00	
	本期免税额	17	6 000.00		6 000.00	
	其中：小微企业免税额	18	6 000.00		6 000.00	
	未达起征点免税额	19				
	应纳税额合计	20=15-16	2 000.00		2 000.00	
	本期预缴税额	21			—	—
	本期应补（退）税额	22=20-21			—	—

表18-12　**增值税减免税申报明细表（简表）**

税款所属时间：自　年　月　日至　年　月　日

纳税人名称（公章）：　　　　　　　　　　　　　　　　　　金额单位：元（列至角分）

一、减税项目						
减税性质代码及名称	栏次	期初余额	本期发生额	本期应抵减税额	本期实际抵减税额	期末余额
		1	2	3=1+2	4≤3	5=3-4
0001011608|SXA031901121对湖北省外的小规模纳税人减按1%征收率征收增值税	1		4 000.00	4 000.00	4 000.00	
合计	2		4 000.00	4 000.00	4 000.00	
	3					
	4					
	5					
	6					

情况三：如果你属于差额纳税的小规模纳税人，只要差额扣除以后的季度销售额不超过45万元，就仍然可以享受小微企业免税优惠，但是开的是专票，增值税不能免。

公司为增值税小规模纳税人，提供建筑服务，选择1个季度为纳税期限。2021年1季度提供建筑服务，取得含税收入50.4万元，其中按政策规定，可扣除金额10万元，开具增值税专用发票。增值税及附加税费申报表、附列资料（一）和减免税申报明细见表18-13、表18-14和表18-15：

表18-13　**增值税及附加税费申报表（简表）**①

（小规模纳税人适用）

纳税人识别号（统一社会信用代码）：□□□□□□□□□□□□□□□□□□□□□□□

纳税人名称：　　　　　　　　　　　　　　　　　　　　　　金额单位：元（列至角分）

税款所属期：　年　月　日至　年　月　日　　　　　　　填表日期：　年　月　日

	项目	栏次	本期数		本年累计	
			货物及劳务	服务、不动产和无形资产	货物及劳务	服务、不动产和无形资产
一、计税依据	（一）应征增值税不含税销售额（3%征收率）	1	400 000.00		400 000.00	
	增值税专用发票不含税销售额	2	400 000.00		400 000.00	
	其他增值税发票不含税销售额	3				
	（四）免税销售额	9=10+11+12				
	其中：小微企业免税销售额	10				
	未达起征点销售额	11				
	其他免税销售额	12				
	（五）出口免税销售额	13（13≥14）				
	其中：其他增值税发票不含税销售额	14				

① 注：与表18-8类似，就是在不同的情况下，所填的表有时也差不多。

续表

	项目	栏次	本期数		本年累计	
			货物及劳务	服务、不动产和无形资产	货物及劳务	服务、不动产和无形资产
二、税款计算	本期应纳税额	15	12 000.00		12 000.00	
	本期应纳税额减征额	16	8 000.00		8 000.00	
	本期免税额	17				
	其中：小微企业免税额	18				
	未达起征点免税额	19				
	应纳税额合计	20=15-16	4 000.00		4 000.00	
	本期预缴税额	21			—	—
	本期应补（退）税额	22=20-21			—	—

表18-14　　增值税及附加税费申报表附列资料（一）（简表）

（小规模纳税人适用）

（服务、不动产和无形资产扣除项目明细）

税款所属期：　年　月　日至　年　月　日　　　　填表日期：　年　月　日

纳税人名称（公章）：　　　　　　　　　　　　金额单位：元（列至角分）

应税行为(3%征收率)扣除额计算			
期初余额	本期发生额	本期扣除额	期末余额
1	2	3(3≤1+2之和，且3≤5)	4=1+2-3
	10 000.00	100 000.00	
应税行为(3%征收率)计税销售额计算			
全部含税收入(适用3%征收率)	本期扣除额	含税销售额	不含税销售额
5	6=3	7=5-6	8=7÷1.03
504 000.00	100 000.00	404 000.00	400 000.00

表18-15　　增值税减免税申报明细表（简表）①

税款所属时间：自　年　月　日至　年　月　日

纳税人名称（公章）：　　　　　　　　　　　　金额单位：元（列至角分）

一、减税项目						
减税性质代码及名称	栏次	期初余额	本期发生额	本期应抵减税额	本期实际抵减税额	期末余额
		1	2	3=1+2	4≤3	5=3-4
0001011608|SXA031901121对湖北省外的小规模纳税人减按1%征收率征收增值税	1		8 000.00	8 000.00	8 000.00	
合计	2		8 000.00	8 000.00	8 000.00	
	3					
	4					
	5					
	6					

① 注：与表18-9类似，就是在不同情况下，所填的表有时也差不多。

第三种情形：季度销售额超过45万元。

情况一：全额纳税，没有免税情形。

公司为增值税小规模纳税人，销售货物，选择1个季度为纳税期限。2021年1季度取得含税收入50.5万元。增值税及附加税费申报表和增值税减免税申报明细表见表18-16和表18-17：

表18-16 增值税及附加税费申报表（简表）

（小规模纳税人适用）

纳税人识别号（统一社会信用代码）：□□□□□□□□□□□□□□□□□□□□□□

纳税人名称： 金额单位：元（列至角分）

税款所属期： 年 月 日至 年 月 日 填表日期： 年 月 日

	项目	栏次	本期数		本年累计	
			货物及劳务	服务、不动产和无形资产	货物及劳务	服务、不动产和无形资产
一、计税依据	（一）应征增值税不含税销售额（3%征收率）	1	500 000.00		500 000.00	
	增值税专用发票不含税销售额	2	500 000.00		500 000.00	
	其他境值税发票不含税销售额	3				
	（二）应征增值税不含税销售额（5%征收率）	4	—		—	
	增值税专用发票不含税销售额	5	—		—	
	其他增值税发票不含税销售额	6	—		—	
	（三）销售使用过的固定资产不含税销售额	7(7≥8)		—		—
	其中：其他增值税发票不含税销售额	8		—		—
	（四）免税销售额	9=10+11+12				
	其中：小微企业免税销售额	10				
	未达起征点销售额	11				
	其他免税销售额	12				
	（五）出口免税销售额	13(13≥14)				
	其中：其他增值税发票不含税销售额	14				
二、税款计算	本期应纳税额	15	15 000.00		15 000.00	
	本期应纳税额减征额	16	10 000.00		10 000.00	
	本期免税额	17				
	其中：小微企业免税额	18				
	未达起征点免税额	19				
	应纳税额合计	20=15-16	5 000.00		5 000.00	
	本期预缴税额	21			—	—
	本期应补（退）税额	22=20-21			—	—

表18-17　　增值税减免税申报明细表（简表）

税款所属时间：自　年　月　日至　年　月　日

纳税人名称（公章）：　　　　　　　　　　　　　　　　金额单位：元（列至角分）

一、减税项目						
减税性质代码及名称	栏次	期初余额	本期发生额	本期应抵减税额	本期实际抵减税额	期末余额
		1	2	3=1+2	4≤3	5=3-4
0001011608丨SXA031901121对湖北省外的小规模纳税人减按1%征收率征收增值税	1		10 000.00	10 000.00	10 000.00	
合计	2		10 000.00	10 000.00	10 000.00	
	3					

情况二：全部为免税项目，全额免税。

公司为增值税小规模纳税人，项目全部为免税项目，选择1个季度为纳税期限。2021年1季度取得含税收入50.5万元。增值税及附加税费申报表和增值税减免税申报明细表见表18-18和表18-19。

表18-18　　增值税及附加税费申报表（简表）　　金额单位：元

（小规模纳税人适用）

纳税人识别号（统一社会信用代码）：□□□□□□□□□□□□□□□□□□□□

纳税人名称：　　　　　　　　　　　　　　　　金额单位：元（列至角分）

税款所属期：　年　月　日至　年　月　日　　　　　填表日期：　年　月　日

	项目	栏次	本期数		本年累计	
			货物及劳务	服务、不动产和无形资产	货物及劳务	服务、不动产和无形资产
一、计税依据	（四）免税销售额	9=10+11+12				
	其中：小微企业免税销售额	10				
	未达起征点销售额	11				
	其他免税销售额	12	500.000.00		500.000.00	
	（五）出口免税销售额	13(13≥14)				
	其中：其他增值税发票不含税销售额	14				
二、税款计算	本期应纳税额	15	15 000.00		15 000.00	
	本期应纳税额减征额	16	15 000.00		15 000.00	
	本期免税额	17				
	其中：小微企业免税额	18				
	未达起征点免税额	19				
	应纳税额合计	20=15-16	0.00		0.00	
	本期预缴税额	21			—	—
	本期应补（退）税额	22=20-21			—	—

表18-19 **增值税减免税申报明细表（简表）**

税款所属时间：自 年 月 日至 年 月 日

纳税人名称（公章）： 金额单位：元（列至角分）

一、减税项目						
减税性质代码及名称	栏次	期初余额	本期发生额	本期应抵减税额	本期实际抵减税额	期末余额
		1	2	3=1+2	4≤3	5=3-4
0001011608丨SXA031901121 对湖北省外的小规模纳税人减按1%征收率征收增值税	1		15 000.00	15 000.00	15 000.00	
合计	2		15 000.00	15 000.00	15 000.00	
	3					

在实践中，政策会不断地变化，报表的格式偶尔也会略有调整，但是总体的逻辑是不变的。复杂的是企业的经济业务，你永远不知道，企业的业务到底有多少种情形。如果只是死记某些情形及其对应的填列方法，会很痛苦，所以，我们要以不变应万变，找到那种感觉，甚至是直觉，这样才能举一反三，触类旁通。

用心比用脑重要！

心动比脑动重要！

下意识比有意识重要！

从心理学角度上讲，下意识，即人的不自觉的行为趋向。

比如，你一直坐着不动，你能说得出血液里需要多少水、多少盐和多少其他成分才能维持它现有的比例、重力吗？

如果你玩一些需要速度的运动，像打网球、赛跑、锯木头等，或是参与其他一些剧烈运动的时候，那么你知道排汗时损失了多少盐分吗？

你知道每天应该从食物中摄取多少水、多少盐和多少其他的养分进入血液，才能保证身体健康吗？

你不知道！

就算是最伟大的物理学家和化学家也不知道！

但你的下意识知道！

它甚至不用迟疑，便能自动地做出判断，就像是一个"闪电计算器"，而且这只是它每天所要做的上千万份工作中的一份。下意识每分钟所要处理的事务，是那些最伟大的科学家和最知名的化学家，花上一年时间也难以解答的深奥的问题。

它的本性就是去做交代它做的事，或是你内心深处最最最想做的事。它能捕捉到一般的视力无法看到的东西。它会对即将到来的危险做出预警。它会对行动或是对话表示赞成或不赞成。

下意识有很大一部分是先天的，从你出生的那一天开始，它就在帮你解决问题。但还有一部分是靠后天培养的，比如各种下意识的习惯，比如一个财务专家，拿到财务报表，他就会有一种直觉性的敏感度。

或者我们可以这样说，理性的极端，最后都会变成一种感觉，抑或是一种直觉。

（未完待续）